中国语用学文献计量研究

Bibliometric Research on Chinese Pragmatics

基于知识图谱视角

杨昆　著

中国社会科学出版社

图书在版编目(CIP)数据

中国语用学文献计量研究：基于知识图谱视角 / 杨昆著. -- 北京：中国社会科学出版社, 2024. 11.

ISBN 978-7-5227-4444-5

Ⅰ. H030

中国国家版本馆 CIP 数据核字第 2024CG7559 号

出 版 人　赵剑英
责任编辑　郭如玥
责任校对　季　静
责任印制　郝美娜

出　　版　中国社会科学出版社
社　　址　北京鼓楼西大街甲 158 号
邮　　编　100720
网　　址　http://www.csspw.cn
发 行 部　010-84083685
门 市 部　010-84029450
经　　销　新华书店及其他书店

印刷装订　北京君升印刷有限公司
版　　次　2024 年 11 月第 1 版
印　　次　2024 年 11 月第 1 次印刷

开　　本　710×1000　1/16
印　　张　14.75
插　　页　2
字　　数　237 千字
定　　价　88.00 元

序

众所周知，语用学自诞生以来，就不断地发展壮大，目前已经形成多派理论共存、多元范式共争的格局。根据莱文逊（Levinson）的分类方法，语用学研究可以粗略地区分为两大流派：英美学派和欧洲大陆学派。前者将语用学的研究内容局限于诸如指示语、会话含义、预设等专题研究；而后者则将所有与语言理解和使用相关的现象都视为语用学的研究范畴，研究领域相对广泛。值得注意的是，上述的分类是基于西方学者的评价标准所进行的界定。随着国内语用学的不断发展，西方理论与中国经验不断融合，越来越多的中国语用学人呼吁建立具有中国本土特色的语用学体系，相关条件也逐渐成熟。然而，对于中国语用学的内涵究竟是什么、它经历了怎样的发展历程、具有怎样的特征等这些问题，仍需要通过对国内语用学研究文献的深入分析来回答。《中国语用学文献计量研究：基于知识图谱视角》无疑是这方向的一种积极尝试，视角独特，意义非凡，价值可期，值得称赞。

《中国语用学文献计量研究：基于知识图谱视角》采用文献计量法，分别从发展轨迹、研究前沿、理论结构和作者合作网络四个方面对中国语用学的理论体系进行了系统分析。从发展轨迹来看，中国语用学研究经历了从孕育萌芽期到高速发展期再到高质量发展期的过程。这一发展历程不仅见证了中国语用学的成长与壮大，也反映了学者们对语用学研究的持续关注和努力。在不同阶段，学者们以引入、借鉴、创新为主线，形成了一系列具有本土特色的语用学理论，推动了中国语用学的繁荣发展。从研究前沿来看，聚焦于理论的人际语用和元语用理论研究，聚焦于应用的语用能力研究，聚焦于方法的多模态话语分析、实验语用研究等获得越来越多的关注。作者发现，从理论结构来看，中国语用学界不仅关注会话含义、言语行为等经典语用学理论，还关注人际语用学、元语用等前沿话题。中国诸多学者不仅注重对西方理论的“舶来”，更加关注植根于古典文献和中国实践的本土理论建构。国内的学者在现有理论的基础上尝试提出具有本土特征的语用学理论（如语用身份论），为语用学研究带来更加丰富和多元的视角。该书还指出，从作者合作网络来看，国内语用学人之间的合作网络较为薄弱，有必要加强彼此之间的合作，以团体的力量促进中国语用学研究的不断发展。这些发现值得中国语用学界重视，相关问题应该得到妥善的解决。

该书最显著的独特之处在于采用了知识图谱这一新兴的文献计量学研究方法。知识图谱既是可视化的知识图形，又是序列化的知识谱系，具有相关理论成熟、分析指标众多、可快速处理大量学术文献、清晰直观等可视化优点。在人文社会科学领域，特别是在语用学研究领域中，知识图谱的应用相对较少。该书充分发挥这一方法的优势，通过分析 1980—2023 年中国语用学相关的文献数据信息，呈现了语用学的发展轨迹、研究前沿、理论结构和新兴增长点。而且，该书还单独对语用学研究中常用的方法，即多模态话语分析法、实验法和会话分析法进行了知识图谱的分析。不仅如此，该书在理论方面也有重要建树，如该书尝试对现有的语用学理论进行系统整合，提出了指称语用、信息语用、语用意义、语用行为、人际语用和元语用的分类方法。以上针对语用学理论和方法论的研究可以为后续的中国语用学研究提供新的视角。

总体来看，该书通过对本土语用学研究成果的分析，系统回顾了语用学理论的发展历程，厘清语用学的核心范式和演化路径，不仅仅是对语用学研究的回顾和总结，更是对语用学未来发展方向的展望，对于当前中国语用学的基础性和本体性研究具有重要的参考价值。

相信本书的出版，可以为语用学领域的学者、研究生以及对语用学感兴趣的读者提供重要参考，为语用学的未来发展提供全新动力。

陈新仁

2023 年 11 月

前　言

语用学最早由美国符号学家莫里斯在他的《符号理论基础》一书中提出。1977 年《语用学杂志》的出版和 1986 年国际语用学会的成立标志着语用学作为一门独立学科正式确立。经过近 40 年的不断充实和完善，语用学初步形成了多派理论共存、多元范式共争的局面，并发展成一门综合型应用性学科。自 1980 年《语用学》一文首次把语用学作为一门学科比较系统地引入国内以来，中国语用学经历了从无到有、从有到优、从优到强的渐进式发展历程，其间一直伴随着“舶来”的西方理论与“本土”的中国经验相互结合的碰撞与进步。中国语用学的核心范式经历了怎样的演化路径？中国语用学的研究结论如何分布？中国语用学者的合作网络如何变迁？如何科学地提炼中国语用学派？对于上述关系学科发展的关键问题，目前学界未见系统交代。因此，系统地对现有的本土语用学研究成果进行分析性盘点，可看作是当下中国语用学界必须面对的基础性工作。

最近国际上新兴的科学知识图谱研究是科学计量学和信息计量学的新发展，对于回答上述问题提供了全新的思路与工具。科学知识图谱是以科学知识为对象，显示科学知识的发展进程与结构关系的一种图形，兼具“图”和“谱”双重属性：既是可视化的知识图形，又是序列化的知识谱系。由于这种方法具有相关理论成熟、分析指标众多、可快速处理大量学术文献、清晰直观等可视化优点，常常被学者们用来进行分析既定学科的发展状况和发展轨迹（侯海燕，2006）。知识图谱的应用初见于自然科学和工程科学领域，多见于图书情报学等人文社会科学领域，偶见于语言学领域和语用学领域。基于当下人文社会科学研究的大数据导向，本书借助科学知识图谱理论与技术，通过分析 1980—2023 年中国语用学海量的文献数据信息，展示单凭个人经验等质性研究所难以获得的中国语用学知识图谱，以直观图形方式呈现学术共同体的研究范式、研究前沿和新生长点，力求从多角度（个案与谱系相结合、文献与学者相结合、质化与量化相结合、共时与历时相结合）来系统地揭示中国语用学的动态发展规律。

本书共分为三个部分十三章：第一部分（第一章至第七章）是关于语用学理论的知识图谱分析。其中，第一章将对中国语用学的发展轨迹、研究前沿、理论结构、合作网络等进行知识图谱分析。第二章至第五章讨论经典语用学理论，包括指称语用、信息语用、语用意义、语用行为。第六章至第七章讨论目前语用学研究的前沿理论，包括人际语用学和元语用。第二部分（第八章至第十章）是关于语用学方法的知识图谱分析，内容涉及多模态语用、实验语用、会话分析等主流语用学研究方法。第三部分（第十一章至第十二章）是关于语用学应用的知识图谱分析，包括语用教学和语用翻译两章。最后是本书的结论，讨论主要研究发现、相关研究启示和现存的研究不足与展望。在本书写作之初，恩师毛延生教授慷慨分享了许多有关“中国语用学”的宝贵见解和相关阅读材料，这为本研究提供了极大启发。在此，谨向毛教授致以诚挚的谢意。

该书的出版获得了国家社科基金青年项目“中国老年群体数字信任的话语建构研究（22CYY015）”的支持。同时获得南京师范大学优势学科四期外国语言文学经费的支持。感谢中国社会科学出版社为提升著作质量提供的宝贵修改意见，感谢王可欣博士对绘图提供的指导，感谢所有支持帮助该书出版的同人。

目　录

第一部分　语用理论的知识图谱

第二部分　语用方法的知识图谱

第三部分　语用应用的知识图谱

Table of Contents

Part I Knowledge Graphs of Pragmatics Theory

Part II Knowledge Graphs of Pragmatics Methods

Part III Knowledge Graphs of Applied Pragmatics

第一部分

语用理论的知识图谱

第一章　中国语用学

第一节　中国语用学研究背景

语用学的研究范畴涵盖了人们如何理解和运用语言以及在运用和理解语言时的心理认知。因此，语用学不仅是语言学家的研究对象，也引起了心理学家的浓厚兴趣。自从语用学的概念提出以来，引起了众多学者的关注，并逐渐吸纳了来自不同学科的精华，由此也就获得了持续的发展和壮大。在语用学的发展过程中，不同学者对语用学的理解会存在一定的差异。根据莱文逊（Levinson，1983）的分类方法，研究语用学的阵营可以分为两大流派：英美学派和欧洲大陆学派。英美学派将语用学视为与语音学、句法学、形态学和语义学等同等重要的语言学研究分支。他们将语用学的研究内容局限在句子结构和与语法相关的具体问题上，例如指示语和会话含义等。相反，欧洲大陆学派主张将所有与语言理解和使用相关的现象都视为语用学的研究对象，其研究领域因而也就相对广泛。除了前述的研究内容外，语用学还包括话语分析、社会语言学、心理语言学、二语习得等方面的内容。这一流派更加关注语言在特定社会和文化背景中的使用情境，以及与话语交际和社会互动相关的因素。因此，语用学的研究不仅仅局限于语言形式和句法结构，还涵盖了更广的领域，旨在揭示语言使用的社会、文化和认知机制。通过探究语言在特定环境中的功能和交际效果，语用学为我们理解语言行为和沟通提供了深入的思考。这种多学科交叉和综合性质使得语用学成为一个富有活力和独特的学科领域，不断推动着语言研究的发展。

需要注意的是，上述的分类是基于西方学者的评价标准所进行的界定。然而，自从1980年胡壮麟首次系统引入语用学作为一门学科以来，中国语用学经历了从无到有、从有到优、从优到强的渐进式发展历程

(陈新仁，2014b；冯光武，2009；顾曰国，1992；何自然，1988；刘亚猛，2015；冉永平，2013；张绍杰，2017)。在这一过程中，越来越多的声音呼吁建立具有中国本土特色的语用学体系（陈新仁，2018a，2018d），并且相关条件也逐渐成熟。在外在理论建构方面，中国语用学不再简单地引进外来理论，而是转向本土化理论的发展与创新（洪岗，2000；侯国金，2014；钱冠连，2003）。这意味着在借鉴国际理论的同时，中国语用学开始关注本土语境，并通过在理论建构中加入中国特色的研究元素，使研究更加贴近中国实际情况。在内在理念更新方面，中国语用学经历了从理论解读到理性思辨的转变（姜望琪，2014；吴亚欣，2011；于国栋，2015；张克定，2000）。这意味着中国语用学逐渐从对理论的解读和接受转向了对理论进行批判性思考和独立思辨，探索适合中国语用学发展的研究路径和理论框架。然而，中国语用学的内涵究竟是什么，它经历了怎样的发展历程，以及具有怎样的特征，这些问题需要通过对国内语用学研究文献的深入分析来回答。只有对国内研究的文献进行全面的梳理和分析，我们才能更好地理解中国语用学的发展脉络和研究特点。这对于进一步推动中国语用学的繁荣发展和构建独特的中国语用学派意义重大。

近年来，科学知识图谱研究作为科学计量学的新兴领域，为解答上述问题提供了崭新的思路和工具。这一方法的独特之处在于其相关理论成熟、分析指标众多、处理学术文献高效，以及可视化呈现结果清晰。正因为如此，学者们尝试使用科学知识图谱来分析各学科的发展状况和轨迹(侯海燕，2006)。在本章中，我们将从发展轨迹、研究前沿、理论结构和合作网络四个方面全面介绍中国语用学的发展态势和轨迹。通过借助CiteSpace 软件进行文献计量分析，我们能够更加深入地了解中国语用学在以下四个方面的特征。第一，对发展轨迹的分析可以帮助我们了解中国语用学研究成果的时间分布、学术活动的发展趋势以及相关研究领域的兴衰变迁。这样的分析有助于我们理解中国语用学的发展历史，把握其演进的脉络和动力。第二，对研究前沿的分析可以帮助我们了解当前语用学研究的热点和趋势，揭示出学界对于语用学领域中具有前瞻性和创新性的问题，为未来的研究方向提供参考和启示。第三，对于理论结构的分析可以帮助了解语用学不同理论框架之间的关系和交叉点，了解中国语用学的理论体系及其内部的发展和演化。第四，对于合作网络的分析可以帮助我们了解语用学者之间的合作关系和合作频率，揭示语用学界的学术合作模式和合作网络的形成，了解诸学者之间的互动和知识交流，及其对中国语用学发展的影响。总体而言，基于 CiteSpace 软件的文献计量分析将为我们提供一个全面而深入的视角，揭示中国语用学在发展轨迹、研究前沿、理论结构和合作网络等方面的特征。通过这样的研究，我们能够更好地了解中国语用学的现状、优势与挑战，为其未来的发展提供参考和指导。

第二节 中国语用学发展轨迹

本书通过对中国语用学的发展轨迹进行深入分析，以年度发文量为基础进行统计，并借助中国知网（CNKI）这一国内知名的文献数据库收集相关数据。首先，在 CNKI 的检索页面中，笔者将关键词设定为“语用学”，以确保所得到的结果与研究领域密切相关。随后，选择了“中文”和“社科”总库，并仅限于学术期刊的范围内进行检索。之后，笔者在学科一栏选择“中国语言文字”和“外国语言文字”；在来源类别一栏选择“北大核心期刊”和“CSSCI”。时间确定为 2023 年以前的所有文献。经过检索，共获得了 1889 条与语用学相关的结果。这些文献大多由中国学者完成，并发表于中国的学术期刊，因此可以被视为研究中国语用学的有效刊物。为了确保数据的可追溯性和后续分析的便利性，本书使用了 Refworks 等引文管理工具，将下载的文件保存为“download_pragmatics”格式。为了更加清晰地展示中国语用学的历年发文情况，本书绘制了发展轨迹图（见图 1-1）。该图直观地反映了中国语用学研究的趋势和变化，为我们深入了解其发展态势提供了有力的可视化支持。

从图 1-1 可以看出，与语用学相关的文献最早出现于 1980 年。之后，语用学的相关研究获得越来越多的关注。总体来看，中国语用学的研究大致经历了三个不同的发展阶段，每个阶段具有标志性成果。

第一阶段（1980—1999）为中国语用学研究起步的孕育萌芽期。在此期间，国外的语用学理论刚刚开始传入中国，学者们对于语用学的关注和研究逐渐增多。该阶段发文量相对较少，每年仅有 20 篇左右的文献发表，这些文献大多是对国外语用学理论的介绍和概述。其中，1980 年是中国语用学发展的关键节点。是年，胡壮麟在《国外语言学》杂志上发表了一篇名为《语用学》的文章，正式引入了语用学的相关概念。这篇文章让中国学者开始对语用学有了初步的了解，引发了学术讨论。随着语

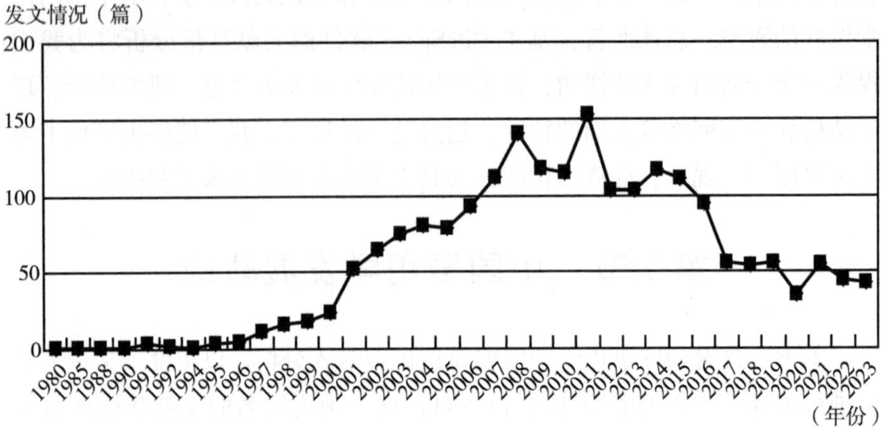

图 1-1　中国语用学发展轨迹

用学的引入和学者们对其认识的逐渐深入，语用学的相关研究获得了越来越多的关注。何自然（1995）、张绍杰（1999）等学者陆续对语用学展开了引介工作，进一步丰富了语用学的研究范畴。

第二阶段（2000—2015）为中国语用学研究获得重视的高速发展期。在这一阶段，国内的语用学研究取得了令人瞩目的成就，不仅在发文数量上显著增长，还在理论创新方面展现出本土特色。这一阶段的语用学研究呈现出多元化的趋势，学者们纷纷提出了有深度和独特性的理论观点，为中国语用学研究领域注入了新的活力。2000—2015 年，中国语用学研究的发文量呈井喷式增长。以 2000 年为起点，仅有 24 篇论文发表，然而到了 2011 年，发文量已跃升至 153 篇。而且 2007—2015 年的这段时间内，每年的发文量都稳定地保持在 100 篇以上，这表明了中国语用学研究在数量上的显著提升。这一现象反映了国内学者对语用学研究的高度重视。在介绍和综述西方语用学研究的基础上，国内学者开始提出具有本土特色的语用学理论。例如，陈新仁（2014）提出了语用身份理论，该理论探讨了语用身份与语用行为之间的关系，并对语用身份的形成和维持机制进行了深入研究。向明友（2000）基于新格莱斯的相关理论提出了经济分析语用学理论，探讨了语用行为与经济原理之间的联系。何刚（2008）提出了文化语用学的概念，并解释了其中的文化理性。于国栋和吴亚欣（2016）详细介绍了如何使用会话分析的方法对汉语自然语料展开分析。

这一阶段，中国语用学研究呈现出多个突出的特点。首先，学者们开始更加注重本土语境和文化背景对语用学的影响，提出了一系列具有中国特色的语用学理论。这些理论从不同的角度探讨了汉语的语用特点，深入研究了与中国社会文化紧密相关的语用现象（如，冉永平，2011）。其次，研究者们开始关注语用学与其他学科的融合，形成了一系列跨学科的研究分支，如语用语言学、社会语用学、认知语用学、跨文化语用学、计算语用学和实验语用学等。这种跨学科方法丰富了语用学的研究领域，使其能够更好地应对复杂多变的语用现象。最后，中国语用学研究开始注重解决实际问题，将语用学的理论成果应用于教学、社会、法律、商业等领域，为实际应用提供了有力的支持（如，Ren，2011）。同时，这一阶段的研究的高速发展使得中国语用学研究走出国门，与国际学术界保持密切的交流与合作。国内学者积极参与国际学术会议，并在国际期刊上发表论文，与国际同行展开深入的学术对话。中国语用学研究逐渐赢得了国际学术界的认可和尊重。

第三阶段（2016—2023）为中国语用学研究转向的高质量发展期。尽管这一时期语用学的发文量逐渐回落且趋于平稳，但并不意味着语用学研究遇冷，相反，语用学研究者的数量每年递增。这一现象主要源于学者们在这个阶段开始思索语用学研究的新视角、新路径和新方法。中国语用学研究在第三阶段呈现出以下新的发展轨迹。首先，学者们更加注重本土理论的发展。例如，陈新仁（2020）提出了基于中国本土的元语用分析框架。其次，语用学的界面融合研究成为研究的重要方向。许多学者开始关注语用学与其他学科的交叉与融合，形成了跨学科的研究分支。例如，黄立鹤（2017）基于多模态的语料展开语用学研究，将语用学与视觉、声音等多种媒介进行结合，丰富了语用学研究的方法。张延飞（2016）尝试实现语用学和语义学的界面结合。此外，语用学者还尝试将语用学的理论与实际问题相结合，为教学、社会、法律、商业等领域提供解决方案（如，Yang，2023）。当前，国内的学者正尝试将中国语用学的理论、方法与实践推向国际，从而让更多的学者了解中国语用学，学习中国语用学和应用中国语用学。

总的来说，中国语用学研究在不同阶段经历了从孕育萌芽期到高速发展期再到转向发展期的过程。这一发展历程不仅见证了中国语用学研究的成长与壮大，也反映了学者们对语用学研究的持续关注和努力。在不同阶段，学者们以引入、借鉴、创新为主线，逐渐形成了一系列本土特色的语用学理论和研究成果，推动了中国语用学的繁荣发展。中国语用学研究之所以能够取得如此快速的发展，有三个原因：首先，语用学研究的新颖性是其吸引学者关注的重要因素。作为符号学研究的重要分支，语用学关注的是语境下的意义解读问题，与句法学和语义学形成鲜明对比。语用学为解决语言交际中的实际问题提供了独特的视角和理论框架，从问世之初就受到普遍关注。其次，语用学的实用性使其在中国学者中受到青睐。语用学的理论和方法不仅仅局限于学术研究领域，而是能够应用于解决教学、社会、法律、商业等领域的实际问题。最后，语用学的融合性也为其发展提供了动力。语用学能够与其他学科结合，形成多个跨学科的研究分支。通过与其他学科的融合，语用学得以不断发展和创新。

第三节　中国语用学研究前沿

中国语用学的研究前沿一直是学者们关注的焦点，其中涉及的关键性话题通过关键词共现的方式得以体现。为了全面而清晰地了解中国语用学的发展前沿，本书采用了 CiteSpace 软件，以对收集到的数据中的关键词进行可视化分析。在具体的操作过程中，研究者将 CiteSpace 软件中的“Node Types”选项设置为“Keyword”，时间切片部分设定为从 1980 年至 2023 年，每年为一个时间切片，然后运行软件。通过这一过程，研究者能够获取到关键词的可视化呈现结果。在 CiteSpace 的可视化界面中，研究者选择了“find clusters”和“label clusters with title terms”来对结果进行聚类分析。这样的分析方法能够帮助研究者将相关性较高的关键词进行聚合，形成研究领域的聚类集群。随后，研究者选择了“timeline view”，以按照时间顺序对可视化结果进行呈现。通过这一方式，研究者可以观察到不同时间段内关键词的变化和发展趋势。为了更好地呈现结果，研究者使用截图软件对出现的可视化结果进行截图，从而得到图 1-2。

从图 1-2 可以看出“语用学”（#0）这一关键词的出现最早并且影响最大。语用学（#0）这一轴线上涉及的话题包括：（1）具体语言现象的研究，比如对公示语（孙小春，2020）、商务英语（王立非等，2013）等语言现象的研究；（2）语用学的研究方法，比如话语分析（冉永平，1997）、多模态会话分析（陈新仁、钱永红，2011）等语用学常用研究方法；（3）语用学界面研究，比如跨文化语用学（郝钦海，2000）、认知语

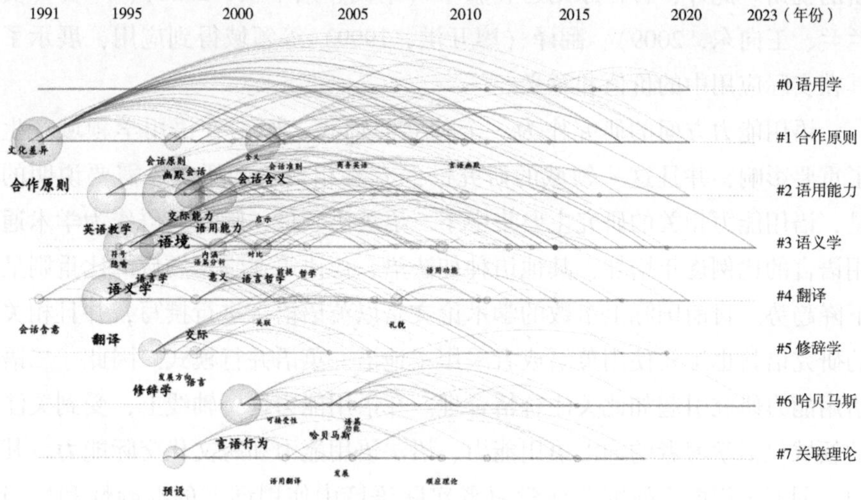

图 1-2　中国语用学研究前沿

用学（何自然、冉永平，1998）等研究；（4）应用语用学方面的研究，比如语用学理论在机器翻译（赵会军，2012）、教学法（何德华，2015）的应用。此外，通过图 1-2 可以看出，多模态会话分析是目前语用学研究的前沿话题（本书第八章将进行详细的分析）。由语用学这一核心关键词又衍生出合作原则（#1）、语用能力（#2）、语义学（#3）、翻译（#4）、修辞学（#5）、哈贝马斯（#6）、关联理论（#7）这七类研究前沿话题。

合作原则（#1）作为语用学中的一个重要轴线，涉及的话题丰富多样，展现出其较强的研究价值。其中，格莱斯会话合作原则作为经典理论之一，为语用学研究提供了重要的基础（何自然、冉永平，1998）。合作原则强调在语言交际中，交流双方以互相合作和互相理解为基础，通过遵守或者违反质准则、量准则、关系准则、方式准则，共同构建意义和实现人际交流。除了格莱斯会话合作原则，其他与合作原则相关的礼貌原则（徐盛桓，1992）、顺应论（张艳君，2009）等也引起了关注。值得注意的是，面子研究近年来备受关注，这与国际语用学研究中人际语用学的发展趋势密切相关。合作原则与博弈论相结合的形式语用学研究也获得较多关注（周海林，2001）。研究将合作原则和博弈论相结合，探讨了在语言使用中人们如何在博弈情境下做出合理的决策和达成合作。这不仅拓展了合作原则的理论框架，还为实际语用交际中的决策制定和合作行为提供了新的视角。此外，合作原则还在教学（李民、余中秋，2020）、广告（黄兰兰、王向东，2009）、翻译（廖开洪，1999）等领域得到应用，展示了其在实际应用中的价值和意义。

语用能力方面的研究作为一个独立的轴线（#2）在语用学领域产生了重要影响，并且这一领域的研究已经有着相当长的历史。需要说明的是，语用能力相关的研究主要集中于二语英语领域。随着英语作为学术通用语言的比例逐年增加，其他语种如法语、德语等在学术领域的比重则呈下降趋势。目前国际上多数的学术论文是以英语语言进行撰写，并且相关的研究语料也主要使用英语或者采用本地语—英语并行模式。因此，二语语用能力研究引起如此关注合情合理。在语用能力这一轴线上，受到关注的领域包括学习者的词汇语用能力、语法语用能力和跨文化交际能力。其中，词汇语用能力研究关注学习者实际语境中使用词汇的准确性和恰当性，以及在不同交际情境中选择合适的词汇表达方式的能力（冉永平，2008）。语法语用能力关注学习者在语法结构的运用过程中如何考虑语用因素，如语气、语调、修辞手法等，以及如何实现语法形式和交际意义的结合（沈家煊，1998）。跨文化交际能力研究则探讨学习者在与不同文化背景的人交流时如何处理语用差异和文化差异，以实现有效的跨文化交际（戴炜栋、张红玲，2000）。

最近几年，基于语料库的语用能力研究也成为一个新趋势，引起了学者的关注（侯羽、郭玉莹，2021）。基于语料库的研究方法可以帮助教师和学习者更好地了解真实语言使用情况，从而指导教学和提高学习者的语用能力。通过分析大规模的语料库数据，研究者可以揭示出词汇、语法和语用之间的关联，并提供实际语用环境中的语言使用范例和模式。这种研究方法的发展使得英语教学更加接近真实语言情境，提高了学习者的语言应用能力和跨文化交际能力。基于语料库的语用能力研究还可以帮助学习者了解不同文化背景下的语用差异，增强他们在跨文化交际中的适应能力。通过分析语料库中不同文化背景下的语言使用情况，研究者可以揭示出不同文化之间的语用差异，并提供跨文化交际的有效策略和技巧。这样的研究有助于学习者更好地理解和应对在与母语非英语者或不同文化背景者交流时可能出现的误解。除了基于语料库的研究方法，还有其他一些研究方法在英语语用教学领域得到应用。例如通过实地调查、问卷调查、语篇分析等方法，研究者可以深入了解学习者在特定交际环境中的语用表现和需求，进而指导教学实践。

语境（#3）在语用学研究中扮演着不可或缺的角色，因为它涉及语言使用的具体环境和背景，对意义的产生和理解起着重要作用。在语境研究中，有一些经典的理论和相关研究引起了学者们的极大关注。首先，预设理论是语境研究中的一个重要分支。预设是指在特定语境中，对信息的默认或隐含的理解和假设（朱永生、苗兴伟，2000）。预设对于语言理解和意义生成具有重要的影响，在会话中发挥着重要作用。预设的研究不仅帮助我们更好地理解语言的隐含含义，还对语用教学和跨文化交际具有实际应用价值。其次，会话含义的研究也与语境密切相关。会话含义涉及特定会话场景中对语言的解读和理解（张绍杰，2008）。会话含义的研究可以使我们更好地理解语境如何影响人们的交流行为和意义构建。

语用学作为一门学科，在其自身的发展过程中始终积极寻求与其他相关学科的交叉融合，其中包括语用学与语义学（#3）、翻译（#4）以及修辞学（#5）等的界面研究。这些研究领域与语用学的交叉研究不仅涉及语言哲学（伍思静、张荆欣，2018）和逻辑学（封宗信，2011）等相关领域的知识，还关注模糊限制语等具体的语言现象（周红，2008）。此外，随着网络语言的普及，基于语义—语用学的网络语言研究日益受到关注（黄兵，2013）。语义—语用界面研究（冯予力，2017）更是成为语用学研究的新的风向标，国际上还专门推出了一本针对语义—语用研究的杂志——*Semantics & Pragmatics*。在语用学的不断发展中，这些交叉研究为我们深入理解语言的使用提供了丰富的视角和方法。

图 1-2 中哈贝马斯（#6）这一范畴主要是与语用学经典理论言语行为密切相关。哈贝马斯的交往行为理论和言语行为理论之间既有共同的联系，又存在一定的不同之处，这就导致言语行为的研究，甚至语用学研究需要关注哈贝马斯的理论并进一步展开语言哲学方面的探讨。需要注意的是，哈贝马斯对言语行为和非言语行为进行了简单的区分，而这又为多模态语用学的研究奠定了哲学方面的理论基础（本书第八章将对多模态语用学进行详细介绍）。

最后一个范畴为关联理论（#7）的相关研究，学者主要关注听话人如何在语境条件下进行信息的解读。肇始于斯珀波（Sperber）和威尔逊（Wilson）（1986）的关联理论目前获得国内学界越来越多的关注。相关学者通过考察语言使用中的上下文信息和语境因素，探讨了英语等语言中意义的生成和解读方式（刘绍忠，1997；赵刚，2003），强调了语境在意义生成和交际行为中的重要性（樊岳红，2019）。

第四节 中国语用学理论结构

中国语用学的理论结构可以通过分析被引文献之间的关联性来获得，其中被引频次前 20 名的学者是研究的重要参考。在这些学者中，约 60%（14 位）来自国外，其中斯珀波和威尔逊的著作《关联论：交际与认知》（*Relevance*：*Communication and Cognition*）对中国语用学研究影响巨大，被引频次最高且 Sigma 值最高。此外，格兰迪（Grundy）的《语用学实践》（*Doing Pragmatics*）、维索维伦（*Verschueren*）的《语用学新解》、梅（Mey）的《语用学简介》（*Pragmatics*：*An Introduction*）等著作也对中国语用学的研究产生了重要影响。同时，国内学者何兆雄、何自然等人的理论也在中国语用学研究中发挥着重要作用。为了更清晰地了解中国语用学研究的理论结构，研究者进行了可视化分析。首先，研究者手动获取了相关的参考文献，并将其转化为可分析的数据。在数据处理过程中，选择了“reference”作为节点类型，设置时间切片为 1980—2023 年，切片间隔为 1 年。然后，运行软件并选择“visualize”对结果进行可视化呈现。在可视化界面中，研究者选择了“find clusters”和“label clusters with title terms”对结果进行聚类分析。随后，对节点等数值参数进行处理，并得到了共被引可视化图。为了呈现结果，研究者使用截图软件获得了图 1-3。

对于图 1-3 的可视化结果进行深入分析，可以发现中国语用学研究的理论结构呈现出多样化的特点，其中被引理论可以大致归纳为五种不同类型。首先，以格兰迪（Grundy）和何兆熊等学者为主的“语用理论”引起了研究者关注。格兰迪的著作《语用学实践》（*Doing Pragmatics*）是该类研究的代表作之一。这本书不仅涵盖了经典的语用学理论，还着重探讨了语言变体、跨文化语用等实际语言使用中的语用学问题，并提供了大量的实践练习，使读者能够真正将语用学的理论应用于实际生活中。此书的理论与实践相结合的特点正是符合语用学研究的初衷，即使读者能够真正地通过语言行动来实践语用学的原理。除了《语用学实践》一书之外，何自然与吴亚欣（2001）对语用学进行了概述，介绍了语用学的基本理

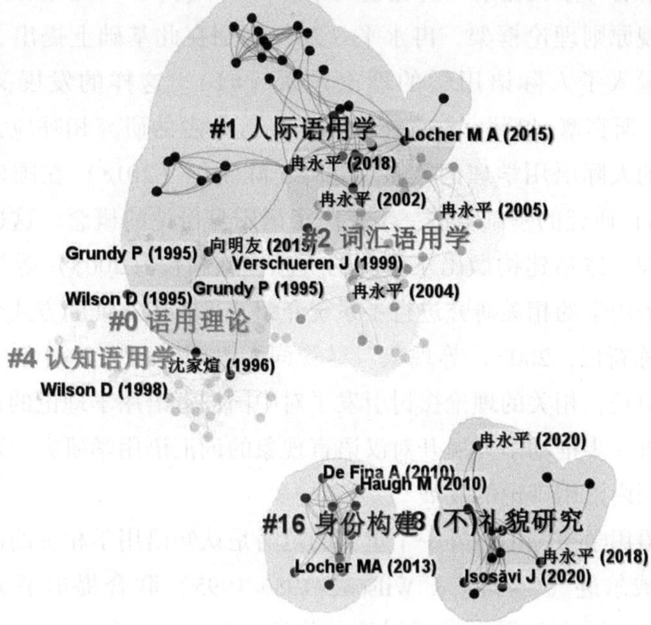

图 1–3　中国语用学理论结构

论框架。何兆熊（1987）的文章“语用、意义和语境”介绍了语境在语用学中的重要性，并强调了参与者在话语互动中的主动性。这一研究与《语用学实践》形成了积极的互补，共同推动了中国语用学研究的发展。以《语用学实践》等为代表的学术成果不仅对语用学的理论发展产生了重要影响，还为语用学在教育实践中的应用提供了宝贵的指导。通过他们的研究成果，教师和研究人员能够更好地理解和引导儿童在语言交际中的实际运用，培养他们的语用意识和交际策略。这种以实践为导向的研究方法使得语用学不再是一门纯理论的学科，而是与实际语言使用紧密结合的跨学科研究领域。除此之外，语用学的范畴也得以重新界定。比如，俞东明（1993）提出了语用学研究的四个新领域，包括语言活动类型、语用模糊现象等。这些研究为中国语用学的发展奠定了基础。

在这些理论研究的基础上，国内的学者不断对国外的语用学理论进行介绍和发展，出现一些具有高影响力的论文。比如，赖小玉和冉永平（2018）系统介绍了国外礼貌研究的最新进展并且在此基础上发展出具有独创性的（不）礼貌理论体系（#8）。实际上，礼貌的研究起始于 20 世纪 70 年代，以莱考夫（Lakoff），布朗（Brown），莱文森（Levinson）等为代表的学者开始关注语言的礼貌现象。Leech（2003）更是在此基础上更新了礼貌原则理论框架。冉永平（2018）则在此基础上提出了人情原则并将其融入了人际语用学的理论体系（#1）。这样的发展又与洛赫（Locher），斯宾塞-奥蒂（Spencer-Otaey）等学者的研究相呼应，共同构成了系统的人际语用学理论体系。此外，陈新仁（2018）在国外身份建构论（#16）研究的基础上进一步提出了语用身份论的概念。这也为中国语用学的理论体系建构做出了重要的贡献。陈新仁（2005）等学者还对国外词汇语用学的相关研究进行了系统介绍并且采用实证的方式分析了词汇阻遏（陈新仁，2007）等现象。尽管词汇语用学研究的对象主要以英语为主，但是，相关的理论探讨引发了对中国词汇语用学理论的讨论和思考，可以进一步推动学界展开对汉语言现象的词汇语用学研究。这又会进一步推动国内语用理论的发展。

中国语用学研究中另外一个重要的范畴是认知语用学相关的研究。自斯珀波和威尔逊（Sperber & Wilson，1986/1995）联合提出了关联论以来，该理论在国内学界引发了讨论，并且在教学、商务等领域得到了应用。关联论可以说是语用学领域中为数不多且较为成熟的理论之一。国内学者对关联论的研究不仅发表在国际知名学术期刊上，而且成为世界各国语言学研讨会的中心议题之一。他们通过实证研究和理论探索，深入探讨了关联论的核心概念和原则，以及其在语言理解和语用推理中的作用机制。研究者们通过实例分析和语料库研究等方法，揭示了关联论在语用推理、信息处理和交际行为中的重要作用，为语用学研究提供了深入的认知视角。此外，关联论的应用也得到了不少学者的关注。比如，在教学领域，研究者们将关联论的原理应用于语言教学和教材设计，旨在提高学生的语用意识和交际能力。在商务领域，关联论的思想被应用于商务沟通和跨文化交际中，有助于解决跨文化沟通中的障碍和误解。通过对关联论的深入研究和应用，中国语用学研究在理论层面和实践层面都取得了显著进展。这些研究不仅推动了语用学理论的发展，也为相关领域的教学和实际应用提供了启示。

当然，图 1-2 只是对重要的理论结构进行了分析，其他理论结构因为其影响力稍弱我们没有全数展示，但是对于中国语用学的研究仍然具有很强的推动作用。比如，吕公礼（2000）对形式语用学的探讨、李洪儒（2005，2006）对哈贝马斯普通语言学的讨论等都具有深远的影响。需要注意的是，目前国外语用学理论对中国学研究仍然具有很深的影响。尽管国内学者也在努力将这些理论进行本土融合，但其影响力仍有待进一步提高。因此，国内学者特别需要挖掘本土文献中的语用学理论，建立中国语用学的理论框架，并努力扩大其在国际上的影响力。对于中国学者而言，深入研究本土文献中的语用学理论至关重要。中国作为一个拥有悠久历史和独特文化传统的国家，其语言和社会交际方式具有独特的特点。通过挖掘中国传统文化中蕴含的语用学思想和理论，中国学者可以建立起一个独具特色的语用学理论体系，使其在全球范围内更具竞争力。此外，中国学者还应该积极与国际语用学界展开学术交流与合作。通过参与国际会议、发表英文论文以及与国外学者进行合作研究，中国学者能够将本土的语用学研究成果推向世界舞台，提升其在国际上的声誉和影响力。这样的交流与合作不仅有助于借鉴和吸收国外语用学理论的先进成果，还能够促进不同文化背景下对语用学的理解和发展，为语用学领域带来更加丰富和多元的视角。

第五节 中国语用学合作网络

中国语用学的合作网络是指语用学者的被引频率以及彼此之间相互合作的情况，可以通过作者共被引分析实现。本书将借助 CiteSpace 软件对合作网络展开分析，从而得到中国语用学研究中高被引作者的分布，确定该领域有影响的学者，并且通过作者的共被引网络及聚类了解该领域中相似作者的研究主题及其学科领域分布（李杰、陈超美，2016）。在实际操作过程中，笔者在“Time Slicing”中选“1980—2023”，在“Nodes Types”处选择“Cited Author”，以一年为一个切片分区，采用最小生成树算法运行数据。之后，笔者选择“visualize”对运行的结果进行可视化呈现。在可视化界面，笔者对节点等数据进行操作后形成语用学研究的可视化图。笔者通过截图软件对出现的结果进行截图，获得图 1-4。

通过图 1-4 可以清晰地看出，在中国语用学研究中，南京大学的陈新仁教授和广东外语外贸大学的冉永平教授是具有最高影响力的两位作者。这两位学者的研究成果在学术界产生了深远的影响。他们的研究充分体现了中国语用学在整合西方语言学理论与中国本土元素方面的努力，并为该领域的持续发展作出了重要贡献。其中，陈新仁教授（2018）提出

图 1-4 中国语用学合作网络

的语用身份理论是他在国际语用学研究基础上进行的本土化加工的成果。这一理论通过研究语言使用者在特定社会和文化背景下的身份认同与表达，深化了对语用学与社会认同之间关系的理解。陈新仁的研究从中国的语境出发，注重考察语用行为与个体的身份关联，为中国语用学的发展开辟了新的方向。冉永平（2012）的人际语用学研究也是在国际语用学研究的基础上加入了中国本土的人情元素等内容。他的研究聚焦于人际交往中的语言使用策略和交际效果，并特别关注中国社会文化中的人情关系与语用行为之间的联系。冉永平的研究丰富了语用学的研究领域，为理解不同文化背景下的语用现象提供了重要的理论支持。这两位学者的研究不仅具有学术深度和广度，而且在地域上互为补充，共同促进了中国语用学的不断发展。

除了陈新仁、冉永平之外，中国语用学领域还有其他影响力较大的学者，如张绍杰、莫爱屏、于国栋、郭贵春、殷杰等。其中，郭贵春（1997）将研究的焦点集中于语境问题上，涉及较多哲学范畴的讨论。他对语境的深入探讨为语用学领域提供了重要的理论思考。殷杰（2006）的研究与郭贵春（1997）的研究密切相关，也主要关注语境问题。他们的研究在探索语境与语用现象之间的关系方面取得了重要成果。从图 1-4 中可以看出，郭贵春和殷杰等学者之间形成了紧密的合作网络，这进一步证明了他们在语用学研究中的合作与互动。除了郭贵春之外，还有一些其他具有较高影响力的语用学者，如张绍杰、莫爱屏、于国栋等。张绍杰（2010）的研究主要涉及后格莱斯主义的理论探讨，为中国语用学领域引入了新的理论视角。莫爱屏（2011）的研究关注语用翻译问题，探讨了语用在跨文化交际和翻译实践中的应用。于国栋（2015）则主要研究会话分析，通过对真实对话的分析，揭示了语言交际中的微妙细节和互动机制。这些学者的研究都是在国外语用学理论的基础上进行的本土化拓展。他们在研究中将西方语用学的理论框架与中国本土语境相结合，提出了一系列与中国语言和文化背景紧密相关的研究问题。这些研究丰富了中国语用学的理论体系，推动了该领域的发展。通过深入探索本土语用学理论，并与国际学术界保持紧密联系，这些学者为中国语用学的独立发展和国际影响力的提升作出了重要贡献。

值得注意的是，图 1-4 中展示的中国语用学者间的合作网络相对较薄弱。不过，近年来国内的语用学者之间出现了彼此互相合作的趋势。这或许是得益于语用学相关的学术会议、研讨会和学术交流活动的逐渐增多为语用学人们提供了展示成果、分享经验和发起合作的机会和平台。随着研究合作的不断深入，学者们也尝试将语用学的理论研究成果应用于教学等领域。比如，研究者将语用学理论应用于语言教学，尝试提升语言学习者的交际能力和语用意识。这样的应用性活动又进一步加强了国内学者之间的不断合作和交流。随着中国语用学的不断发展，相信语用学者之间的合作网络会越来越密切。值得注意的是，国内的语用学者不但注重彼此之间的合作，而且也尝试加强与国际语用学者之间的合作。在与国际语用学人进行合作的过程中，中国语用学者能够更好地融入国际语用学研究的理论体系，也能够将中国语用学的最新理论思想传播至国际。

第六节　结论

基于对中国语用学研究的知识图谱分析可以看出，中国语用学研究进入了成熟发展期，中国语用学研究正在转向“小”“精”“专”的研究，国内不少学者开始思索语用学研究的新视角、新路径、新方法。中国语用学研究中所涉及的理论包括经典语用学理论，也包括认知语用学等理论，这些理论具有明显的实践性特征。而且，这些理论的提出者多是西方学者，并由中国的学者介绍至国内。需要注意的是，中国学者在践行西方语用学理论的基础上正尝试展开本土化的系统研究。比如，在何兆熊、陈新仁、冉永平等一批语用学家的努力下，中国语用学的本土化体系正在逐步建立。而且，语用身份理论、多模态分析方法等新理论、新方法正在不断涌现，逐渐成为中国语用学研究的前沿话题。中国本土语用学的发展与国内学者之间的合作存在密切的关系。在后续章节中，笔者将继续从发展轨迹、研究前沿、理论结构和合作网络四个方面对语用学的分相理论展开分析，并提出相应的研究展望，从而为语用学的后续发展提供参考。

第二章　指称语用

第一节　指称语用研究背景

指称语用，按照利奇（Leech，1983）的话来说就是“对给定对话中的指称表达的指称分配”。指称语用的核心是指示语，即“行使指示功能的语言结构形式，如指示代词、人称代词、物主代词、某些情态助动词和表示移动的动词、时间和地点副词、某些称谓以及在特定语境中表示事物和人的社交关系的词语或结构”（李捷等，2011：24）。指称性是自然语言的固有属性之一，是自然语言的共有现象。在话语交际过程中，指称的使用能够有效提高语言运作效率，减少不必要的重复和冗余。语言哲学家巴希尔（Bar-Hillel，1954）在研究指称表达时就指出，指称是自然语言的天然特征，言语交际中使用的大多数陈述句都包含与发话人、受话人、说话时间和地点相关的隐性指称信息。这些信息要结合相应的语境才能明白他们的指称内容和整个话语意义。由此可见，指称的使用和理解与语境密切相关，离开语境，我们就不能理解指称信息，因而不能成功理解话语意义。

指称现象一直以来都受到语用学界的关注。维索韦伦（Verschueren，1999）认为，作为话语与现实世界之间联系的方式之一，指称本身并不能提供关于现实世界准确的信息，需要通过语境的帮助来确定一个指示中心作为参照点。当参照点不同的时候，即使相同的指称词所传达的确切信息也会有所不同。基于这样的思考，国内外许多语用学家对指称现象进行了深入研究。这些研究集中在语用学的范畴，并被统称为指称语用研究。指称语用研究旨在探讨指称和指示在语用层面的作用和功能。指称研究涵盖了诸多的领域，如指称的语用特征、指称的参照过程、指称解读过程中的歧义与不确定性问题等。学者们通过分析实际语境中的指称使用情况，试图揭示指称语用现象的规律和原理。

目前，国内外的指称语用研究可以大致分为四个主要类别，为我们深入理解指称语用提供了重要的视角和研究框架。第一类是指称类型研究，主要关注不同类型的指称形式以及它们在语用交际中的功能和特点。其中，人称指称研究探讨了不同人称指称形式在话语中的使用和影响（Petersoo，2007；马文，2011）。时间指称研究关注如何使用时间指称来表达时间概念（Moore，2011）。空间指称研究探讨如何使用空间指称来描述位置（Johnston，2013）。此外，指称类型研究还可以进一步分为话语指称和社交指称，研究者探索这两种指称类型在社交互动中的使用和效果（Levinson，1983）。第二类是指称功能研究，着重研究指称在语用交际中的不同功能和效果。其中，礼貌功能的研究关注指称在表达礼貌和尊重的过程中的作用（张宁，2009）。移情与离情功能研究关注指称在情感表达和情感调节中的作用（Stewart，2008；李义天，2017）。调适距离功能研究关注指称在调节沟通距离和接触程度方面的作用（Nevala，2009）。身份建构功能研究关注指称在个体身份建构和社会角色塑造中的作用（lary-Lemon，2010；袁周敏，2012）。第三类是指称界面研究，关注指称语用与其他领域之间的交叉和融合。其中，指称语与情感的界面研究重点关注指称在情感表达和情感理解中的作用（Caffi & Janney，1994；刘正光、李雨晨，2012）。指称与认知的界面研究关注指称在认知过程中的参与和影响（Moore，2006）。第四类是指称方法论研究，关注指称语用研究的方法。其中最为典型的方法是多模态方法，研究者通过分析语言和非语言模态的结合使用来理解指称的语用特征和功能（Mondada，2016）。另外，指称的功能性核磁共振研究也是最近新出现的研究方向，研究者利用功能性核磁共振成像技术来研究指称在大脑中的加工和表征（Loevenbruck et al.，2005）。

总体而言，指称语用的研究，特别是类型和功能方面的研究已经取得了较多成果，但在指称语用的界面研究和方法论研究略显乏力（杨昆、郭枫，2020）。为了能够更为客观系统地了解指称语用研究的发展动向，本书利用 CiteSpace 软件对以指示语为主的指称语用研究进行可视化文献计量分析。通过利用 CiteSpace 软件进行可视化文献计量分析，我们不仅可以观察到指称语用研究的发展特征和趋势，还能够识别指称语用研究的关键文献和主要作者，为指称语用研究的发展提供指导和借鉴。相关研究还能够进一步加强我们对指称语用的界面研究和方法论研究，促进指称语用研究者之间的合作网络。这将有助于推动指称语用研究的进一步发展，提升其在语用学领域的影响力和贡献。

第二节　指称语用发展轨迹

为深入了解指称语用研究的发展轨迹，本书采用了定量分析方法，以年度发文量为指标对其进行统计和分析。为了收集相关数据，研究者选择了中国知网（CNKI）这一国内知名的文献数据库，并进行了系统的检索和筛选。在数据收集过程中，研究者以“指称+语用”作为检索词，并选择了“中文”和“社科”总库进行检索。时间范围包括 2023 年以前的所有时间，而类别则专注于中国语言文学和外国语言文学领域。经过筛选，本书共获得 1063 条与指称语用研究相关的文献记录。为了方便后续的分析，研究者采用了 Refworks 的方式对这些数据进行了保存，并将下载的文件保存为“download_referential pragmatics”的格式，以确保数据的完整性和一致性。为了更清晰地展示指称语用的历年发文情况，本书绘制了图 2-1，展示了指称语用的发展轨迹。这一发展轨迹图可以直观地呈现出指称语用研究的数量变化趋势和发展态势。通过对发展轨迹图的分析，可以揭示指称语用研究在不同年份的关注度和研究热点的变化，为进一步的研究提供参考。

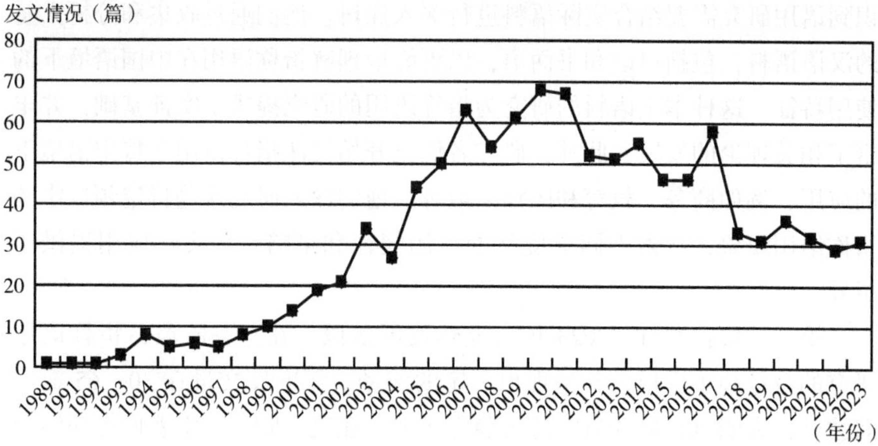

图 2-1　指称语用发展轨迹

由图 2-1 可以看出，自 1989 年至 2023 年，指称语用研究总体上呈增长趋势，这样的趋势表明越来越多的学者开始关注指称语用的研究。总体来看，中国指称语用研究可以大致分为三个发展阶段，每个阶段都有其特点和贡献。

第一阶段：1989—1993 年为起步发展阶段。在这一阶段，指称语用的研究开始起步，尽管发表的文献数量呈现一定的波动，但年均发文量都在 5 篇以下，相对较少。在这个时期，国内学者开始关注指称语用（涂纪亮，1989），并意识到其在语言交际中的重要性。尽管研究相对较少，但学者们已经开始借鉴国外相关理论和方法，将其应用于国内的研究中。在这一阶段，语用学作为一个独立的学科被引入国内，这也为指称语用的研究提供了契机。学者们开始认识到指称语用在语言交际中的关键作用，并开始探索其理论框架和研究方法。尽管研究数量有限，但这一阶段的研究为后续的研究奠定了基础。

第二阶段：1994—2010 年为稳步上升阶段。在这一阶段，指称语用的研究呈现出明显的增长趋势，年度发文量相对于第一阶段明显增加，几乎每年都超过了 5 篇，并且在 2010 年达到了顶峰。这表明指称语用在国内学术界得到了越来越多的关注和重视。该阶段，学者们不仅继续使用国外相关理论（陈辉、陈国华，2001），还开始注重与本土语料的结合（胡建华、潘海华，2002；李成团，2010）。他们积极探索中国语境下的指称语用现象，并深入挖掘语料中的特点和规律。在这一阶段，学者们开始意识到语用研究需要结合实际语料进行深入探讨。他们通过收集和分析大量的汉语语料，包括口语和书面语，以更好地理解指称语用在中国语境下的使用特征。这种本土语料的研究为指称语用的研究提供了实证基础，并丰富了相关理论的发展。此外，研究者们也开始关注指称语用在特定语境下的应用，例如商务、教育和医疗语境等。他们深入研究这些特定领域中的指称语用现象，探索不同语境下的语用规律和策略，为实际应用提供了指导。

第三阶段：2011—2023 年为成熟发展阶段。在这一阶段，指称语用研究的数量趋于平稳，并呈现出一定的波动。年度发文量在 30—65 篇之间波动，表明该领域的研究持续稳定发展。在这一阶段，学者们更加倾向于发展本土的语用学理论，提出了新的理论框架和观点，深入探讨指称语的功能和作用。一方面，学者们开始关注指称语在语用身份构建中的作用。比如，有的学者在语用身份论的基础上提出，自称语的使用往往是在进行语用身份的构建（袁周敏，2012）。通过研究自称语的使用方式、策略和效果可以揭示自称语在人际交际中的重要性，了解语用身份构建的机制。这一研究观点丰富了指称语用的理论框架，使其能更好地解释中国语境下的语用行为。另一方面，学术话语中的指称语往往与语用身份构建相关（任育新，2016）。通过分析学术文本中的指称语现象，可以揭示学术话语中指称语的功能和作用，以及指称语与学术身份的关系。

当然，这一阶段还涌现出其他重要的研究趋势和特点。比如，学者们开始关注指称语用与社会认知、跨文化交际等领域之间的关联性。他们探讨指称语在社会认知过程中的角色和影响，以及在不同文化背景下的使用差异和交际效果。这种研究取向为理解指称语的认知机制和文化适应性提供了新的视角。此外，技术的进步和社交媒体的普及也为指称语用研究带来了新的挑战和机遇。学者们开始关注数字语境下的指称语使用特点、网络身份建构、虚拟社交关系等问题。他们通过分析网络文本、社交媒体数据等大规模语料，揭示了指称语在虚拟社交中的功能和变化。这种基于大数据和计算的方法为指称语用研究提供了新的范式。

第三节 指称语用研究前沿

指称语用的研究前沿主要体现为一些关键性的话题，往往通过关键词共现的方式体现出来。为了能够清晰地了解指称语用的发展前沿，本书采用 CiteSpace 软件，对所收集数据的关键词进行可视化分析。关键词是文献主旨内容的精确概括，为考察文献的核心观点提供可信指标（曾广、梁晓波，2017）。对于关键词共现网络的分析能够反映出指称语用研究的文本内容特征。这对于了解指称语用研究的热点、趋势以及范畴特征等具有重要意义（李杰、陈超美，2016）。在实际操作的过程中，笔者在 CiteSpace 界面中的“Node Types”选择“Keyword”。随后，Time Slicing 部分选择从 1989 年至 2023 年，时间切片设定为 1 年，然后运行软件。之后，笔者选择“visualize”对运行的结果进行可视化呈现。在可视化界面，笔者选择“find clusters”和“label clusters with title terms”对结果进行聚类分析。随后，笔者选择“timeline view”，按照时间顺序对可视化结果进行呈现。笔者通过截图软件对出现的结果进行截图，获得图 2-2。

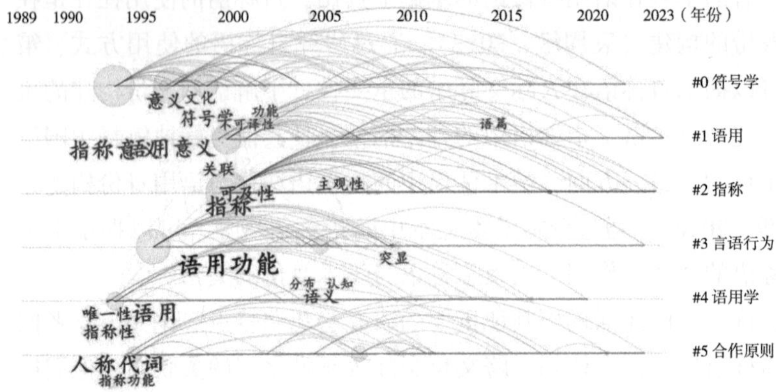

图 2-2 指称语用研究前沿

从图 2-2 的可视化结果可以清晰地观察到指称语用研究的前沿领域分为六个范畴，分别是符号学（#0）、语用（#1）、指称（#2）、言语行为（#3）、语用学（#4）和合作原则（#5）。这些范畴的出现揭示了指称语用研究在不同方向上的关注和发展。首先，符号学作为指称语用研究前沿中最具影响力的类别，可以追溯到索绪尔的符号学研究。这一范畴的研究主要集中在指称意义的相关研究上，早期的指称语用关注点主要聚焦在指称的语义特征和符号系统中的作用（陈平，2015）。随着研究的深入，指称语用逐渐向语用意义、情景语境、文化意向等方向发展。研究者开始关注指称语用在不同语用层面上的作用，探索指称语用在特定语境中的交际功能和文化意义。这种发展反映了研究者对指称语用的全面理解和应用。此外，通过图 2-2 我们可以看出，认知研究成为指称语用研究的最前沿话题。这与国际指示语研究的认知和心理转向相呼应，为指称语用研究注入了新的思维和方法（Diessel，2006；Stukenbrock，2014）。通过认知角度的研究，我们可以深入探讨指称语在人际话语互动中的认知过程、认知机制以及指称理解与思维之间的关系。这些不同范畴的研究方向共同构成了指称语用研究的前沿领域，展示了该领域在不同学科和理论框架下的多元发展。

指称语用研究的第二个类别（#1 语用）和第五个类别（#4 语用学）在一定程度上存在相似之处，都以语用学的研究为核心，但它们关注的具体领域和研究对象有所不同。第二个类别主要涉及指称语用与句法、语序和预设等方面的关系。在这个范畴中，研究者探索指称语在句法结构和语序中的作用以及指称语与预设信息之间的关联。例如，胡建华和潘海华（2002）从语用学的角度分析了指称语“自己”的名词短语在句子中的显著性。他们的研究探讨了“自己”的指称语在语境中的使用条件和语用效应。与第二个类别不同，第五个类别主要关注一些具体的语言现象，以探索指称语用在这些特定现象中的作用和影响。研究者通过案例分析和语料库研究等方法，揭示了指称语在特定语境和话语类型中的语用特征（郑杰、李宁，2016）。此外，第二个类别关注指称语用与句法和预设的关系，探索指称语在句子结构和语篇中的功能和效果。第五个类别则更关注指称语在具体语境和特定语言现象中的应用和表现。通过对不同类别的研究探索，我们可以更全面地了解指称语用的多样性和复杂性。进一步的研究可以深化这些类别的研究内容，拓展研究范围，并寻求不同类别之间的交叉点，从而促进指称语用研究的深入发展。

指称语用研究的第三个类别（#2 指称）聚焦于指称本身的研究，早期的研究主要围绕人称代词展开，探讨不同类型的人称代词及其功能。例如，崔希亮（2000）在他的研究中分析了汉语中的人称代词种类及其在语境中的功能。这些早期的研究为指称语用研究奠定了基础。随后，指称相关的研究逐渐涉及指称语用的功能和语用模糊等问题。以汉语和英语为基础的自然语料为例，黄奕、白永权和蒋跃（2007）进行了定性和定量相结合的混合研究，分析了第一人称代词指称模糊现象在两种语言中的类型和频率分布的差异，并进一步探讨了模糊指称语的语用功能。此外，许余龙和贺小聃（2007）研究了句内下指和语篇下指等回指指称照应方式，并分别分析了其语用功能。近年来，指称的身份建构研究成为该领域的研究前沿。学者们开始关注通过指称语实现语用身份建构的方式。例如，不少学者探讨了指称在语用身份建构中的作用（任育新，2016；袁周敏，2012），分析如何通过指称语塑造个体的语用身份，揭示了指称语在社会互动中的重要性。这些研究丰富了我们对指称语用的认识，并提供了深入探讨指称语用研究的新方向。进一步的研究可以继续探索指称语在不同语境和交际情境中的功能和效果，以及指称语用在身份认同和社会互动中的作用。

指称语用研究的第四个类别（#3 言语行为）不仅涵盖了具体的言语行为，还包括经典的语用学理论，如会话含义和关联理论。指称现象与言语行为交织在一起，原因在于话语互动过程中的言语行为通常嵌入在特定的时空现场中。同时，时空现场常常通过指示语的形式来体现（邵长超，2020）。指称语用研究与言语行为和会话含义的理论存在密切的关系。人称指示语，例如使用“咱”一词，往往蕴含着特定的会话含义（姬凤霞，2008），需要通过关联推理等方式才能最优解读（于翠红、张拥政，2012）。也正因如此，指称语用与经典的言语行为和会话含义等语用学理论之间才产生了紧密的联系。通过深入研究指称语用现象，我们可以进一步理解在特定的时空场域中，言语行为是如何通过对不同指示语的使用来实现特定的交际目标，传达说话人的会话含义。同时，研究者们还可以探讨指称语用与关联理论等经典语用学理论之间的相互影响和互动。这种交叉性质的研究不仅可以丰富指称语用研究的理论框架，也拓展了我们对语用学领域的整体理解。进一步的研究可以深入探讨指称语用与言语行为、会话含义等之间的关系，探索在不同语境和交际情境中它们的相互作用和影响。通过这样的研究，我们能够更加全面地把握指称语用的复杂性。

此外，在指称语用研究中还涉及合作原则（#5 合作原则）。合作原则由 Grice（1975）提出，旨在解释人们在交际中如何通过合作和推理来达成有效的沟通。在指称语用研究中，合作原则被应用于分析指称的交际功能和信息交流中的合作机制。比如，马文（2009）提出了新型的指称合作原则，该原则包括明晰性、可理解性和适切性等次准则。明晰性要求指称在语言表达中要具备清晰明确的特征，以确保信息的准确传达。可理解性强调指称语用应具备一定的可理解性，使接收者能够根据语境和共享的背景知识理解指称所指代的对象或信息。适切性则强调指称应根据交际情境和交际参与者之间的关系选择合适的表达方式，以实现良好的交际效果。然而，相较于其他类别的指称研究，合作原则在指称语用领域出现的时间较晚，并且研究持续的时间相对较短。这可能是因为合作原则作为经典的语用学理论，其应用于指称语用的研究还处于初级阶段。然而，随着对指称语用研究的深入和发展，合作原则的应用将逐渐得到更多的关注。在未来的研究中，可以进一步探究指称语用与合作原则之间的关系，探索在使用指称语的过程中如何遵循合作原则，实现有效沟通。此外，可以探讨不同语境和交际情境下合作原则对指称语用的影响，以及如何通过合作原则来解决指称语用中的理解障碍和交际困境。虽然合作原则在指称语用研究中的发展时间相对较短，但随着研究的不断深入，合作原则将为指称语用研究提供更加丰富的理论基础，并为实际交际过程中指称语的使用和理解提供指导。

第四节 指称语用理论结构

指称语用的理论结构是指被引文献之间的关联性，可以通过文献共被引的方式获得。笔者通过 CiteSpace 软件对指称语用的参考文献及 Sigma 值等进行分析。Sigma 值是综合中介中心和突发强调测量节点重要性的指标（张继东、陈文，2016）。高 Sigma 值文献通常具有创新性，能在研究领域的知识结构上提供启发。由于 CNKI 中的数据不包含被引文献，因此笔者手动获取相关的参考文献，并转化为 CiteSpace 可分析的数据。在数据处理的过程中，笔者在“Node Types”中选择“reference”，在“Time Slicing”中选择 1989—2023 年时间切片设定为 1 年，然后运行软件。之后，笔者选择“visualize”对运行的结果进行可视化呈现。在可视化界面，笔者选择“find clusters”和“label clusters with title terms”对结果进行聚类分析。随后，笔者对节点等数值参数进行处理后获得共被引可视化图。笔者通过截图软件对出现的结果进行截图，获得图 2-3。

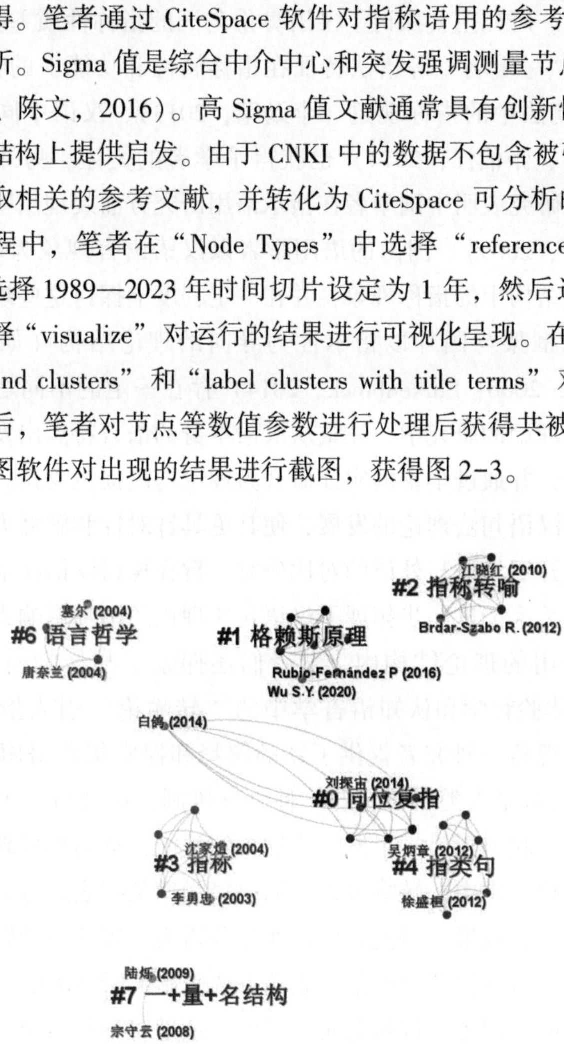

图 2-3 指称语用理论结构

从图 2-3 中可以看出，指称语用研究中所涉及的理论可以分为三个主要的类别，分别是指称句法（#0，#4，#7）、指称转喻（#2）以及指称本体论（#1，#3，#6）。其中，指称句法是指称语用研究最具影响力的研究领域之一，涉及同位复指、指示句、量名结构等。该类研究的重要性在于深入理解句子（以汉语为主）的结构和语法规则。根据统计数据，李劲荣、徐盛桓、唐雪凝、白鸽和刘探宙五位学者的高被引文章主要集中在句法理论领域。在句法理论领域，研究人员关注汉语中的指称词汇以及相关的语法现象。研究主要探讨了汉语身份名词的指称性质差异（唐雪凝，2013），关注“一量名”等语法特征在指称属性和功能上的特点（白鸽，2014）。汉语句法中的指称现象（李劲荣，2013）、汉语中同位同指组合现象（刘探宙、张伯江，2014）也获得了学者的关注。另外，汉语中的指称转喻现象研究表明中国学者在指示语用研究方面展现出明显的本土化特点（徐盛桓，2009）。国内的语用学者以汉语语言现象为研究切入点，试图分析句法结构中的指称现象，并在一定程度上探讨这些现象的语用功能。这种研究框架与国外以指示性为导向的理论结构（如 Aikhenvald，2004；Diessel，2006；Stukenbrock，2014）存在一定的不同之处。国内学者在汉语句法理论的研究中，注重从汉语本身的语言特点出发，探讨汉语中的指称现象，并通过丰富的实证研究为理论构建提供支持。这种本土化的研究丰富了汉语句法理论的发展，使其更具针对性和解释力。此外，国内学者还积极开展汉语与外语的对比研究，旨在探讨汉语在语言普遍性与个别性之间的关系，进一步拓展了汉语句法理论的国际影响力。

在指称语用的理论结构中，学者们还探索了与转喻研究相关的理论（#2），将体验哲学和认知语言学中的“转喻论”引入指称语用的领域。这一理论视角为研究者提供了新的解释和探索指称语用的方法（王寅，2012）。转喻是人类所特有的一种语言机制，涉及将一个概念或概念领域中的一部分映射到另一个概念或概念领域中，从而形成新的理解和表达方式。在指称语用中，转喻可以帮助解释为何某些表达方式被使用，以及所产生的意义和效果。研究者可以通过分析语言表达中的转喻关系，揭示说话人如何通过选择特定的指称表达方式来影响听话人的认知解读。此外，转喻理论的应用还可以帮助研究者更好地理解指称语用中的隐含意义及其实现的言后效果，为语用研究提供更加全面和深入的思考。

除此之外，指称语用的研究还涉及指称本体论的研究，包括对经典格莱斯理论的引用、对语言哲学的讨论以及对主观性问题的分析等。其中，沈家煊的著作《主观性和主观化》在这一领域具有较高的影响力。沈家煊的主观性理论对指称语用的研究产生了深远的影响。受其理论启发，相关学者对人称代词与情感等问题进行了深入的探讨（冯光武、丁娇龙，2019；刘春卉，2016）。这些研究主要探索了人称代词在语言交际中的主观性特征和情感表达功能，进一步揭示了在语用层面的复杂性和多样性。通过分析主观性与指称语用之间的关系，有助于研究者们深入理解个体差异、情感因素和认知机制对指称语用的影响。

总体而言，国内指称语用的研究呈现出明显的本土性特征。这一特点在相关研究所涉及的理论框架中得到了突出体现，其中包括汉语句法、主观性和转喻等理论。这些理论要么由本土学者提出，要么经过本土学者的改造和应用，旨在将指称语用理论与汉语语言理论结合起来，实现对国外“舶来”理论的本土嵌入。这种现象的出现可能是由于本土文献中对指称现象的大量记载和研究。中国作为一个语言资源丰富的国家，拥有着悠久的语言历史和丰富的语言使用实践，这为国内学者提供了大量研究材料和案例，促使他们深入研究指称语用现象，并将其与汉语语言理论相结合。通过对本土语言现象的深入分析和探索，国内学者在指称语用研究领域取得了丰硕的成果。这一本土性特征的存在也正好凸显了对基础本土文献展开中国语用学研究的必要性。

第五节　指称语用合作网络

指称语用的合作网络是指研究该领域的学者之间的合作情况以及他们的被引频率。通过分析合作网络，可以揭示该领域中具有影响力的学者、他们的研究主题以及学科领域的分布情况。为了实现这一目标，本书将运用 CiteSpace 软件对指称语用的合作网络展开分析。首先，本研究选择“1989—2023”作为分析的时间段。其次，在 CiteSpace 软件中的“Nodes Types”选项中选择“Cited Author”，并将每一年作为一个切片分区，这样可以获得每年被引频率较高的作者。最后，通过对结果进行可视化呈现，本书利用 CiteSpace 软件的“visualize”功能，展示了指称语用研究的合作网络图。在可视化界面中，研究者对节点等数据进行操作，以形成更具信息性的可视图。为了记录和展示这些结果，研究者使用截图软件进行截图，绘制为图 2-4。通过对指称语用研究的合作网络进行分析和可视化呈现，本书可以得到一些重要的发现。首先，高被引作者的分布情况可以揭示该领域中具有影响力的学者，他们的研究成果受到学界的关注。其次，通过作者的共被引网络和聚类分析，可以了解到在指称语用领域中存在一些相似的研究主题和学科领域的分布情况。这些信息对于指称语用的进一步发展具有重要的参考价值。

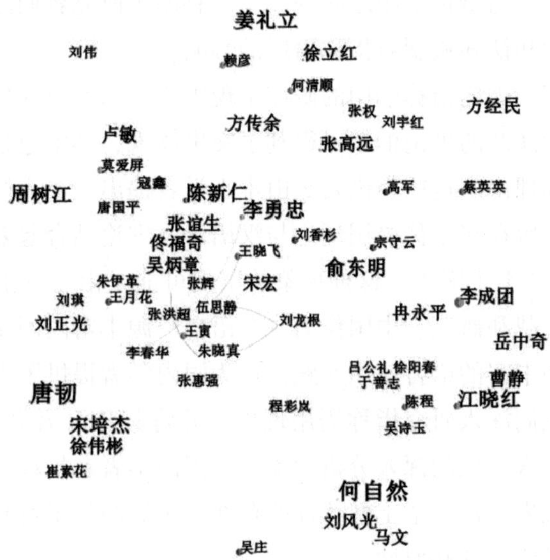

图 2-4　指称语用合作网络

根据图 2-4（指称语用合作网络）所提供的数据，我们可以清晰地观察到在国内出现了一批以何自然、李勇忠、江晓红、李成团为代表的指称语用研究学者。这些学者在语用学领域具有显著的地位，并通过直接或间接的方式对指称语用进行了深入的研究。以上学者的研究聚焦于多个方面，比如名词与指称对象的照应关系（何自然，2000）、转喻的指称功能（李勇忠，2005）、指称转喻的语用动因（江晓红，2014）以及指示语选择的视角定位与身份构建（李成团，2010）等。这些学者的研究关注点的广度涵盖了指称语用的多个方面。通过这些研究，我们可以发现，在国内指称语用研究领域，研究者除了关注指称本身外，还关注与指称密切相关的语用现象、语用功能和语用动因等。

指称语用研究范围的扩大反映了国内指称语用研究者对于深入理解指称的语用特征和功能的愿望。研究者们意识到指称不仅仅是一个表达概念的工具，它还承载着丰富的语用信息和功能。通过关注指称的语用现象和功能，研究者们能够更好地理解指称在交际中的作用、表达者的意图以及听者的理解和回应。这些学者的研究不仅为国内指称语用研究领域带来了新的观点和理论，也为相关领域的学者提供了启示。他们的工作为进一步探索指称语用的复杂性和多样性奠定了基础，促进了国内指称语用研究的发展。

需要注意的是，尽管国内存在一批研究指称语用的学者，但他们之间的关联性相对较低。换句话说，尽管指称语用研究的数量较多，并且一些学者具有较高的影响力（如李勇忠、何自然等），但学者之间的合作与互动相对不足，这导致了国内指称语用研究整体上的影响力相对较弱。相比之下，国外指称语用研究学者之间展现出明显的合作网络，彼此之间的关联性较强。他们通过合作项目、学术会议和跨国合作等形式积极互动，分享研究成果、讨论理论观点，并共同推动该领域的发展。这种紧密的合作网络为国外指称语用研究提供了良好的平台，使他们能够更好地推动领域的前沿研究，并取得较多的成果。这也是国外指称语用研究取得较多成果的原因之一。有鉴于此，国内指称语用研究迫切需要加强学者之间的合作。

第六节　指称语用研究展望

作为语用学研究的经典和热点话题之一，指称语用研究的文献数量丰富，并且正处于成熟发展期。为了更清楚地了解国内指称语用研究的相关趋势和特征，本书运用 CiteSpace 软件对 1993—2023 年中国知网数据库中收录的指称语用相关的文献进行了可视化文献计量分析，并从发展轨迹、研究前沿、理论结构和合作网络四个维度进行了探讨。相关研究结果如下。

首先，指称语用研究整体呈现出增长的趋势，表明越来越多的学者开始关注指称语用，并将其作为研究的重点。这也说明指称语用逐渐成为语用学研究领域的热点话题。经过近四十年的发展，指称语用研究已经进入了成熟的发展阶段。

其次，通过关键词共现网络的分析，可以发现符号学、认知语用和身份建构等高频和高中心性关键词在指称语用研究中占据主导地位。指称的认知语用研究逐渐成为前沿话题，并获得了越来越多的关注。这表明研究者们对于指称语的认知过程和语用功能的探索日益深入与成熟。

再次，通过文献共被引网络的分析，可以确定李劲荣、徐盛桓、唐雪凝、白鸽、刘探宙等学者的文献在指称语用研究中具有关键性的作用。这些文献多以汉语语料为基础，展开句法、语义和语用的界面研究，具有典型的本土语用学特征。他们的研究为指称语用的理论构建和实证研究提供了重要参考。

最后，通过作者共被引分析，我们发现何自然、李勇忠、江晓红、李成团等学者在指称语用研究中具有较高的被引频次。他们关注指称的语用现象、语用功能和语用动因等问题，为指称语用研究作出了重要贡献。

上述的研究发现可以为指称语用的本土化研究提供以下参考。

第一，指称语用研究开始出现认知和心理转向。通过对指称语用研究前沿的分析，可以发现认知语用成为其研究的前沿话题。这一转向的出现实际上受到了国际上指称语用研究认知转向的影响（Aikhenvald，2004；Diessel，2006；Stukenbrock，2014）。指称语用的认知转向意味着研究者开始关注指称的认知过程、心理机制以及其与思维和感知之间的关系。因此，在研究指称语时，相关学者不仅需要考虑其表达形式和修辞效果，还需要考虑指称在特定文化语境下的认知解读方式。这样才能使指称语用研究更加综合和深入，能够更好地理解指称的语言和认知特征。特别值得注意的是，指称语的使用往往与情感特征密切相关。在研究指称语用时，应该考虑到指称的使用与情感体验、情感表达之间的联系。指称作为一种语用手段，既能够表达情感，又能够受到情感的影响。因此，在研究指称语用时，不能忽视指称语与情感特征之间的互动关系，需要深入探讨指称在情感表达和情感解读中的作用（Yang & Chen，2022）。这将有助于更全面地理解指称的语用特征，并推动指称语用研究向更深入和综合的方向发展。

第二，身势语等非文字模态的研究是指称语用研究的一大趋势。空间指示语等非文字指称现象具有明显的非语言特征，因此引起了学者们对多模态指称的研究兴趣。这一趋势的出现反映了对指称语用研究范围的扩展，从仅关注文字模态的指称现象到关注多种表达方式的指称现象。近年来，一些学者已经开始对多模态指称现象展开研究。他们运用心理空间和概念整合理论等认知范畴的理论来解决多模态场景中指称歧义问题（如，王毓等，2012）。这些研究者关注指称在不同模态之间的转化和交互，并探讨了非文字模态中指称的认知过程和语用特征。未来的国内指称语用研究应当既关注文字模态的指称现象，也要关注非文字模态的指称现象。研究者们需要拓展研究范围，探究不同非文字模态（如身势语、面部表情、音调等）在指称语使用中的作用和影响。这样的研究有助于深化我们对多模态指称的理解，并为跨文化交际、非语言交流等领域提供理论基础和实践指导。非文字模态的研究已经成为指称语用研究的重要趋势。未来的研究应该更加关注非文字模态的指称现象，探究不同模态之间的转化和交互，以丰富我们对指称语用的认知，并推动该领域的发展。

第三，汉语中的指称现象独具特色，这一特点不仅表现在丰富而有趣的指称语的数量上，更体现在汉语指示语使用中对“人际和谐”这一核心文化信息的高度关注。这种文化特征使得汉语指示语的研究在指称语用研究中具有重要价值，并为国内学者提供了思考如何将汉语指示语的研究推向国际舞台的契机。汉语作为世界上使用人数最多的语言之一，其指称语现象的丰富性和多样性为研究者提供了广阔的研究空间。在日常交际中，汉语使用者常常运用丰富的指示语进行交流，包括代词、称谓、地名、时间等多种形式。这些指示语在表达和沟通上起着重要的作用，值得深入研究其语用特征、使用规律以及与文化、认知之间的关系。汉语指示语的研究需要关注其独特的文化背景和人际交往的价值观。在汉语社会中，人际和谐被视为一种重要的文化价值，体现在日常交际中的指示语使用中。使用者在选择指示语时，不仅要传递准确的信息，还要考虑到与对方的关系、尊重、礼貌等因素，以维护良好的人际关系。这种强调人际和谐的特点使得汉语指示语的研究更加复杂而有意义。在当前指称语用研究的国际趋势下，国内学者有必要将汉语指示语的研究推向国际舞台，实现指称语用研究的“走出去”。这需要国内学者结合国际研究前沿，注重汉语指示语的语用特点与文化背景之间的关系，开展具有国际影响力的研究。

第七节　本章小结

本书基于可视化分析软件 CiteSpace 对国内指称语用的相关研究展开了深入分析，从而揭示了该领域的发展现状和特征。研究结果表明，国内指称语用研究正处于成熟发展期，并且具有一些显著的特点和前沿话题。

首先，认知语用和身份建构等话题被认为是指称语用研究的前沿。这些研究探讨了指称语用与认知过程、社会身份等因素之间的关系，深化了我们对指称语用现象的理解。令人欣喜的是，指称语用研究在本土化方面表现出显著特征。研究者在介绍国外指称语用研究的理论时，尝试采用汉语句法、主观性等本土理论来解释指称现象，旨在实现指称语用研究的“中西合璧”。这种本土化的努力为指称语用研究提供了独特的视角和贡献。然而，需要注意的是，尽管国内指称语用研究的学者数量众多且具有较高的影响力，但彼此之间的合作网络明显薄弱。加强学者之间的合作是推动指称语用研究深入发展、提高本土指称语用研究国际影响力的必然要求。通过建立合作网络，学者们可以分享研究成果、开展跨学科的合作研究，并促进学术交流与合作。

其次，从指称语用研究的视角出发，本书还对未来的研究方向进行了展望。例如，从语料选择的角度，可以进一步扩大研究样本的覆盖范围，包括不同社会群体、语境和语言类型，以更全面地理解指称语用的特点和变异。

此外，研究者还可以探索指称语用在跨文化交际、机器翻译等领域的应用，以推动指称语用研究与实际应用的结合。

第三章　信息语用

第一节　信息语用研究背景

信息语用研究的对象是句子中所包含的信息（Culpeper & Haugh，2014）。因此，可以将信息语用定义为对话语中所蕴含的信息在语境条件下进行研究的学问。信息语用关注的是不同信息之间的组织方式。具体而言，信息语用的研究主要关注以下几个方面：（1）如何将话语互动中的信息划分为单元；（2）如何为信息的不同部分赋予突出或从属的程度；（3）如何对信息的各个部分进行排序（Leech，1983：64）。从词源的角度来看，“信息语用”一词源于利奇（Leech）的“文本修辞”概念（有些学者将语用学的这一领域称为话语语用学）。尽管利奇本人承认“文本修辞”一词与韩礼德（Halliday）元语言功能中的元语篇功能存在密切的联系，但实际上，“文本修辞”的概念是在格莱斯（Grice）合作原则的理论基础上提出（Grice，1975）。利奇认为，文本修辞是基于说话人和听话人之间的一种合作，即说话人是根据听话人解码的需求来提供相关的文字。这样的概念也就意味着信息语用研究与语用预设研究之间存在密切的关系，因为二者都是以句子意义和结构为基础，结合语境推导出来的。有所不同的是，本章中的信息语用更多的是基于说话人和听话人双方之间的会话合作。文本的建立既需要考虑说话人提供的信息，也需要考虑听话人如何对信息进行解读。而预设则单纯涉及语句/命题外说话人的预设（丛日珍、仇伟，2016）。由此可见，信息语用不仅关注说话人提供什么信息，同时还关注听话人如何对这些信息进行解读。也正因为如此，信息语用研究具有其理论独创性，理应获得更多的关注。

实际上，信息语用的研究已经在语言学领域获得了不少关注。当前，学者们对信息语用展开的研究主要涵盖了三个不同的维度，从不同角度探索了信息结构在语言交际中的类型、功能和应用。首先，关于信息结构的类型，学者对汉语语用标记语的结构特征进行了深入研究。这些研究主要关注的是汉语中特定的语言表达形式，如语气助词、语调变化和词序等，探讨它们在话语互动中的调节信息传递功能。通过分析这些语用标记语的使用方式和语境条件，研究者揭示了它们在信息结构中的作用和特征。其次，信息结构所实现的语篇功能也成为信息语用研究的重要方向。学者研究了语用预设与信息交流之间的紧密关系。他们探讨了话语互动过程中交际双方对信息内容的共同认知或期待。研究者普遍认为语用预设在信息交流中发挥着重要作用（朱永生、苗兴伟，2000）。相关研究揭示了语用预设对话语理解和信息解码的影响，为我们理解语用交际的动态过程提供了新的视角。最后，学者也关注语言应用中的信息结构。比如，冉永平（2006a）等学者探讨了翻译过程中可能存在的信息空缺和信息断点，并研究了如何通过语境补缺和语用充实来解决这些问题。这些研究关注翻译过程中信息的流失和转换，以及如何保持信息的连贯性和准确性，对于研究语用翻译的有效性和实践应用具有重要意义。

当前，虽然信息语用的研究文献相对较少，尤其是国内相关研究更是稀缺。有关信息语用的研究散落在以预设和关联理论为主的研究文献中。因此，为了系统地研究信息语用，我们需要深入挖掘这些零散的文献，寻找它们之间的共同特征，并预测其未来的发展方向。为了实现这一目标，本章采用了文献统计工具 CiteSpace 软件进行可视化分析，以揭示信息语用研究的特征、热点和发展轨迹。本书选择的语料包括国内信息语用研究的相关文章和参考文献。通过对这些文献进行可视化分析，旨在为国内相关研究提供参考，并进一步推动国内研究在这一领域的繁荣发展。通过 CiteSpace 软件的分析，我们可以得到信息语用研究的知识图谱和研究网络。这些图谱和网络可以帮助我们识别研究的核心主题、重要研究者和研究机构之间的合作关系。此外，CiteSpace 软件还可以帮助我们探索信息语用研究中的关键文献，这些文献对于该领域的发展具有重要的影响。通过分析这些关键文献，我们可以深入了解信息语用研究的基本框架、理论观点、研究方法、著名学者，并从中获取启示和借鉴。

第二节　信息语用发展轨迹

为了深入了解信息语用的发展轨迹，本书系统收集了与信息语用相关的数据，并展开分析。研究者通过中国知网（CNKI）这一国内知名的文献数据库收集相关数据，以获取关于信息语用的发文量和发展情况。在数据收集过程中，研究者使用了检索词“信息+语用”，并选择在“中文”和“社科”总库进行文献的检索。时间范围选择了1992—2023年的时间段，同时还选择了“中国语言文学”和“外国语言”文学作为研究领域的类别。来源类别方面，研究者选择了核心期刊和中文社会科学引文期刊。通过筛选和整理，本书共获得了784条与信息语用研究相关的文献记录。随后，研究者采用Refworks等工具对这些数据进行保存和管理，将下载的文件以“download_information pragmatics”的格式进行保存，以便后续的分析使用。通过这样的数据整理和管理，研究者能够更方便地对文献作进一步的统计和分析。为了直观地展示信息语用的历年发文情况，研究者绘制了发展轨迹图，如图3-1所示。这个发展轨迹图能够清晰地展示信息语用在不同年份的发文数量和趋势。通过对可视图的分析，研究者可以观察到信息语用研究的发展趋势，了解其在不同时间段的研究热点和重点领域。这样的可视图有助于研究者和学术界对信息语用研究的整体发

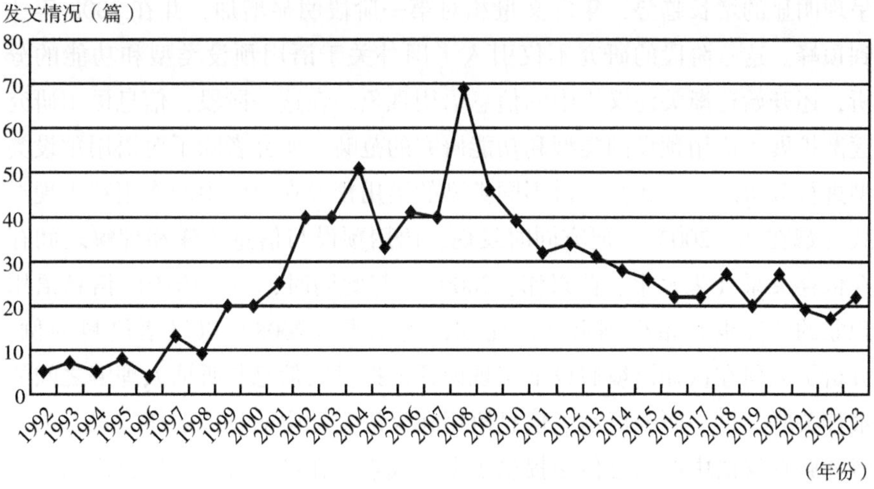

图3-1　信息语用发展轨迹

展情况有更全面和系统的认识。

由图 3-1 可以观察到，信息语用研究整体呈现增长趋势，这表明越来越多的学者开始关注信息语用的研究。总体而言，信息语用研究可划分为三个发展阶段。

第一阶段：1992—1996 年为起步发展阶段。尽管该阶段的发文数量有一定波动，但年发文量都在 10 篇以下，数量相对较少。在这一阶段，信息语用研究开始出现，为后续的研究奠定了基础。在这一早期阶段，信息语用的研究者对话语中的信息结构、语用预设以及信息中心等概念进行了初步探讨。比如，张克定（1995）的研究界定了语用预设的概念，并指出在语篇中存在与之相关的信息中心。他的研究引起了学术界的关注，为信息语用研究的发展开辟了道路。这一阶段的研究主要集中在信息语用的基本概念和理论框架的建立上，为后续的研究提供了理论依据。尽管发文数量相对较少，但这些早期研究为信息语用研究的发展奠定了基础，并为学者们提供了启示和思考的方向。这些早期研究的贡献在于引入了语用预设和信息中心的概念，并为信息语用的理论发展提供了重要的支持。这为后续的学者们提供了一个起点，激发了他们继续探索和深化信息语用研究的兴趣。随着时间的推移，信息语用研究逐渐得到更多学者的关注和参与，为该领域发展奠定了坚实的基础。

第二阶段：1997—2008 年为稳步上升阶段。该阶段的信息语用研究呈现明显的增长趋势，年发文量相对第一阶段明显增加，并在 2008 年达到顶峰。这一阶段的研究不仅引入了国外关于语用预设类型和功能的分析，还开始逐渐关注汉语中的信息语用现象。在这一阶段，信息语用研究逐渐扩展了语用预设的类型和功能研究的范畴。研究者除了对语用预设类型进行分析之外，还会探讨不同类型的语用预设在交际中的作用和表现形式（魏在江，2003）。研究同时发现，语用预设与信息传递和理解之间存在依存关系（朱永生、苗兴伟，2000）。与此同时，对汉语中的信息语用现象的研究也开始得到重视。比如，冉永平（2008）以汉语语料为例，分析了如何在认知语境假设下实现说话人提供的信息与听话人理解之间的最佳关联。这一研究展示了信息语用在汉语交际中的具体运作方式，为理解和解释汉语中的信息传递提供了重要线索。在第二阶段，信息语用研究逐渐从基础理论探索向实证研究拓展，加强了对汉语语境中信息语用的实际分析。研究者们开始关注具体语境下的语用现象，并探索语用预设、信息交流以及信息与认知之间的关系。这一阶段的研究奠定了信息语用研究的实证基础，并为后续的研究提供了更加广阔的研究领域和方法论支撑。

第三阶段：2009—2023 年为成熟发展阶段。在这一阶段，信息语用研究的数量虽然有一定波动，但总体趋于稳定，年发文量在 20—46 篇之间。与前两个阶段相比，该阶段的信息语用研究更加倾向于发展本土的语用学理论，并在研究范畴和方法论上呈现出更多的创新。在这一阶段的研究中，信息语用学者们开始探索汉语语境下的特定问题，旨在发展本土化的语用学理论。相关学者以汉语语料为基础，尝试分析语用预设如何产生幽默等语言特征。通过深入剖析幽默言语中的信息语用现象，可以揭示语用预设在幽默产生中的重要作用。此外，还有学者讨论了词汇信息的临时性和语境依赖性等特性（如，冉永平，2009）。研究突出了信息语用中词汇层面的重要性，并深入研究了词汇信息在语境中的动态变化和对信息传递的影响。这些研究推动了信息语用学术界对词汇信息处理的关注，并为进一步探索汉语语境中的信息语用提供了新的思路。在第三阶段，信息语用研究逐渐成熟，并从前期的理论建构逐步转向实证分析。研究者们开始关注汉语语境下的具体问题，并通过详细的实证研究拓展了信息语用的应用领域。这一阶段的研究为本土化的语用学理论发展奠定了基础，并在国内学术界产生了一定的影响力。随着信息语用研究的不断深入，我们可以期待更多关于汉语信息语用的新发现和理论突破。

通过这三个阶段的发展，信息语用研究在理论和实证研究方面取得了显著进展。研究者们探索了信息的组织、突出和排序等问题，深入研究了信息语用在语言交际中的重要作用。信息语用研究的发展不仅为我们理解语言使用的机制提供了深入的视角，还为语言教学、翻译实践和跨文化交际等应用提供了重要的理论和实践指导。在当前的信息社会中，信息的传递和交流变得日益重要。信息语用研究的发展与应用与之紧密相关。随着互联网和社交媒体的普及，人们通过文字、图像和符号等多种方式进行信息交流。因此，了解信息语用的原理和规律对于有效传达信息、理解他人意图以及避免误解和歧义具有重要意义。

第三节 信息语用研究前沿

信息语用的研究前沿主要体现为一些关键性的话题，往往通过关键词共现的方式体现出来。为了能够清晰地了解信息语用的发展前沿，本书采用 CiteSpace 软件，对所收集数据的关键词进行可视化分析。关键词是文献主旨内容的精确概括，为考察文献的核心观点提供可信指标（曾广、梁晓波，2017）。对于关键词共现网络的分析能够反映出信息语用研究的文本内容特征。这对于了解信息语用研究的热点、趋势以及范畴特征等具有重要意义（李杰、陈超美，2016）。在实际操作的过程中，笔者在 CiteSpace 界面中的“Node Types”选择“Keyword”。随后，Time Slicing 部分选择 1992—2023 年，时间切片设定为 1 年，然后运行软件。之后，笔者选择“visualize”对运行的结果进行可视化呈现。在可视化界面，笔者选择“find clusters”和“label clusters with title terms”对结果进行聚类分析。随后，笔者选择“timeline view”，按照时间顺序对可视化结果进行呈现。笔者通过截图软件对出现的结果进行截图，获得图 3-2。

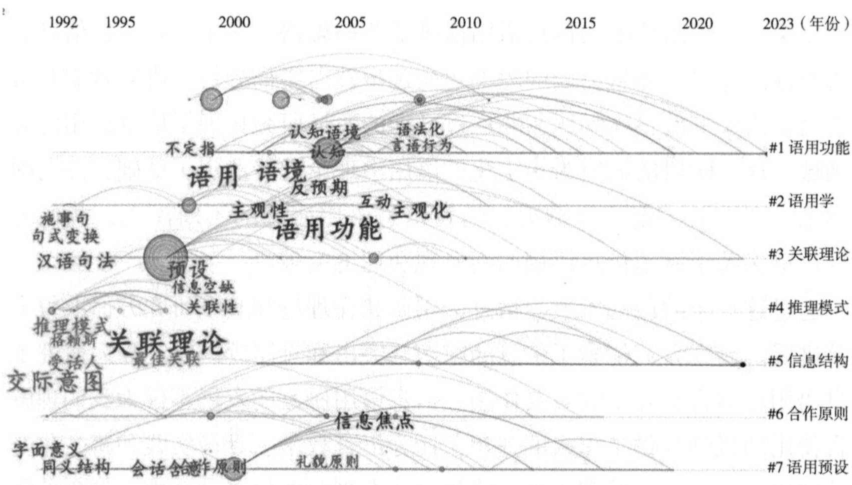

图 3-2　信息语用研究前沿

从图 3-2 可以看出，信息语用的研究前沿共分为七个范畴：语用功能（#1）、语用学（#2）、关联理论（#3）、推理模式（#4）、信息结构（#5）、合作原则（#6）和语用预设（#7）。其中，出现时间最早的范畴为语用功能（#1）。实际上，语用功能和语用预设（#7）之间存在紧密的联系。只不过，语用预设主要关注的是在话语交际中存在的语用预设现象及其实现的功能。研究者重点分析人们如何根据语境和交际双方所共享的知识进行有效的交流。他们发现，语用预设具有共知性，单向性和主观性等独特性（陈新仁，1998）。这些特性对于理解和解释话语交际中的信息传递和交流至关重要。通过对话语的研究，可以揭示预设在交际中的运作机制，同时也可以阐释话语结构特征和连贯性特征。在实际应用方面，对语用预设和语用功能的深入研究为我们更好地解释交际中的语言使用提供了新的工具和方法。对于语言教学而言，了解语用预设的存在和功能可以帮助教师更好地设计教学材料和活动，以提高学生的交际能力和语言运用能力。此外，语用预设和语用功能的研究成果也可以应用于翻译和跨文化交际等领域，帮助解决语言和文化差异导致的交际障碍。

信息语用研究中的第二个范畴是语用学（#2）。涉及一些语用学的经典话题，包括语境、信息理解与认知、礼貌原则、合作原则等。在信息语用研究的第二个范畴中，语境是一个重要的研究方向。语境包括言外之意、暗示、背景知识和情境等因素，对话语的解读和意义产生具有重要影响。研究者探讨了如何识别和分析语境因素，以及语境如何影响信息的解读和交流效果。另一个相关的话题是信息的理解和认知。按照语用学家的观点，理解是语言交际中至关重要的一环。研究者关注信息接收者如何理解和解码说话人传达的信息，并探索认知过程中的关键因素，如注意力、记忆、推理和推断等。这些研究有助于揭示信息语用在人类认知机制中的作用和限制。此外，礼貌原则和合作原则（与#6 范畴密切相关）也是信息语用研究中的重要议题。礼貌原则研究了人们在交际过程中如何通过语言和行为表达尊重、友好和社交距离的概念。合作原则关注交际双方在对话中如何基于互助和有效沟通的原则进行合作。这些原则在信息交流中发挥着重要作用，影响着信息的组织、表达和解释。此外，关联期待（芦丽婷，2015）等相对前沿的研究话题也值得关注。随着信息语用研究的不断发展，新的理论和方法不断涌现，为语用学提供了更多的研究方向和挑战。因此，未来的信息语用研究可以继续深化对语境、信息理解与认知过程、礼貌原则和合作原则等经典话题的探索，同时还可以拓展到更加前沿和新颖的研究领域。

关联理论（#3）作为指称语用研究的一个重要范畴，与推理模式（#4）密切相关。关联理论主要关注话语互动过程中的信息解读和推理（Sperber & Wilson，1986/1995），因此在以信息和语用为关键词进行检索时往往是最早出现的。根据图 3-2 所示，这两个范畴涉及的关键词包括最佳关联、会话含义、认知语用、语用推理等经典的语用学研究话题。这些关键词反映了关联理论和语用推理的核心概念和研究内容。最近的研究还探讨了词汇同义关系这一领域，例如庞杨和李晶洁（2020）运用关联理论的相关模型，结合特殊范畴的相关概念，尝试分析词汇同义关系的前提和产生机制。该研究扩展了关联理论的应用范围，并在词汇语义研究领域作出了重要贡献。通过关联理论和语用推理的研究，我们能够深入理解语言交际中的信息处理和推理过程。关联理论的核心思想是认为人们在交际中通过推理和关联来解读和理解他人的话语含义。这种推理和关联的过程涉及丰富的认知机制和语用知识，为我们理解语用现象提供了重要的理论框架。然而，尽管关联理论和语用推理在指称语用研究中扮演着重要角色，仍然存在一些未解决的问题和挑战。例如，在推理过程中，人们如何处理歧义和模糊性的语言表达，以及如何解决不同背景和文化之间的语义差异，等等。这些问题为信息语用的后续研究提供了新的研究方向。

信息语用研究中的第五个范畴（#5 信息结构）是与本章内容直接相关的话题，它关注的是语言在实际应用和操作中的语用信息。通过研究这一范畴，我们可以更好地理解语言的实际运用情况，从而为词典编纂和外语教学等领域提供参考。其中，双语词典是语用信息研究中的重要组成部分。双语词典旨在提供跨语言的语义和语用对应关系，帮助使用者更准确地理解和运用目标语言。在信息语用研究中，研究者致力于分析双语词典中的语用标记、例句和语用解释等，以便提供更丰富和准确的语用信息。通过对双语词典进行信息语用的研究和改进，可以提高词典的实用性和有效性，为语言学习者和研究者提供更有价值的参考工具。另一个关键词是语用标记语。语用标记语是指在语言交际中起到指示、修饰和调节作用的词语或短语，如“请”“谢谢”“对不起”等。研究者通过对语用标记语的分析，揭示它们在交际中的功能和用法，并探讨其对话语解释和信息传达的影响。对于词典编纂和外语教学而言，准确理解和恰当使用语用标记语至关重要。因此，对语用标记语进行深入研究有助于提高语言学习者的交际能力和跨文化交际的准确性。此外，交际呼语也是语用信息研究中一个重要的课题。交际呼语是指用于不同交际场景中的固定表达方式，如问候语、道别语、请求语等。研究发现，交际呼语在话语交际和语言学习中具有不可忽视的作用（荣月婷，2012）。荣月婷的研究结果表明，了解和正确运用交际呼语有助于促进跨文化交际的顺利进行，并对外语教学和学习产生积极影响。在词典编纂方面，深入研究交际呼语等语用信息可以帮助词典编纂者更好地收集和整理不同交际场景中的固定表达方式。通过在词典中加入丰富的交际呼语内容，可以为使用者提供更准确和恰当的交际用语，帮助他们在实际交际中更加得心应手。词典中加入语用标记语后会与交际呼语形式互动，可以更好地解释和说明交际呼语的用法和语义。在外语教学方面，对交际呼语的研究可以为教师提供宝贵的教学资源和指导。教师可以根据交际呼语的特点和使用场景，设计相关的教学活动和任务，帮助学生掌握和运用交际呼语，提高他们的交际能力。通过教授实际的交际呼语，学生可以更好地适应不同的交际环境，增强与他人的沟通和理解能力。此外，教师还可以引导学生学习相关的语用标记语，培养他们在交际中的礼貌和合作意识。

第四节 信息语用理论结构

信息语用的理论结构是指被引文献之间的关联性，可以通过文献共被引的方式获得。在对信息语用的理论结构进行分析时，可以借助 CiteSpace 软件来探索文献之间的关联关系。本书中，笔者利用 CiteSpace 软件对信息语用的参考文献进行了分析，并重点关注 Sigma 值。Sigma 值是一个综合考虑中介中心性和节点重要性的指标，它可以衡量文献的重要性和创新性。具有较高 Sigma 值的文献通常具有创新性的研究成果，能够为研究领域的知识结构提供新的启示和贡献。为了获取 Sigma 值，笔者手动获取了相关的参考文献，并将其转化为 CiteSpace 可分析的数据格式。在数据处理的过程中，笔者使用 CiteSpace 软件进行分析。首先，在软件“Node Types”处选择“reference”，然后在“Time Slicing”中将时间范围设置为 1992—2023 年，每年为一个时间切片。接下来，运行软件以获取相关的分析结果。在可视化界面中，笔者选择了“find clusters”和“label clusters with title terms”等功能对结果进行聚类分析，并对节点等数值参数进行处理，以获得更加准确和直观的共被引可视化图。最后，笔者利用截图软件对结果进行截图，获得图 3-3 的可视化图。

从图 3-3 可以清楚地看出，国内信息语用研究的理论结构可以分为两个明显的类别，即与语用预设相关的类别（如，#0，#14）和与信息结构相关的类别（如，#5，#8，#13）。这两个不同的类别实际上也与本书的主题“信息语用”呼应。

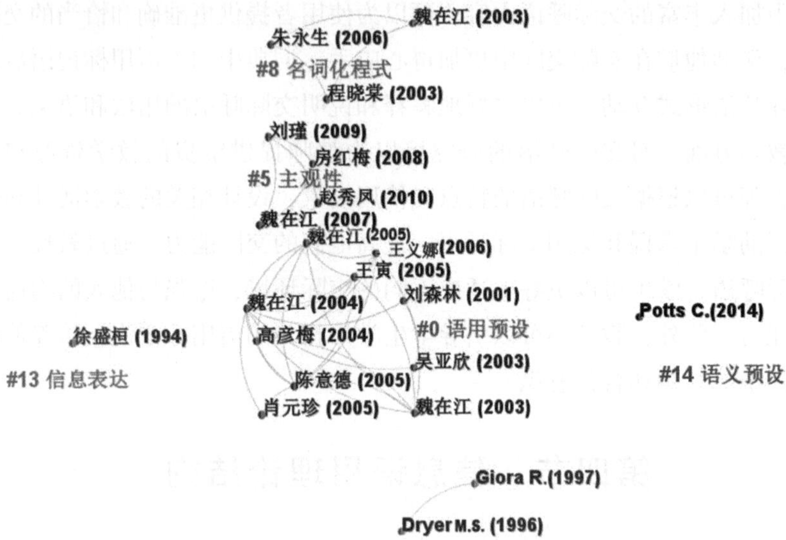

图 3-3 信息语用理论结构

在这两个类别中，语用预设（#0）是影响最为显著的范畴。语用预设这一范畴涉及一些具有重要影响力的学者，如魏在江、陈意德、吴亚欣等。其中，魏在江（2003）对语用预设的类型进行了分析，并探讨了不同类型的语用预设在人际交往中的作用和表现形式。这一研究为后续语用预设的研究奠定了基础。陈意德（2005）则关注预设推理的心理认知过程以及与最佳关联之间的关系。该研究揭示了预设推理在认知过程中的重要性，并研究了预设推理与最佳关联之间的相互作用。值得注意的是，这些研究大多以汉语语料为基础展开，并尝试构建适用于本土语境的语用预设理论。这些研究对于理解语用预设的机制和在汉语交际中的应用具有重要的借鉴意义。它们为国内信息语用研究提供了宝贵的经验和理论基础，同时也为国际学术界对信息语用的研究提供了参考。这些学者的工作丰富了国内信息语用研究的理论框架，推动了该领域的发展和进步。

此外，对于话语交际中的信息结构，学者们也进行了大量研究。国内学者借鉴兰布雷希特（Lambrecht）有关信息结构的理论探讨发话人对受话人心理状态的假设与句子结构之间的关系，并提出句子结构反映发话人对受话人认知状态的假设（Lambrecht，1994）。这一理论对信息结构研究领域产生了深远影响。国内学者邵敬敏（2003）则对汉语语料中的特殊句式“宁可”展开了详细分析，探讨了其格式问题，为信息结构研究提供了思路和范例。此外，王珏等（2008）在这些学者的研究基础上进一步探讨了两种特殊的辞格构式，即常规语义偏离构辞格和常规句法偏离构辞格，并详细分析了这两种辞格构式的话语特征，间接分析了它们的功能。这样的研究不仅丰富了信息结构理论的内容，也为进一步理解汉语话语交际中的信息组织和传递提供了有力支持。

相关研究表明，基于语用预设的认知研究在信息语用研究中扮演着核心的角色。通过研究发话人和受话人之间的认知过程以及他们之间的信息交流，我们可以更好地理解言语行为中的预设和含义。此外，国内学者也对汉语句式和信息结构进行了深入研究，这为信息语用研究提供了依托（杨昆，2017a）。汉语句式和信息结构的分析能够揭示发话者在话语中对信息的组织方式以及信息之间的关联。有助于我们更好地理解发话人语言表达的效果和受话人的理解过程。

第五节　信息语用合作网络

信息语用的合作网络是指相关学者的被引频率以及彼此之间的合作情况，通过作者共被引分析可以揭示出学术界中具有影响力的学者以及他们之间的合作关系。本书利用 CiteSpace 软件对信息语用研究领域的合作网络进行了分析，旨在深入了解该领域中具有影响力的学者和合作情况，并通过共被引网络和聚类分析了解相似作者的研究主题和学科领域分布。在具体的操作过程中，研究者首先在 CiteSpace 软件中选择了时间范围为 1992—2023 年的数据，并在“Time Slicing”中将数据按照每年为一个切片进行分析，以便更好地观察合作网络的变化和发展趋势。接着，在“Nodes Types”中选择了“Cited Author”作为分析对象，这样可以将关注点放在作者的合作关系上，以实现合作网络的可视化分析。为了运行数据，研究者采用了最小生成树算法，以获取合作网络的结构信息。这一算法可以帮助识别并展示学者之间的合作关系和核心节点。随后，研究者选择了“visualize”功能，将运行结果以可视化方式呈现。在可视化界面中，研究者可以对节点等数据进行操作和调整，以形成信息语用研究领域的可视化图。这样的可视化结果能够清晰展示学者之间的合作关系、合作频率以及研究主题的聚类情况。研究者使用截图软件对可视化图谱进行截图，从而获得了图 3-4 的可视化结果，该图能够直观地展示信息语用研究领域的合作网络情况。

图 3-4　信息语用合作网络

从图 3-4 中可以清楚地看出，在信息语用研究领域中，冉永平（2006a，2008）是其中影响力最大的学者之一。他的研究主要集中在听话人话语理解过程中词语和结构信息的松散性以及相应的语用充实。这些研究对于我们理解语言交际中的信息处理机制产生了深远的影响。此外，以徐盛桓（1993a）为核心的学者群体也具有很高的中心性。他们共同关注话语互动中的语用推理问题，致力于研究人们在对话过程中的推理过程。李勇忠和李春华（2004）的研究与徐盛桓密切相关，他们提出了话语标记语在语境中的作用，强调它们能够提示和建构语境，增加说话人和听话人之间的共识，并引导听话人在具体语境条件下正确解读话语的意义。

此外，还有一些学者从文化、功能和形式等多个角度展开了对信息语用学的相关话题的研究。这些研究进一步丰富和拓展了信息语用的理论框架，为我们更好地理解语言交际中的语用现象提供了重要的参考。比如，华东师范大学的何刚教授（2004）提出了一个有关自然语言理解的特征的文化信息解释模型，该模型以核心语用学观念（如会话含义理论）为基础。他强调了根据不同文化背景建立准确的信息解释模型的重要性，以实现对话语信息的准确理解。这样的研究为我们揭示了文化因素在信息语用中的重要作用，并为跨文化交际中的信息理解提供了新的思考。这些学者的相关研究无疑为信息语用学的发展作出了突出的贡献。他们的研究不仅帮助我们深入理解语言交际中的语用现象，还提供了理论和方法的创新，为我们解决实际语言交际中的问题提供了有力支持。未来的研究中，我们可以进一步拓展信息语用学的研究范畴，结合文化、功能和形式等多个维度，深入探讨语用现象在不同背景和语境中的变异和发展规律。这将有助于我们更全面地理解语用现象的本质，为语言交流和跨文化交际提供更有效的指导。

而且，通过图 3-4，我们可以观察到以徐盛桓等学者为核心形成的信息语用研究学者网络。这种合作网络的存在对于信息语用研究产生了重要的贡献。尽管目前这样的合作网络还相对较少，但如果未来的研究进一步加强这种合作模式的构建，将会推动信息语用研究进入一个高速发展的阶段。这样的合作网络在信息语用研究中具有多重好处。它能够促进学者之间的交流和合作，共同解决信息语用研究中的难题和挑战。

第六节 信息语用研究展望

从信息语用的知识图谱可以看出，目前信息语用研究已经进入成熟发展期，以冉永平等为代表的一批学者对信息语用研究作出了突出贡献。目前信息语用研究的前沿话题集中于以认知为核心的语用推理和关联期待等话题，与经典的语用预设话题互为补充，这也是为什么卡尔佩珀和霍夫（Culpeper & Haugh，2014）在语用预设基础上提出信息语用理论的原因。除此之外，国内信息语用研究正呈现本土化的趋势，不少学者尝试基于汉语信息结构展开相关分析。可以说，随着分析的深入，信息语用学的理论架构会日趋完善。国内信息语用研究的知识图谱结构也预示了研究的未来发展方向，具体包括以下三点：

第一，强化认知视域下的信息语用研究。目前来看，国内外学者越来越强调认知视域下的信息语用研究（如，Vallauri，2021;）。研究者有必要进一步结合现实语料分析语用预设等现象的认知推理过程，从而构建更为完善的信息语用理论体系。此外，研究者还应当关注说话人如何选择和组织信息，以便让听话人更好地理解和推断说话人的意图（芦丽婷，

2015)。通过以上的分析，研究者可以深入了解人们对于话语信息的语用加工机制。

另一个重要的研究领域是对会话含意推理过程的认知分析。在话语互动的过程中，说话人往往会在其表面含义的基础上表达深层的含意，因此我们有必要结合语境知识、会话规约等分析会话含意的生成和理解过程(张克定，1999)。在话语理解的过程中，受话人的语用推理机制发挥着关键性的作用。后续研究有必要采取行为实验等多种方式分析受话人进行话语解读过程中的推理策略、推理偏差、推理效应等语用推理机制。这些研究不仅有助于理解认知过程，还可以为语用教学、信息处理和自然语言处理等领域提供重要的理论指导。

第二，信息语用研究在汉语语料方面具有广阔的发展空间。研究者在借鉴国外理论的同时，越来越多地将目光投向汉语这一丰富的语料资源，以深入探究信息语用的特点和规律（邵敬敏，2003)。汉语作为世界上使用人数最多的语言之一，具有独特的信息结构特征，如主题—述补结构、典型的倒装句等。这些特征对信息的组织和表达方式产生重要影响，为信息语用研究提供了宝贵的材料。

在汉语信息语用研究中，研究者可以通过分析大规模的语料库数据，挖掘汉语中的语用预设和关联期待特点。例如，通过分析大量的对话语料，可以研究汉语中的信息补充原则和关联推理机制，以揭示说话人与听话人在交际中的信息交换方式和推理过程。此外，对汉语语料的深入研究还有助于理解汉语中特定的语用现象。例如，在汉语中，由于话语中的信息结构和语序变化的灵活性，可以产生丰富的信息呈现方式和意义转移现象。通过对这些语用现象的大规模语料分析，研究者可以揭示汉语中的信息包容性、暗示性和间接性特征，进一步丰富和完善信息语用理论。随着对汉语语料的深入研究，汉语信息语用的相关研究必将得到进一步拓展和深化。

第三，信息语用研究需要更多地采用实验方法。目前，大部分信息语用的研究主要依赖于例证和定性分析方法，而对实验方法的运用尚显不足(庞杨、李晶洁，2020)。然而，实验方法在信息语用研究中具有独特的优势，能够提供更清晰、更可控的实证数据，以深入揭示说话人提供信息和听话人解读信息过程中的认知特征。通过实验方法，研究者可以设计精心控制的实验条件和情境，通过操纵特定的语言变量或信息呈现方式，以观察和测量参与者的认知行为和反应。例如，可以设计在线眼动实验来研究听话人在信息获取过程中的注意偏向、加工策略和认知负荷等方面的变化。另外，通过行为实验或脑成像技术，还可以探索信息语用中涉及的认知加工过程、神经机制和大脑区域的活动。

此外，实验方法的运用能够使研究者更加准确地捕捉和量化信息语用现象，从而提供更具说服力的实证证据，加深对信息语用理论的理解。例如，在研究最佳关联的概念时，可以设计实验来验证不同条件下听话人对于信息关联性的判断和期待。值得注意的是，尽管实验方法在信息语用研究中具有潜力和价值，但在应用实验方法时需要考虑到实验设计的合理性、参与者的代表性和结果的可靠性。同时，还需要结合定性分析方法，将实验结果与真实语境中的语用行为相互印证，以获得更全面和可靠的研究结论。总之，未来的信息语用研究应该更加注重实验方法的应用，借助实验手段来丰富和验证理论模型，以深入理解信息语用现象的认知基础和机制。

第七节　本章小结

总体而言，信息语用的研究正呈现出快速发展的趋势，并逐渐进入相对平稳的成熟发展期。当前的信息语用研究主要集中在语用预设和含义理解等方面，这些研究为我们提供了对语言交际中信息的生成、传递和理解过程的深入认识。近年来，信息语用研究明显呈现出语用认知的研究趋向，特别关注在社会、文化和文本语境中如何进行语用推理，以及如何恰当地理解话语信息所传递的意义。这反映了研究者对于信息语用在真实语境中的应用和适应性的关注。这些前沿话题的研究不仅需要从认知角度深入探索，还需要考虑到社会和文化因素对信息语用的影响，以建立更为全面和准确的理论模型。然而，目前信息语用的理论结构相对松散，各个研究领域之间缺乏充分的协同合作。许多学者在信息语用研究中存在“各自为战”的现象，研究点之间的互相关联还有待加强。因此，对于信息语用研究者来说，加强合作、促进研究领域之间的交流和合作是至关重要的。只有通过整合各方的研究成果、共享理论和方法，才能实现信息语用研究的持续发展和进步。本书提供了对信息语用的发展轨迹、研究的前沿话题以及涉及的理论结构等方面的参考价值。特别是基于汉语语料的信息语用研究和基于实验方法的信息语用研究，是未来需要进一步深入探讨和研究的方向。通过依托汉语语料资源进行深入分析，我们能够更好地理解和解释信息语用在汉语语境中的特点和规律。同时，进一步应用实验方法可以提供更加准确和可靠的数据，揭示信息语用现象的认知特征和机制。

第四章 语用意义

第一节 语用意义研究背景

语用意义关注的是在话语互动的过程中说话人如何提供言外信息，以及听话人如何对信息中的言外之意进行解读（Culpeper & Haugh，2014）。语用意义的研究最早可以追溯至格莱斯（Grice）早期的语用学思想中。1967 年，哲学家 Grice 就话语交际的普遍规律发表了自己的研究发现，首次提出用于解释人类话语交际规律的合作原则。在格莱斯（1975）看来，会话交谈是受制于一定的制约条件的，言语交际双方都有互相合作，求得交际成功的愿望，发话人和收话人之间都存在一种密切的共识，并遵守诸如质量、数量、关系、方式的准则，这就是合作原则。合作原则中的四条准则如果有意被违反就会传递会话含义，这也是语用意义研究的核心思想。会话含义是言语交际间接性的一种重要表现，它不是去说明人们表面上说的什么，而是侧重于这样说到底传递的是什么意思。

经典的会话含义研究将其分为规约含义和会话含义两种不同的类型，前者不需要考虑语境因素，后者受到语境因素的制约。最新关于语用意义的研究则提出了字面路径（literalist approach）和语境路径（contextualist approach）的区别。字面路径所关注的是说话人提供信息的字面意义，以及对字面意义的“严格”解读而可能产生的反讽等语言现象。语境路径则将说话人话语意义分为含义和含意两种不同的类型。其中含义指向说话人说了什么，而含意则指向说话人的言外之意。与说话人相对应的是听话人意义。在语用意义理论中，研究者加入了听话人意义，包括听话人意义解读的过程、类型、交际语境等，体现出明显的互动倾向。

语用意义的相关理论蕴含于目前关于意义的研究文献中。从这些文献可以看出，语用意义研究可以分为三种不同的类型，每种类型都对语用意义的不同方面进行了深入研究。第一种类型是语用意义的本体研究，相关学者主要关注与意义相关的一些经典话题。例如，冉永平（1998）在其研究中关注了会话含义理论，通过分析会话中的语言使用情境，探讨了会话含意在意义构建中的作用。另外，徐盛桓（1993a）对合作原则进行了研究，探究了在对话中如何通过遵守合作原则来实现有效的交际和意义传递。这些研究为语用意义理论的构建和发展提供了基础。第二种类型是语用意义的应用研究，相关学者主要关注如何将会话含义、合作原则等理论应用于实际的教学、翻译等场景中。例如，蒋磊（2002a）和杨昆（2017b）关注了语用翻译中的意义问题，探讨了在翻译实践中如何准确传达原文的语用意义，以及如何处理跨文化交际中的语用差异。这些研究为语用意义在实际应用中的指导提供了重要的理论支持。第三种类型是语用意义的界面研究，相关学者主要关注语用学与句法学、语义学等领域的交叉研究。例如，邵敬敏和赵春利（2006）关注了语义范畴中的语用意义问题，探讨了语义范畴与语用意义之间的关系以及语用推理在语义范畴中的作用。这些研究旨在深入探讨语用意义与其他语言学领域的交叉关系，为语用学与相关学科的融合提供了基础。

当然，上述关于语用意义的本体、应用和界面研究只是笔者对于语用意义相关文献的主观性分析，而且目前关于语用意义的系统研究相对较少，研究散落于对会话含义、合作原则、关联理论等的研究文献之中。为了更客观、系统地了解语用意义研究的特征、热点和发展轨迹，笔者采用了文献统计工具 CiteSpace 软件进行可视化分析。本书选取的研究语料范围囊括了国内语用意义研究的相关文章和参考文献，以确保研究结果的准确性和代表性。研究的维度涵盖了语用意义的发展轨迹、研究前沿、理论结构和作者合作网络。通过对研究文献的统计和分析，可以揭示出语用意义研究的发展趋势和研究热点，进一步了解相关领域的理论架构和关键观点。同时，通过分析作者的合作网络，可以探索不同研究团队之间的合作情况，为学术交流和合作提供参考。

第二节 语用意义发展轨迹

语用意义的发展轨迹是以年度发文量作为基础进行统计而获得。为了能够了解语用意义的发展轨迹，本书通过国内知名的文献数据库——中国知网（CNKI）收集相关的数据。数据收集过程中，研究者以“语用意义”作为检索词进行检索。之后，笔者选择“中文”和“社科”总库。时间选择 2023 年以前的所有时间，类别中选择中国语言文学和外国语言文学。经过筛选，本书共获得 915 条与语用意义研究相关的文献记录。随后，笔者按照 Refworks 的方式对这些数据进行保存，并且将下载的文件保存为 download_ pragmatics meaning 的格式，以方便后续的分析。为了能够更为清晰地展示语用意义历年发文情况，本书绘制出如图 4-1 所示的发展轨迹图：

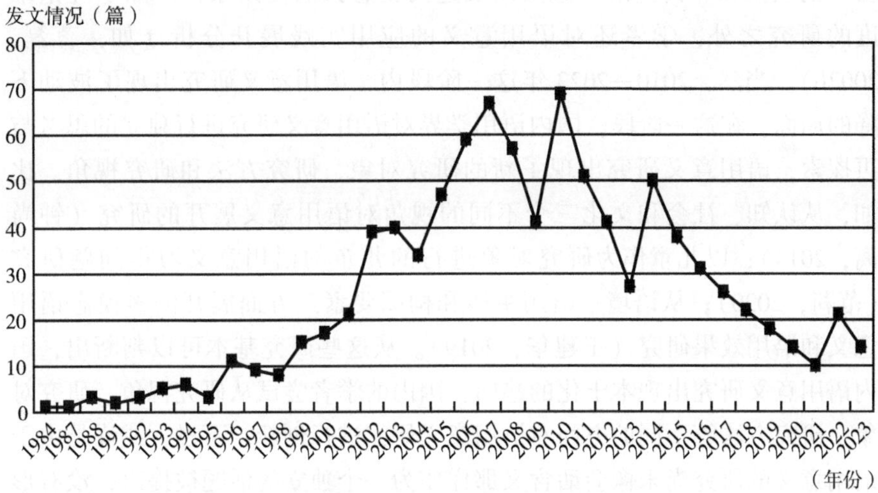

图 4-1　语用意义发展轨迹

根据图 4-1 所示，语用意义研究经历了两个截然不同的发展阶段，分别是起步发展阶段（1984—1995）和转折发展阶段（1996—2023）。这两个阶段展现出两个不同的研究趋势和特点，以下将对趋势和特点进行具体的分析。

第一阶段为起步发展阶段（1984—1995）。在这个阶段，语用意义研究的数量相对较少，每年的发文量都在 10 篇以下。然而，正是在这个阶段，中国学者开始引入语用意义的概念并进行大量的讨论，为后续的研究奠定了基础。在这一阶段，国内学者对利奇（Leech）的语用三价说进行了介绍（龚放，1988），并对语用意义和语义意义进行了区分。相关研究探讨了语用意义的独特性，将其与语义意义进行了明确的区分。通过对语用意义的探讨，国内学者为语用意义研究的发展提供了一个重要的起点。

同时，国内学者重点讨论了意义和语境的问题（何兆熊，1987）。研究着重强调了语用意义的相对性和语境依赖性，为后续对语用意义的探讨提供了重要的理论参考。

第二阶段（1996—2023）的研究出现了明显的转折：从1996年至2010年，语用意义的研究呈直线上升的状态。在这段时间内，出现了语用意义的理论分析和应用实践两种不同的声音。国内学者介绍了语用意义的研究动态（冉永平，1998），尝试根据汉语的特征进行语用意义的分析。在理论分析的基础上，文旭（2007）探讨了汉语中的运动词"来/去"的典型和非典型语用意义以及这两类意义的使用条件。除了理论维度的研究之外，学者还对语用意义的应用实践展开分析（如，蒋磊，2002b）。当然，2010—2023年这一阶段内，语用意义研究出现了波动下降的局面。在这一阶段，国内语用学界对语用意义研究进行独立的思考与再探索，语用意义研究出现了新的研究对象、研究方法和研究视角。比如，从认知、社会和文化三个不同的视角对语用意义展开的研究（钟尚离，2014）；以儿童作为研究对象进行的儿童的语用意义习得问题研究（范莉，2020）；从语境、语用主体和构图要素三方面展开的多模态语用意义和语用效果研究（王建华，2019）。从这些研究基本可以判断出，国内语用意义研究出现本土化的趋向，国内的学者尝试从研究视角、研究对象、研究方法等不同的方面对语用意义研究进行创新。不过，或许是由于语用意义的研究尚未像会话含义那样作为一个独立的话题被提出，没有形成系统性，因此出现波动下降的趋势。正因如此，语用意义研究才具有很大的上升空间。

综上所述，国内的语用意义研究呈现出本土化的趋向，学者们从不同的研究视角、研究对象和研究方法等方面对语用意义展开创新性的研究。值得注意的是，国内关于语用意义的研究尚未形成系统，还具有很强的挖掘潜力，因而语用意义研究仍然具有巨大的上升空间。或许，未来的研究可以进一步深化对语用意义的认知机制、语用习得过程和语用效果的理解，以及语用意义与认知、社会和文化等因素的关系，从而推动语用意义研究的系统发展。

第三节　语用意义研究前沿

语用意义的研究前沿主要体现为一些关键性的话题，往往通过关键词共现的方式体现出来。为了能够清晰地了解语用意义的发展前沿，本书采用 CiteSpace 软件，对所收集数据的关键词进行可视化分析。关键词是文献主旨内容的精确概括，为考察文献的核心观点提供可信指标（曾广、梁晓波，2017）。对于关键词共现网络的分析能够反映出语用意义研究的文本内容特征。这对于了解语用意义研究的热点、趋势以及范畴特征等具有重要意义（李杰、陈超美，2016）。在实际操作的过程中，笔者在 CiteSpace 界面中的“Node Types”选择“Keyword”。随后，Time Slicing 部分选择从 1984 年至 2023 年，时间切片设定为 1 年，然后运行软件。之后，笔者选择“visualize”对运行的结果进行可视化呈现。在可视化界面，笔者选择“find clusters”和“label clusters with title terms”对结果进行聚类分析。随后，笔者选择“timeline view”，按照时间顺序对可视化结果进行呈现。笔者通过截图软件对出现的结果进行截图，获得图 4-2。

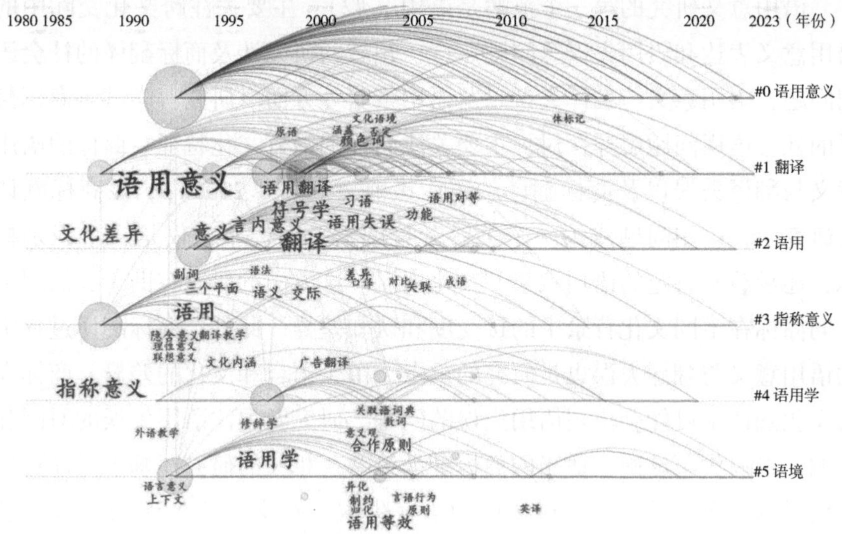

图 4-2 语用意义研究前沿

从图 4-2 可以看出，语用意义的研究可以分为 6 个不同的范畴：语用意义（#0）、翻译（#1）、语用（#2）、指称意义（#3）、语用学（#4）和语境（#5）。由于我们是以语用意义作为关键词进行检索，因此语用意义（#0）就成为影响最大的一个范畴。语用意义研究中的另一个重要领域是翻译（#1），它具有明显的应用实践特征。在这个范畴中，关键词包括文化、称谓语、社交语境和成语等。研究者在这个领域探索如何在翻译过程中处理语用意义的转化，特别是在涉及不同文化背景和社交语境的情况下。长期以来，文化翻译功能研究一直处于零散状态。然而，近年来，对文化翻译功能的语用充实（陈吉荣，2015）使得这一领域具有了更系统性的特征。文化翻译功能研究关注如何在翻译过程中传达文化差异和价值观，使译文更贴近目标文化的语用习惯和传播效果。研究者不仅要考虑语义上的准确性，还需要关注文化内涵的传达，以确保译文在跨文化交际中的适应性和可理解性。在现实生活中存在的语言现象翻译中，如公示语的翻译，需要特别关注其中的社会语用问题。具体而言，对于某些需要产生亲和力或者幽默效果的公示语，翻译者可以选择相应的语言策略和表达方式，以确保译文在目标文化中能够产生类似的社会语用效果。通过深入研究文化翻译功能和社会语用问题，翻译者可以更好地理解和应用语用意义，为跨文化交际和跨文化传播提供更准确和有效的翻译解决方案。

语用意义研究的第三个范畴是语用（#2），主要关注跨文化交际中的语用意义表达和语用失误等问题。这一领域的研究涉及商标翻译的社会语用问题、语用意义与翻译失误以及语用策略等方面。研究者尝试对商标翻译的社会语用问题展开探讨，主要关注商标的语言文化特征、商标的语用意义与翻译失误以及商标翻译的语用策略（蒋磊，2002b）。在商标翻译的研究中，语用问题成为一个关键考量因素。商标不仅仅是一个识别标志，还承载着特定的语用意义和文化内涵。这方面的研究有助于我们理解不同商标在不同文化背景中的接受度和认知差异。此外，商标翻译过程中的语用意义与翻译失误也是研究的重点。由于语言和文化的差异，商标在跨文化翻译中可能会出现语用失误的问题。研究者关注语用失误的原因和影响，以提供更准确、适当的商标翻译策略。相关的研究还基于汉译英广告语料的分析，进一步探讨了语用语言失误和社会语用失误的问题（郝钦海，2000）。研究发现语用意义的迁移、泛化以及联想意义的差异等因素是导致语用失误和社会语用失误的原因。这种研究为我们理解语用失误的本质和特点提供了重要线索，并指出了在跨文化交际中需要关注和避免的问题。

语用意义研究的第四个范畴是指称意义（#3）。在社会符号学的观点中，意义被分为指称意义、言内意义和语用意义（华先发，1997）。因此，这一范畴将指称意义和言内意义作为研究的核心内容也是可以理解的。指称意义是符号与事物或概念之间的关联关系。研究者在这一领域中探索符号如何通过指称来传达特定的意义。这包括研究符号的命名和命名的规范性，以及符号与特定对象之间的关联方式。通过深入研究指称意义，我们可以更好地理解符号在语言和文化中的作用，并揭示出不同文化背景下的指称差异。言内意义是符号内部的语义结构和内在含义。研究者在这一领域中关注符号本身的内在含义以及符号之间的关系。他们探索符号如何通过其内在的语义属性来传达意义，以及不同符号之间的语义联系。言内意义的研究帮助我们理解符号的词义、语法结构和语义特征，以及它们在不同语境中的变化和适应。此外，国内的学者如戴耀晶（2011）进一步拓展了相关研究，并对语义意义和语用意义进行了区分。根据戴耀晶的观点，语义意义指符号组合与事物事件之间的指称关系，而语用意义指符号组合与使用者之间的应用关系。这一区分强调了符号意义的多样性和灵活性，不仅考虑了符号与外部世界之间的关系，还考虑了符号在实际应用中的功能和效果。通过对符号学的相关研究，我们能够更全面地理解语用意义的构成和表达。研究者通过探索指称意义、言内意义以及符号与语言应用之间的关系，丰富了对语用意义的理论认识，并为跨文化交际、语言教育和翻译实践等领域提供了启示。

语用意义研究的第五个范畴是语用学（#4），涉及合作原则等关键词。合作原则是由格莱斯（Grice，1967，1975）提出的一套指导人们在语言交际中如何合作、理解和解释对方意图的准则。在翻译实践中，语用等效和语用教学都与合作原则密切相关。以反语研究为例，反语功能的实现必须违反合作原则中的四个准则，即质准则、量准则、关系准则和方式准则。对于反语的研究有助于我们理解合作原则在特殊语境下的灵活性和适应性，以及语用意义在翻译中的重要作用。在语用等效的研究中，研究者关注如何在翻译过程中保持源语言和目标语言之间的语用等效。语用等效指的是在不同语言文化背景下，通过适当的翻译策略和技巧，传达出与源语言相似的语用意义和交际效果。国内学者在这一领域中探索了语用等效的实现方式，包括调整语气、语调、语境、指代方式等因素，以达到有效的跨文化交际。此外，基于合作原则的语用教学也与语用意义密切关联。在语言教育中，教师通常需要教授学生如何使用语言来实现有效的交际和表达意图。合作原则为语用教学提供了基本框架和指导原则。教师可以通过教授合作原则的具体准则，如信息量的适度、言外之意的包容等，帮助学生掌握语用意义的运用技巧，并提高他们的跨文化交际能力。

语用意义研究的最后一个范畴是语境（#5）。语用学主要关注的是在特定语境条件下的意义表达与解读问题（李宗宏、李发睿，2014）。因此，对语用意义的研究必然离不开对语境问题的深入探讨。从语用学这一研究范畴的发展来看，相关研究经历了由传统语境向认知语境的转变过程。传统语境主要关注的是对话环境、上下文信息和共享背景知识等外部条件对意义的影响。然而，随着认知科学的发展和心理语言学的兴起，研究者们开始更加关注个体认知过程在意义理解中的作用，这就引入了认知语境的概念。认知语境强调个体的认知结构、知识、信念、期待等内部心理因素对意义的构建和解读起到的关键作用。目前来看，认知语境的研究正成为语用意义研究的前沿话题。马尔马里杜（Marmaridou）（2000）指出，语用学是将语言用于构建有意义经验的过程。结合语用学中的认知语境理论（卢加伟，2015），我们可以对语用意义的相关概念进行重新阐述。认知语境理论认为，个体的认知结构、认知过程和情境理解对意义的构建和解读起到决定性的作用。它强调个体在交际过程中的知识、信息加工、推理和推断等认知能力对意义的理解和生成具有重要影响。通过对语境范畴的研究，我们能够更深入地理解语用意义的形成和解读过程。深入研究将有助于揭示个体认知和社会互动之间的关系，推动语用学对意义理解的认知维度进行更深入的探索，并为实际语言使用情境中的意义表达与解读提供更为全面的解释。

第四节　语用意义理论结构

语用意义的理论结构是指被引文献之间的关联性，可以通过文献共被引的方式来获取。在对语用意义的理论结构进行分析时，CiteSpace 软件是一个合适的工具，它可以帮助他们分析语用意义的参考文献以及相关的 Sigma 值等指标。其中，Sigma 值是一个综合考虑中介中心性和突发强调性的指标，用于衡量节点的重要性（张继东、陈文，2016）。具有较高 Sigma 值的文献通常具有创新性，能够为研究领域的知识结构提供启示和突破。然而，由于中国知网（CNKI）中的数据不包含被引文献信息，研究者需要手动获取相关的参考文献，并将其转化为 CiteSpace 可分析的数据。在数据处理的过程中，研究者首先在 CiteSpace 软件中选择了时间范围为 1984—2023 年的数据，以包括较全面的语用意义研究内容。然后，在“Time Slicing”中将数据按照每年为一个切片进行分区，这样可以观察到随时间推移语用意义研究的演变情况。接下来，在“Nodes Types”中选择了“reference”作为分析对象，以关注参考文献之间的关联性。为了运行数据，研究者运用 CitcSpace 中的功能，例如最小生成树算法，来处理数据并获取共被引网络的结构信息。随后，研究者选择了“visualize”功能，以可视化的方式呈现运行结果。在可视化界面中，研究者可以选择“find clusters”和“label clusters with title terms”等选项，以对结果进行聚类分析，进一步揭示文献之间的关联性和主题聚类。最后，研究者对节点等数值参数进行处理和调整，从而获得共被引的可视化图谱。为了记录和展示结果，研究者使用截图软件对出现的图谱进行截图，从而获得图 4-3 的语用意义理论结构图。

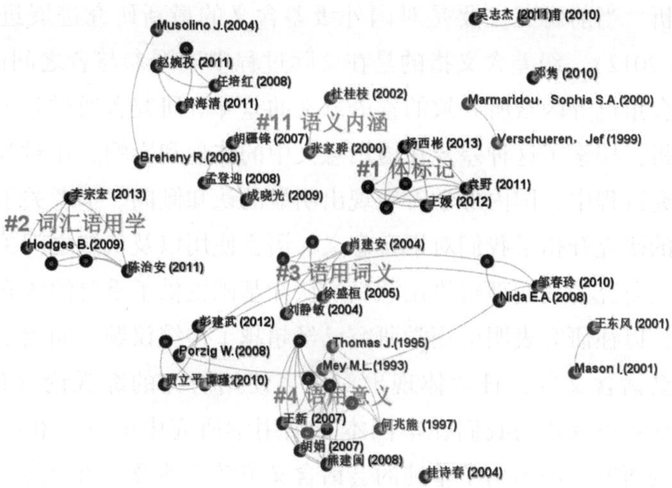

图 4-3　语用意义理论结构

从图 4-3 可以看出，语用意义研究中影响力比较高的学者既包括国外的雅什佐尔特（Jaszczolt），也包括国内的张绍杰、张延飞、冉永平、沈家煊、李洪儒等学者。这些学者的理论可以分为两个不同的范畴：一类是关于语义的研究（如，#1，#2，#11），另一类是关于语用意义的研究（如，#3，#4）。由于语用意义是在语义学的基础上发展而来，因此在进行语用意义研究的过程中就必然会引用语义学的相关文献。在语义—语用界面研究中，比较典型的代表学者为雅什佐尔特（Jaszczolt）（2010）。他的《默认语义学：牛津语言分析手册》（*Default semantics：Oxford Handbook of Linguistic Analysis*）一书主要对缺省语义的分析框架和方法进行了总结，是比较全面的研究手册，因而在语用意义研究中发挥了工具书的作用。雅什佐尔特（Jaszczolt）（2011）的另外一本书《话语处理中的显着性和默认值》（*Salience and Defaults in Utterance Processing*）中的章节之一"显着意义、默认意义和自动处理"（Salient meanings default meanings and automatic processing）也为国内的语用意义研究提供了借鉴。此外，张延飞和张绍杰（2009）发表于《外语与外语教学》上的《后格赖斯语用学：含义默认解释模式综观》一文讨论了语义学和语用学之间存在的争论。按照他们的观点，缺省意义（default meaning）是与规约有关的非真值条件意义，是不依靠语境产生的非推论性含义。

除了之前提到的范畴，语用意义研究的另一个理论来源是对等级会话含义的分析。当前研究主要是对国外级差含义的最新研究进展进行讨论（张延飞，2012）。级差含义指的是在交际过程中不同参与者之间的权利、地位、社会角色等因素所导致的言语意义的差异。研究者通过对等级会话含义的分析，探索了这种差异在语用意义中的体现和影响。在对等级会话含义的研究过程中，国内外学者表现出明显的认知倾向。学者关于语义和语用界面的研究开拓了我们对语言意义、语言使用以及认知之间关系的新视角。相关研究为我们理解语用意义的认知基础提供了重要的线索。值得注意的是，以往研究表明语用学研究已经超越了传统议题，如指示语、言语行为、会话含义等，日益体现出对语言使用研究的综观论（冉永平，2005a）。这一发现也与我们在中国本土语用学研究中的发现相吻合，即语用意义的研究已经超出了单纯的会话含义范畴，涉及言语行为、合作原则等领域。这些研究结果表明，语用意义研究正朝着更加综合和多元化的方向发展。通过对等级会话含义的分析，我们能够更好地理解语用意义在交际过程中的表达和解读。同时，认知研究的进展为我们揭示了语用意义与认知之间的紧密关系。这样的研究有助于丰富我们对语言意义和语言使用的理解，并为跨文化交际和语言教育提供了启示。

从国内外相关的理论框架来看，早期语用意义的研究主要尝试将其作为一个独立的议题从语义学研究中独立出来。尽管语用意义与语义之间存在密切的联系，但语用意义的语境依赖性和互动性的特征决定了它具有独立研究的必要性。在早期的研究中，语用意义被视为语义意义的补充和扩展，强调了语言使用的交际功能和效果。这种研究努力将语用意义从一种被动的理解过程转变为一种主动的、互动的意义构建过程。通过关注言外意义、言外信息以及言外暗示等因素，研究者试图揭示言语行为背后的更深层次的意义。然而，最近的研究表明，将语用意义与语义学的相关研究进行整合是必要的，可以推动语用意义研究的新发展。语义学研究关注词汇和句法结构的意义，而语用意义则更加关注上下文、言外因素和交际目的对意义的影响。这两个领域之间的整合可以帮助我们更全面地理解语言的意义系统。近年来，一些研究者开始将语义学和语用学的方法和理论相结合，以探索语用意义与语义意义之间的相互关系。例如，通过研究词汇义项和语义角色与言外指称、语用推论和话语意图之间的联系，我们可以更好地理解语用意义的构建和解读过程。这种整合性的研究不仅有助于揭示语言的意义多样性和变化性，还有助于推动语用意义研究在实际应用中的发展。例如，在翻译和跨文化交际中，整合语义学和语用学的研究可以提供更准确和适切的翻译策略和交际指导，以满足不同语言和文化背景下的交际需求。

第五节　语用意义合作网络

为了深入了解语用意义研究领域的合作网络，本书运用 CiteSpace 软件对合作网络展开分析，从而揭示高被引作者的分布情况，并确定该领域的有影响力的学者。同时，通过分析作者的共被引网络和聚类分析，可以了解在该领域中具有相似研究主题和学科领域分布的作者群体。在具体的操作过程中，研究者首先在 CiteSpace 软件中选择了时间范围为 1984—2023 年的数据，以全面覆盖语用意义研究的发展历程。然后，在“Time Slicing”中将数据按照一年为一个切片进行分区，这样可以获得不同时间段内的合作网络情况。接下来，在“Nodes Types”处选择了“Cited Author”作为分析对象，这样可以关注作者的被引频率以及他们之间的合作情况。为了运行数据，研究者采用了最小生成树算法，它可以帮助获取合作网络的结构信息。随后，研究者选择了“visualize”功能，将运行结果以可视化方式呈现。在可视化界面中，研究者可以对节点等数据进行操作和调整，以获得更清晰、准确的合作网络图。为了记录和展示研究结果，研究者使用截图软件对出现的图谱进行截图，以便获得图 4-4 的可视化结果。这个图谱可以显示语用意义研究领域中的合作网络，包括高被引作者的分布情况以及相似研究主题和学科领域的作者群体。通过这样的合作网络分析，研究者可以更全面地了解语用意义研究领域的学术合作情况，确定有影响力的学者，以及发现研究主题和学科领域的研究群体。这样的分析有助于促进学术交流与合作，为进一步推动语用意义研究的发展提供指导和支持。

图 4-4 语用意义合作网络

从图 4-4 中可以看出，语用意义研究中最具影响力的作者是章彩云(2009)。她提出的语用词义价值观本质上是广义修辞功能的一种表现，即在特定的语境下使用恰当的词语来延伸特殊的内涵，以达到理想的表达效果。章彩云的研究对于深入理解语用意义的构建和解读过程具有重要意义。除了章彩云之外，刘晓梅、廖春红等学者也对语用学研究作出了较大的贡献。刘晓梅（2004）通过对语言的指称意义和语用意义进行分析，发现文化冲突对语言的影响主要表现在语汇缺失和语用意义不对等等方面。此外，廖春红（2006）在研究中则讨论了莫里斯语言符号意义的三大类别：所指意义、言内意义和语用意义。这些研究为我们深入理解语用意义的不同层面和维度提供了重要的思考。除了以上的发现之外，我们通过图 4-4 还可以得出以下的研究发现：首先，确实存在语用意义研究学者之间关联性较低的情况，许多学者都是独立进行研究。这可能是由于语用意义研究的复杂性和多样性，涉及多个学科领域的知识和方法。因此，研究者更倾向于独立开展研究，注重在实践应用方面探索语用意义的具体应用。

其次，当前学界对语用意义的研究更多关注如何将国外的语用意义理论引入中国，并将其应用到实际中。这体现了学者们对于借鉴和吸收国外研究成果的重视，以丰富和拓展本土的语用意义研究。然而，实际上，中国本土的语用意义研究需要更多地在本土语言资源的基础上构建系统的语用意义理论。这意味着需要深入挖掘和分析中国语言的语用特点、文化背景以及交际方式，以建立适应本土语境的语用意义理论框架。在这一过程中，学者们应该关注本土语言中词汇的隐含意义、交际方式的文化偏好以及社会语言规范等方面的研究。为了推动中国本土语用意义研究的发展，加强学者之间的合作与交流至关重要。这有助于促进不同学者之间的理论研究和实践应用的结合。通过合作与交流，学者们可以分享彼此的研究成果、经验和观点，共同推动语用意义研究的进展。同时，应该鼓励对本土语言资源的深入挖掘和系统性分析，以建立适应中国语境的语用意义理论。这需要学者们深入研究本土语言的语用特点，包括词汇的隐含意义、交际方式的文化偏好以及社会语言规范等方面。此外，为了进一步推动语用意义研究的发展，我们需要关注其理论框架和方法论的发展。当前，语用意义研究主要借鉴和应用国外的理论框架，如格莱斯的合作原则、奥斯汀的言语行为理论等。然而，为了构建适应中国实际情境的本土语用意义理论，我们需要更多探索和发展符合本土语境的理论框架。这种发展可能需要涉及与语义学、社会学、文化研究等学科的跨学科合作，以综合多重视角的研究方法。通过综合不同学科的理论和方法，我们可以更好地理解语用意义的本质以及它在特定语境中的产生和解读方式。

随着技术和数字化时代的快速发展，语用意义研究也需要关注技术和数字化语境下的语言使用情境。随着社交媒体和数字平台的兴起，人们在虚拟环境中进行的语言交流日益增多。因此，语用意义的研究也需要关注如何在这些虚拟环境中理解和解释语言的意义。例如，在面对网络互动、社交媒体传播和在线交际等新兴语境时，我们需要研究这些环境中语用意义的构建方式、解读策略以及对言外信息的处理能力。这可能涉及分析网络社交平台上的语境特点、文化背景、非语言符号的使用等因素，以全面把握语用意义在数字环境中的特点和变化。因此，未来的语用意义研究需要将传统理论与新兴技术相结合，从跨学科的角度出发，不断发展和完善适应本土实际情境的理论框架和方法论。这将有助于我们更好地理解语言在不同语境中的意义生成和解读过程，为语用学领域的实践应用提供更有效的指导和支持。

第六节 语用意义研究展望

通过对语用意义研究的知识图谱分析可以看出，语用意义有别于传统的会话含义研究，因为其不仅关注说话人所传递的言外之意，还关注听话人如何对会话中的意义进行解读。语用意义的研究具有明显的互动性特征，这也是其与语义学意义研究的本质区别。通过对语用意义研究趋势的分析可以发现，最近几年的文献发表量出现了下降的趋势，这或许是由于语用意义目前未能成体系发展的原因。国内很多学者在进行语用意义相关研究的过程中未能进行强强合作是导致语用意义研究不成体系的原因之一。也正因为如此，本土的语用意义研究需要从以下几个方面考虑如何拓展其研究范畴，增强影响力，提升发文量：

第一，展开独立于语义学的语用意义研究。尽管语用意义的研究与语义学中的语义欠明和默认意义存在密切的联系（Jaszczolt，2011），但语用学的互动性特征决定了语用意义研究必须具备独立性才能取得更好的发展。这也是国内学者不断讨论语用学与语义学之间区别的重要原因之一（张延飞、张绍杰，2009）。自从莫里斯（Morris）于 1938 年提出语用学概念以来，包括奥斯汀（Austin）、格莱斯（Grice）、利奇（Leech）、维索尔伦（Verschueren）等语用学家一直努力实现的目标就是建立一个独立而完整的语用意义理论体系。他们之所以这样做，是因为语用意义研究具有其独立性。语用意义研究独立性体现在以下几个方面。首先，语用意义关注言语行为的目的、意图和效果，以及在特定语境中恰当运用词语来实现理想表达的修辞功能。这超越了语义学对词语字面意义的研究，强调了语言使用者通过语用意义的表达来实现更丰富的交际目的。其次，语用意义研究强调对话语互动的分析，关注说话人的意义表达和听话人的意义解读。这种互动性是语用意义研究的核心，通过研究言语行为的参与者之间的相互作用和信息交换，揭示了语用意义的产生和理解过程。最后，语用意义研究注重语境的重要性。语用意义的解读与特定语境紧密相关，语境中的社会、文化和认知因素对意义的理解产生重要影响。因此，独立的语用意义研究需要考虑语境的综合因素，并在实际应用中，需要将语境因素纳入考量，以实现准确的意义表达和解读。

第二，展开依托于话语互动的意义研究。正如之前提到的，语用意义研究关注于说话人的意义表达和听话人对意义的解读，这凸显了话语互动的关键性。事实上，话语互动性是语用意义研究的核心，也是推动后格莱斯主义不断发展的前提条件。同时，互动语言学、接触语言学等相关领域的学者也共同关注这一话题。因此，未来的语用意义研究需要依托于汉语话语互动语料，通过对语用意义表达与解读的分析来丰富语用意义研究的理论框架。话语互动性在语用意义研究中具有重要意义。语用意义的产生和理解是通过言语参与者之间的相互作用和信息交流实现的。在一次对话中，说话人通过选择特定的词语、语调、语气等来表达自己的意图和态度，而听话人则通过解读这些语言线索来理解说话人的意义。这种互动性的特点决定了语用意义研究必须考虑到话语的社会和文化背景，以及参与者之间的权力、身份和关系等因素。通过分析实际的汉语话语互动语料，研究者可以深入了解语用意义的生成和解读过程，并发现其中的模式和规律。借助于汉语话语互动语料进行语用意义研究具有重要意义。语料是语言研究的重要数据源，通过分析真实的语言使用情境可以提供丰富的语言现象和细致的细节。汉语话语互动语料包含了丰富的对话和交际情境，涵盖了不同社会群体和语境的语言使用。通过对这些语料进行系统的语用意义分析，研究者可以观察和总结出不同类型的语用行为和意义表达方式。这不仅有助于验证现有的语用意义理论框架，还可以为进一步发展中国语用意义理论研究提供实证依据。

第三，发展认知转向视域下的语用意义研究。在语用意义研究中，越来越多的关注点被放在了认知语境的探究上，这已成为该领域的前沿话题。正如马尔马里杜（Marmaridou）在2000年所指出的，语用学是将现实通过语言构建成有意义的经验的过程。结合语用学中的认知语境理论（卢加伟，2015），我们可以重新审视语用意义的相关概念和理论。在过去的几十年里，认知语言学家和语用学家逐渐认识到认知因素在语用意义中的重要性，他们开始进行跨学科的交流和探索，致力于构建具有中国特色的认知语用学理论框架。这种转向的背后是对传统语用学范式的挑战，即将语用意义简单地视为语义意义的补充或修饰。认知语用学强调了认知过程在意义生成和理解中的关键作用。通过引入认知语境理论，研究者能够更好地理解语用意义的认知基础。认知语境理论认为，人们在交际中的理解和表达过程中受到了认知因素的影响。这包括个体的认知结构、注意力、推理能力、记忆等。因此，语用意义的生成和解读并非简单地依赖于词语的字面意义，而是在特定的认知语境中进行的。基于这些考虑，国内的学者可以在现有的会话含义、合作原则等理论基础上思考如何与关联理论、认知警觉等具有认知特征的理论进行整合。其中，关联理论（Sperber & Wilson，1986/1995）强调了思维过程中的关联性和概念网络，而认知警觉（Sperber et al.，2010）则涉及人们对信息的敏感性和选择性处理。通过将这些理论与语用意义研究相结合，我们可以更全面地解释和理解语用意义的认知机制。

第七节 本章小结

总而言之，语用意义研究不仅关注经典理论话题如会话含义和合作原则，还涉及前沿话题如认知语境、符号意义和语义—语用界面研究。自1996年以来，语用意义研究呈现出高速增长的趋势。这一增长既得益于本土学者对国外最新研究成果的引介和前沿话题的追踪，也源于语用意义研究在实践应用方面的需求。然而，需要注意的是，国内语用意义研究仍处于波动增长的阶段，还没有形成系统的本土语用意义研究框架。这也意味着语用意义研究在国内还有较大的增长空间。为了进一步完善语用意义的理论体系，国内学者需要加强合作，不仅在理论思考方面进行深入探讨，还要将理论与实践应用相结合。本书对了解国内语用意义研究的发展轨迹和基本研究现状具有指导意义。同时，我们也期待更多学者能够从话语互动和认知的视角展开语用意义的研究，促进本土语用意义理论体系的形成和完善。通过持续的研究和合作，我们可以期待在未来的语用意义研究中取得更大的突破，进一步深化对语用意义的理解，并将其应用于实际的语言交际场景中。这将为语用学领域的发展提供新的理论支持和实践指导，推动语用意义研究在国内的繁荣发展。值得注意的是，语用意义研究的发展需要持续的学术交流和跨学科合作。在全球化的背景下，与国际学术界的交流和合作也是十分重要的。通过与国际学者的合作，国内学者可以借鉴和吸收先进的研究方法和理论成果，进一步提升研究水平。此外，语用意义研究的应用价值也不容忽视，将研究成果应用于实际的语言交际场景，有助于提升语言交际的效果和质量。

第五章 语用行为

第一节 语用行为研究背景

语用行为（pragmatic acts）理论是在传统的言语行为理论（speech act theory）的基础上发展而来，并将言语行为作为其核心话题。语用行为理论是语用学和语言哲学研究的分相理论之一，旨在解决日常语言中的缺陷和非逻辑性问题，并构建一种理想化的语言（Thomas，2010）。语用行为理论的发展可以追溯到奥斯汀（Austin）的相关研究。奥斯汀最早将言语行为分为三个不同的类别：以言指事（locutionary acts）、以言行事（illocutionary acts）和以言成事（perlocutionary acts）。此外，奥斯汀进一步提出了言语行为的五个分类：裁决类（representatives）、行使类（directives）、承诺类（commissives）、表态类（expressives）和阐述类（declaratives）。随后，塞尔（Searle，1979）对言语行为进行了重新分类，并引入了间接言语行为理论。他提出了更具细化和详尽的分类系统，包括陈述类言语行为、命令类言语行为、请求类言语行为、承诺类言语行为、威胁类言语行为等。塞尔的研究发现使得言语行为理论更加系统和全面，并为进一步研究语言使用中的意图和效果提供了框架。在言语行为理论的基础上，Brown 和 Levinson（1978）进一步提出了面子理论（face theory）。面子理论探讨了言语行为中与社会身份、尊重、尊严等相关的文化因素。该理论强调人们在言语交际中维护自己和他人的面子的重要性，进一步拓展了言语行为研究的视野。通过奥斯汀、塞尔等学者的不断完善和发展，言语行为理论已经成为语用学研究的一个重要课题。这些理论为我们深入理解和解释言语行为的意图、效果和社会文化背景提供了基础。因此，言语行为理论在语用学研究中具有重要地位和作用（李捷等，2011）。

通过对国内外言语行为研究的相关文献进行分析，可以发现在过去的十年时间里，国内外言语行为研究的文章数量不断增加，呈现爆发式增长趋势。这反映出学术界对于言语行为研究关注度的不断增加。回顾国内外的研究成果，除了对言语行为表达策略进行深入研究之外（Harris et. al., 2006），越来越多的文章从语言科学（Taguchi，2010）等不同角度对言语行为展开研究。这种多角度的研究助推了言语行为研究的不断扩展和深化。然而，在言语行为研究论文数量逐渐增多的同时，我们也需要关注到近年来言语行为相关的论文发表数量在不断减少，经典言语行为研究的论文数量也在减少。这可能反映了研究者开始关注更为细致和复杂的言语行为现象，尝试在跨学科视域下进行研究的创新（杨昆、时闻，2016）。

正是在这样的背景下，卡尔佩珀和霍夫（2014）提出了语用行为的概念，为我们深入理解言语交际中的复杂性和多样性提供了新的视角。根据他们的观点，语用行为指的是在话语互动过程中，说话人基于社会文化语境的影响而使用的一系列言语行为，以及听话人对这些言语行为的理解图式。语用行为具有三个鲜明的特性：首先，语用行为具有社会文化属性。说话人在使用言语行为时，其言语行为的选择受到特定社会文化因素的影响。这里所提及的社会文化因素包括语境、社会规范、价值观念等，这些因素会影响说话人的言语选择和表达方式。因此，语用行为的研究需要考虑社会文化因素对言语行为的影响，并探索不同社会文化背景下言语行为差异与共性。其次，语用行为具有认知属性。在言语交际过程中，交际双方对于言语行为存在一定的认知图式。这些认知图式涉及语境信念、人际信念和上下文特征等因素，对于理解和解释言语行为的含义至关重要。通过研究认知图式，我们可以揭示说话人和听话人在言语交际中的思维过程、推理能力以及对语言和信息的处理方式。最后，语用行为具有会话互动属性。言语行为不仅仅是一个孤立的行为，而是嵌入交际序列中的一部分。交际序列的不同组织方式和顺序会对言语行为的意义和效果产生影响。因此，研究语用行为需要考虑交际序列的结构和动态性，以及言语行为在会话过程中的互动效应。

通过上述分析，我们可以看出语用行为理论的提出是对传统言语行为理论的进一步升华和拓展。卡尔佩珀和霍夫（2014）的贡献在于更加关注言语行为的互动性和认知性等特征，为我们提供了一个更全面的框架来理解和研究言语交际的复杂性。然而，在国内的相关文献中，尽管学者并没有像卡尔佩珀和霍夫那样系统地提出语用行为的概念，但我们也可以发现与语用行为相关的线索。为了对国内语用行为研究的整体图景有一个更清晰的认识，本章将采用 CiteSpace 软件对相关文献进行知识图谱的分析。本章的研究将从语用行为的发展轨迹、研究前沿、理论结构和合作网络四个方面展开。通过对国内相关文献的分析，我们可以揭示语用行为研究在国内的发展历程，了解当前的研究前沿和热点问题，并探讨语用行为理论的结构和内在联系。此外，通过分析合作网络，我们还可以了解国内语用行为研究领域的学术合作关系和合作模式，进一步促进学术交流和合作。通过对国内语用行为研究的整体分析，我们可以更好地把握该领域的研究动态，为未来的研究提供理论参考和方法论的指导，促进语用行为研究的发展与创新。

第二节 语用行为发展轨迹

语用行为的发展轨迹可以通过统计年度发文量来获取。为了了解语用行为的发展情况，研究者可以通过收集相关的文献数据进行分析。在本书中，研究者选择了中国知网（CNKI）这一国内知名的文献数据库作为数据来源。数据收集的过程中，研究者以“语用行为”和“言语行为”作为检索词进行检索，以获取与语用行为研究相关的文献。在检索过程中，研究者选择了“中文”“社科”总库和“学术期刊”作为检索范围。时间范围选择了 2023 年以前的所有时间段。在类别选择方面，研究者将重点放在中国语言文学和外国语言文学领域。来源方面，研究者选择了北大核心期刊和中文社会科学引文索引（CSSCI）。通过筛选和检索，本书最终获得了 2521 条与语用行为研究相关的文献记录。为了方便后续的分析，研究者使用 Refworks 等工具对这些数据进行了保存和管理，并将下载的文件保存为“download_pragmatic_act”的格式。为了更清晰地展示语用行为的年度发文情况，研究者绘制了图 5-1 所示的发展轨迹图。该图反映了随时间推移语用行为研究的发展趋势，可以帮助研究者了解该领域的研究活动的增长和变化情况。通过对发展轨迹图的观察，研究者可以识别出研究热点和发展趋势，为进一步的研究提供指导和参考。

从图 5-1 可以看出，国内有关语用行为研究出现了两种截然不同的发展轨迹。

第一阶段（1992—2005）是语用行为的起步发展期。这个阶段内语

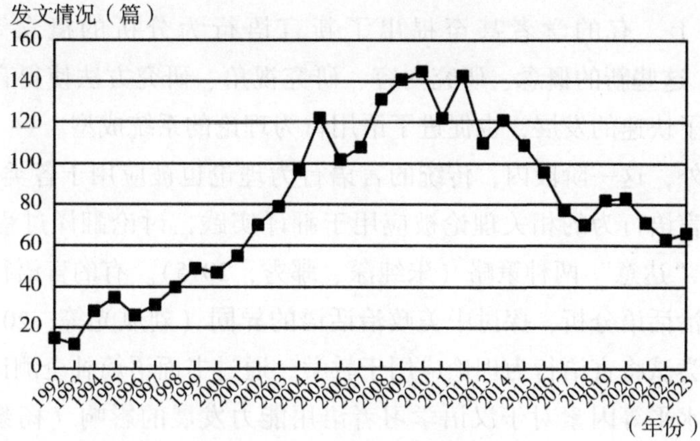

图 5-1　语用行为发展轨迹

用行为研究的论文数量呈直线上升的趋势，从 1992 年的 12 篇快速上升至 2005 年的 122 篇。这一阶段内的研究主要集中于对言语行为理论的介绍和对各类言语行为的探讨。一方面，国内的学者尝试对言语行为理论的主要内容进行介绍，分析其中的优势和不足（如，付习涛，2004）。另一方面，国内的学者在介绍国外理论的同时，还尝试找寻汉语研究中与“语势”“言语行为”等术语相近的概念（如，孙淑芳，2002）。除此之外，这一阶段内语用学界还对拒绝、建议、抱怨等经典言语行为进行了讨论。这些研究包括对英、汉拒绝类言语行为表达模式与社会影响因素的分析（王爱华，2001）、对国际留学生与汉语本族语者使用建议类言语行为时的比较以及国际留学生建议类言语语用失误的分析（丁安琪，2001）、对英语和汉语中抱怨类言语行为的分析等（赵英玲，2003）。需要注意的是，这一阶段内研究者展开言语行为研究时多采用语篇补全测试的方法，这种方法可以在一定程度上实现研究目标，但是对于话语互动的特征有所忽视。

第二阶段（2006—2023）是语用行为研究的波动发展期，这一阶段内学界除了对传统言语行为进行讨论之外（文兵，2014），还开始讨论新型的言语行为，并从新的视角开始研究言语行为。比如，有的学者从变异语用学的视角探讨了汉语请求类言语行为的语用策略（任伟，2018）。有的学者借助多模态语言研究的具体操作手段尝试分析说话人情感态度对言语行为输出产生的影响（黄立鹤，2019）。有的学者则探讨了虚假拒绝言语行为及其背后的人际语用理据（冉永平、赖会娣，2014）。在以往研究的基础上，有的学者甚至提出了新言语行为分析的概念（胡范铸，2015）。这些新的概念、研究内容、研究视角、研究方法使得言语行为研究得到了快速的发展，也促进了语用行为理论的系统成型。

此外，这一阶段内，传统的言语行为理论也被应用于各类语言实践。比如，言语行为的相关理论被应用于翻译实践，讨论翻译过程中的“释意”与“达意”两种策略（朱纯深、鄢秀，2015）。有的言语行为理论应用于政治话语分析，探讨中美政治话语的异同（刘风光等，2016）。一些学者则尝试将言语行为理论应用于教学，通过书面语篇补全测试等方式分析语言水平等因素对于汉语学习者语用能力发展的影响（杨黎，2015）。言语行为理论还被应用于法律话语研究，分析法庭话语互动中的转述行为特征等（罗桂花，2013）。可以看出，这一阶段内言语行为的应用转化率高，用途涉及翻译、教学等，呈现多样化的趋势，研究方法也具有多样性特征。

总体而言，国内的学者已经意识到传统的言语行为理论所存在的不足，并且意识到言语行为的互动性、多模态特征。有学者甚至尝试提出新的言语行为理论。这些发现实际上与语用行为理论提出的背景有相同之处。由此也可以看出，语用行为概念提出的恰当性和适时性。

第三节 语用行为研究前沿

语用行为的研究前沿通常涉及一些关键性的话题，这些话题往往可以通过关键词共现的方式来体现。为了更清晰地了解语用行为研究的前沿动态，本书采用了 CiteSpace 软件对收集到的数据中的关键词进行可视化分析。关键词在文献中起到精确概括主旨内容的作用，可以作为评估文献核心观点的可信指标。通过对关键词共现网络的分析，可以揭示语用行为研究的文本内容特征。这种分析方法对于了解语用行为研究的热点话题、发展趋势以及研究范畴的特征具有重要意义。它可以帮助研究者更全面地了解语用行为研究的当前动态，为进一步的研究提供指导和启发。在实际操作过程中，研究者使用 CiteSpace 软件，并在界面中选择了“Node Types”作为关键词。随后，研究者将时间范围设定为 1992—2023 年，时间切片设定为 1 年，并运行软件以进行分析。在可视化界面中，研究者选择

“find clusters”和“label clusters with title terms”进行聚类分析，以便更好地理解关键词之间的关系。然后，研究者选择“timeline view”，按照时间顺序呈现可视化结果，以展示语用行为研究的发展历程。最后，研究者使用截图软件对可视化结果进行截图，获得了图 5-2。通过对图 5-2 的观察，研究者可以从时间的维度上看到语用行为研究的关键词的变化趋势。这有助于研究者了解语用行为研究领域的热点话题以及发展的重要方向。

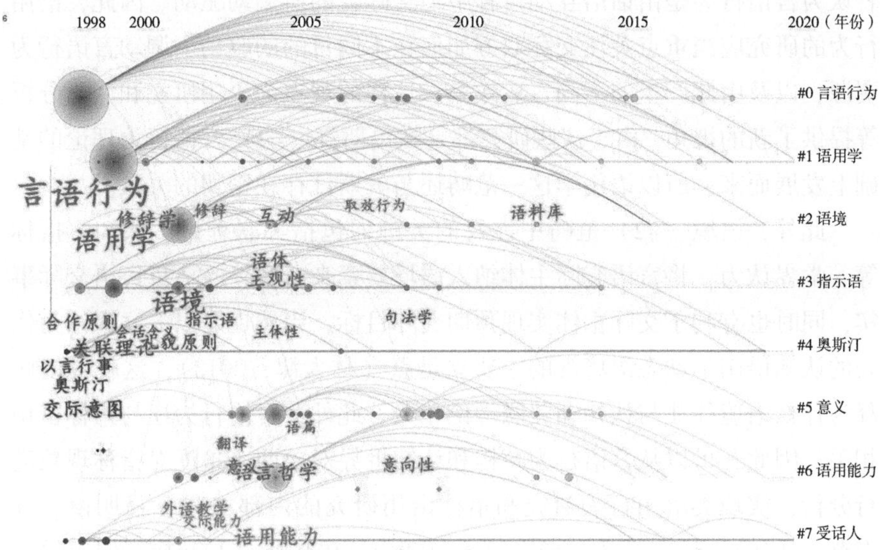

图 5-2　语用行为研究前沿

从图 5-2 可以看出，语用行为研究可以分为 8 个不同的范畴，包括：言语行为（#0）、语用学（#1）、语境（#2）、指示语（#3）、奥斯汀（#4）、意义（#5）、语用能力（#6）、受话人（#7）。出现时间最早并且影响力最大的为言语行为（#0），这是因为言语行为是语用行为研究的核心话题，因此其影响力最大。在这一范畴中，出现时间较早的关键词包括抱怨类言语行为、文化语用学等。比如，赵英玲（2003）最早探讨了直接抱怨语和间接抱怨语；何刚（2011）探讨了文化语用学的相关概念，包括语用原则、文化意识、文化设定等问题。言语行为（#0）范畴中相对较新的话题包括语用身份和人际语用等关键词。语用身份理论最早由陈新仁（2018）提出，而言语行为则是语用身份研究中的重要话语实践，具有很高的影响力。此外，人际语用学视域下的言语行为研究，特别是网络语境中冒犯、攻击性言语行为导致的不礼貌人际效果成为研究的前沿话题（冉永平等，2018）。

语用行为研究的另外两个范畴语用学（#1）和语境（#2）密切相关。语用学这一范畴的重要关键词为言语行为，主要是以间接言语行为的研究为主（如，刘晨阳，2021）。相关学者尝试分析间接言语行为的语用推理（李怀奎、李跃平，2013）、认知语境等问题（陈香兰，2008）。此外，研究者还关注到了言语行为和目的原则之间的关系（廖美珍，2012）。研究者认为言语行为是由话语互动过程中地交际目的所驱动驱动。因此，语用行为的研究应当重点关注交际双方如何在不同目的的驱动下调动言语行为资源，以及由此产生的不同言后效果。这样的观点为语用研究和话语分析等提供了新的视角。由于这些研究都是在奥斯汀（#4）言语行为理论的基础上发展而来，所以语用学这一范畴还与奥斯汀存在密切的关联。

此外，语境（#2）范畴中涉及的关键词包括关联理论、认知、指称等。学界认为，将言语交际主体纳入语境要素来考察，既尊重言语交际事实，同时也有利于交际主体实现预期交际目标，当然也是以关联理论为代表的认知语用学动态语境观的主要立足点（林大津，2012），这就可以解释为什么语境往往与认知和关联理论相关。此外，言语行为还与指称密切相关，因此，可以从言语行为结构和认知世界对象两个角度对指称现象进行分析，实现类语用行为研究和指称语用研究的内部关联（吕明臣、许春燕，2016）。语言哲学（#2）这一范畴包括语用歧义和间接意向等关键词。相关学者尝试在哈贝马斯（Habermas）普遍语言学的基础上，分析言语行为中的意向行为，以及间接意向行为的成因（李洪儒，2009）。

除了上述的范畴之外，语用能力（#6）、受话人（#7）也是语用行为研究的重要话题。首先，语用能力是指个体在特定语言社群中使用和理解语用规则的能力。语用能力的研究关注个体在言语交际中的知识、技能和能力，以及这些因素对交际成功的影响。研究者可以探索语用能力的发展过程、个体差异以及其与其他语言能力的关系。通过深入研究语用能力的形成和发展，可以为语言教育、语言评估和跨文化交际等领域提供指导和支持。其次，语用功能研究关注言语行为在交际中的功能和目的。语用功能的研究可以揭示言语行为的多样性和复杂性，帮助我们理解为何人们使用不同的语言行为来实现不同的交际目的。研究者可以探索言语行为在表达意图、建立关系、表达情感、维护面子等方面的作用和效果。通过研究语用功能，我们可以更好地理解交际中的言语行为选择和解读过程。此外，文化是语用行为研究中一个重要的视角。文化对语用行为产生深远影响，不同文化背景下的语用行为差异可以带来理解上的挑战和误解。研究者可以比较不同文化间的语用规则、礼貌策略和交际方式，探索文化因素对言语行为的塑造和解读的影响。这种跨文化的研究有助于促进文化间的有效交际和跨文化理解。最后，受话人在语用行为研究中扮演着重要角色。研究者关注受话人在言语交际中的角色、解读和反应。受话人的知识、信念、态度以及个体差异等因素会影响他们对言语行为的理解和解读。研究者可以探索受话人的推理过程、信息处理和言外之意的理解，以及受话人如何根据上下文和语境对言语行为进行解码和回应。

第四节 语用行为理论结构

语用行为的理论结构是指被引文献之间的关联性，可以通过文献共被引的方式来获取。为了了解语用行为研究的理论结构，研究者使用 CiteSpace 软件对参考文献以及 Sigma 值等进行分析。Sigma 值是一个综合了中介中心性和突发性强调的指标，用于衡量节点的重要性（张继东、陈文，2016）。具有高 Sigma 值的文献通常具有创新性，能够为研究领域的知识结构提供启发。由于中国知网（CNKI）中的数据不包含被引文献信息，研究者需要手动获取相关的参考文献，并将其转化为 CiteSpace 可分析的数据。在数据处理的过程中，研究者在 CiteSpace 软件中选择了“Node Types”为“reference”，在“Time Slicing”中选择了 1992—2023 年的时间范围，并将时间切片设定为 1 年，然后运行软件以进行分析。随后，研究者选择了“visualize”来对运行结果进行可视化呈现。在可视化界面中，研究者选择了“find clusters”和“label clusters with title terms”来对结果进行聚类分析，以便更好地理解被引文献之间的关联性。通过处理节点等数值参数，研究者得到了共被引的可视化图。最后，研究者使用截图软件对出现的结果进行截图，获得了图 5-3。通过观察图 5-3，研究者可以更清晰地了解语用行为研究中的文献引用关系，进而揭示出其理论结构的特点和重要性。这有助于研究者把握语用行为领域的学术脉络和知识发展趋势，为进一步的研究提供指导和参考。通过深入分析共被引图，研究者可以发现一些核心文献和重要学术观点，进而推动学术界对语用行为的深入理解和研究。这种对语用行为研究的理论结构的分析，为学术界提供了新的视角和方法，促进了语用行为领域的发展。

从图 5-3 可以看出，语用行为研究中出现了三个主要的理论范畴：语用学（#0）、认知（#1）和社会语境（#2）。影响力最大的理论范畴是关于语用学中经典言语行为理论的研究。代表性的人物是国外学者皮特·格兰迪（Peter Grundy，1995）。他的《做语用》（*Doing Pragmatics*）一书是特别注重理论联系实际的语用学教学或研究入门用书。书中的例句大多是作者多年来通过多种渠道收集的日常生活中的真实话语，是“关于语言运用的活的语言”。该书第三章关于言语行为的讨论成为语用行为研究的理论基础。在认知（#1）这一范畴中，徐盛桓和张韧等学者的贡献引领了从认知角度研究言语行为的方向。他们提出了以认知为视角的研究方法和理论，深入探讨了言语行为的认知过程和认知机制。徐盛桓等学者关注言语行为中的认知因素，研究者通过实证研究和理论分析，探索了人们在理解和生成言语行为时所依赖的认知过程和资源。他们研究了语用推理、共享认知、情境推断等认知机制在言语行为中的作用。这些研究为我们深入理解言语行为的认知基础提供了重要的理论支持。

图 5-3　语用行为理论结构

在社会语境这一范畴中，梅（Mey，1993）是该领域的代表人物。他强调将言语行为置于人们所处的社会语境中来研究，认为言语行为的意义和效果是通过社会互动和语言使用中的情境来实现的。他提出了“语用行为”（pragmatic act）这一概念，强调了社会和语言学两个角度对言语行为进行考察的重要性。梅的研究为我们认识到言语行为的社会性和多样性提供了重要的视角。梅指出，言语行为的解释和理解不能仅仅局限于语言结构和语义规则，还需要考虑到社会因素、社会关系和语言使用的具体情境。这种综合社会和语言学的研究方法丰富了我们对言语行为的理解，使我们能够更全面地分析和解释言语行为的意义和效果。徐盛桓、张韧等学者在认知方面的研究以及梅在社会语境方面的研究为语用行为研究领域提供了重要的理论框架和研究方法。他们的研究推动了语用行为研究的发展，使我们能够更深入地理解和解释言语行为的认知过程和在会话境中的影响。

除了前文提及的研究之外，还有一批中国学者提出的理论对语用学、认知科学和社会语言学等都产生了深远的影响。其中最具被引频次和影响力的理论是胡范铸进行的言语行为的修辞学研究。胡范铸（2003）认为，语用学中关于言语行为的讨论可以成为修辞学的新范式。他的研究提供了一种新的视角，强调了修辞学对于理解和分析言语行为的重要性。在此基础上，胡范铸（2015）进一步指出修辞学研究的根本目标是通过对言语行为的分析，有效推进个体的社会化、群体的互动性以及社会生活的现代化。这一观点进一步强调了修辞学在语用意义研究中的价值，并提供了一种与社会背景和文化环境相结合的研究方法。

另一个具有显著影响力的理论是言语行为和目的原则的融合性研究。正如之前廖美珍（2012）提到的，言语行为受到交际目的的驱动。这一观点是基于她在法庭互动话语实证基础上的研究而提出。廖美珍的研究揭示了交际目的在言语行为中的关键作用，并强调了目的在指导和影响言语行为时的重要性。这个观点为研究和解释话语连贯性提供了一种新的途径。通过关注交际目的与话语行为之间的关系，我们能够更好地理解话语的结构和发展，以及话语中的信息传递和交流。此外，李洪儒等学者的研究也致力于将言语行为理论本土化，以形成具有中国特色的语用行为理论。相比之前提到的学者，这些学者更加注重语言哲学层面的研究，试图以语言哲学为语用行为研究提供原动力。他们通过深入研究语言的本质、语言符号的意义以及语言和思维之间的关系，为语用学的理论框架提供了哲学上的支持和启示。他们关注语言的符号性质以及符号与现实之间的关系，从而深入理解语言在交际中的功能和作用。通过研究语言的本质特征，他们试图揭示语言符号的内在含义以及其与思维和社会文化的交互关系。这种以语言哲学为基础的研究方法，丰富了语用学的理论视野，并在跨学科研究中发挥了重要作用。李洪儒等学者的工作不仅推动了语用学理论的发展，还为中国语境下的言语行为研究提供了新的思考框架。他们的研究不仅关注语用意义的实现，还探索语用行为与文化、社会、伦理等因素之间的紧密联系。

第五节 语用行为合作网络

语用行为的合作网络是指相关学者的被引频率以及彼此之间相互合作的情况，可以通过作者共被引分析实现。基于这样的考虑，本书将借助 CiteSpace 软件对合作网络展开分析，从而得到语用行为研究中高被引作者的分布，确定该领域有影响的学者，并且通过作者的共被引网络及聚类了解该领域中相似作者的研究主题及其学科领域分布（李杰、陈超美，2016）。在实际操作过程中，笔者在“Time Slicing”中选“1992—2023”，在“Nodes Types”处选择“Cited Author”，以一年为一个切片分区，采用最小生成树算法运行数据。之后，笔者选择“visualize”对运行的结果进行可视化呈现。在可视化界面，笔者对节点等数据进行操作后形成语用行为研究的可视化图。笔者通过截图软件对出现的结果进行截图，获得图 5-4。

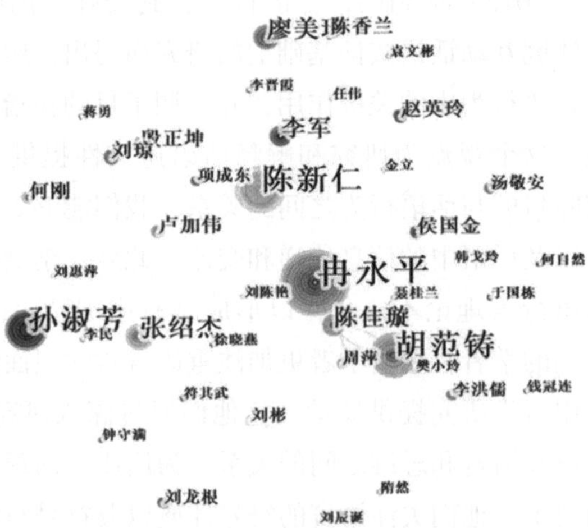

图 5-4 语用行为合作网络

从图 5-4 可以清楚地看出，语用行为研究领域涌现出一批以冉永平、陈新仁、胡范铸、孙淑芳等学者为代表的知名学者。其中，冉永平是最具影响力的学者之一，他的研究主要关注人际话语互动中的言语行为。例如，冉永平和杨巍（2011）两位学者对冒犯类言语行为及其表达的多种语用意图进行了深入分析。另外，还有一批学者更加关注语用身份视域下的言语行为现象。徐敏和陈新仁（2015）两位学者便是其中代表性的研究者，他们专注于教师课堂言语行为及其构建的多元语用身份的研究。冉永平和陈新仁两位著名的学者分别来自南方和北方，共同构成了语用行为研究的多元视角。他们的研究探讨了语用行为在不同社会语境和角色身份中的表现和功能，为语用学研究提供了丰富的实证和理论支持。需要注意的是，这些学者主要以言语行为为切入点，努力构建具有本土特色的语用学理论，例如，人际语用理论和语用身份理论等。他们的研究着眼于中国语境下的言语行为特点和文化背景，将西方语用学理论与中国社会语境相结合，为语用行为研究提供了独特的视角和贡献。

当然，目前还有一批学者专注于修辞语用学的研究，着重关注言语行为在修辞使用中的问题。他们探讨了修辞手法在言语交际中的运用，以及修辞表达对意义解读的影响。胡范铸的研究成果在该领域产生了较强的影响。此外，以孙淑芳、张绍杰和廖美珍为代表的学者共同构成了语用行为研究领域的合作网络。他们通过协作和知识交流，推动了语用行为研究的发展和理论的充实。这种合作网络的形成促进了学者之间的合作研究项目，加强了学术界对语用行为研究的关注和重视。除了合作研究，还有一些学者倾向于进行理论性的分析和实践性的应用。例如，孙淑芳（1998）对言语行为理论中存在的争议问题进行了阐释，并讨论了有关术语翻译的问题。高巍（2009）则分析了课堂环境中师生言语行为的互动，试图弥补以往言语行为研究在单向性方面的不足。这些学者的研究不仅为语用行为理论提供了补充，还促进了该领域的发展和理论的进一步充实。这些学者的工作不仅在理论层面上有所突破，而且在实践应用中也具有重要价值。他们的研究成果为教育、社会交往和跨文化交际等领域提供了指导和启示。通过他们的不懈努力，语用行为研究得以不断拓展，理论框架得到不断丰富，为我们更好地理解和应用语用行为提供了重要的基础。

尽管语用行为的研究在学术界引起了关注，并有很多学者对其进行了研究，但我们必须注意到，学者之间的合作网络在整个领域中相对薄弱。除了以陈新仁、冉永平和胡范铸为代表的学者具有较高的影响力和紧密的合作网络外，其他学者之间的合作相对较少。这种情况可能会对本土语用行为理论的发展和深化产生一定的影响。为了推动本土语用行为理论的发展，国内学者之间需要加强合作，形成更加紧密的合作网络。

第六节 语用行为研究展望

通过对中国知网上收集的与语用行为相关的文献进行的统计可以看出：国内语用行为研究的总体趋势呈上升状态，不过高频引用期刊的趋势在下降，需要进行语用行为研究的改革与突破。语用行为研究的主题目前主要为语言理论的研究和基础语言元素的研究，不过数据表明语用行为研究开始与社会学、跨文化交际学、教育学和语言测试学四个领域出现交叉，跨学科视域下的语用行为研究成为必然趋势。此外，目前国内定量和定性相结合的语用行为研究并不多见。基于国内语用行为研究的特点，今后的研究可以从研究主题、方法等方面开阔研究思路。

第一，实现语用行为研究主题的多元性。要提高高引用频率的语用行为论文数量，就需要实现研究主题的多元化，尤其要重视跨学科视域下语用行为的研究。从社会学、跨文化交际和语言教育测量三个方面展开研究可以拓宽研究视角。首先，语用行为与社会语言能力密切相关。言语行为如道歉、感谢等不仅包含语言功能，而且是建立说话人和听话人社会联系的重要手段，同时也协助交际双方完成身份的建构（陈新仁，2013）。语用行为研究可以考察不同种类的言语行为策略、言语行为策略的编码模式以及由此产生的社会语言功能。其次，学界普遍认为，不同文化背景下语言策略的使用受到语用规则的控制（Nureddeen，2008）。因此，语用行为研究与跨文化交际存在内在联系。从跨文化交际的角度出发，语用行为研究可以探讨文化、交际、环境和权势等因素对言语行为策略选择的影响。此外，在教学和测试领域，研究人员发现显性和隐性两种不同的语用教学方式会对学生的语用能力培养产生不同的影响，这也成为国际语用研究的新趋势。因此，语用行为研究可以从教学方式的选择和语用测试的评估两个方面展开，考察不同教学和测试方式对学生语用行为能力培养的影响。这与巴赫曼（Bachman，1990）等学者的观点相一致。通过从社会学、跨文化交际和语言教育测量的视角进行语用行为研究，可以丰富研究内容，扩展研究领域。这种跨学科的研究方法有助于提高语用行为论文的质量和引用频率。进一步推动语用行为研究的多元化发展，将有助于加深对语用行为的理解，为语用学领域的发展提供新的理论基础和实践指导。

第二，实现语用行为研究方法的混合性。国内的语用行为研究主要基于语言实例进行言语行为策略的讨论。尽管这种方法有助于对交际者在不同语境条件下的言语行为和情景互动进行深入细致的分析，但国内定性研究的局限性在于缺乏系统性，难以为语用行为的系统研究提供强有力的依据（孙莉，2014）。此外，国内语用行为研究在通过数据收集进行演算和推导的研究方面相对较少。这种研究方法的缺失不利于为语用行为理论的思考和发展提供实证依据。为了弥补这一不足，国内学者邹申（2014）提出了研究方法的混合式发展的建议，即采用多种方式收集相关数据，实现定量分析和定性分析的结合。这与国际上语用行为研究方法的变化趋势具有一定的相似之处。因此，语用行为研究需要注重研究数据采集方式的多元化，以实现研究方法的混合式发展。通过采用定量和定性研究相结合的方法，可以更全面地理解语用行为现象，并为语用行为理论的发展提供坚实的实证基础。这种方法的应用可以使研究者在分析言语行为策略时具备更丰富的研究工具，促进研究的广度和深度。通过多元化的数据采集方式和研究方法的混合式发展，国内的语用行为研究能够弥补定性研究的局限性，提供更具系统性和可验证性的研究成果。

第三，实现语用行为研究视角的交叉性。语用行为研究需要从多个学科和领域的视角进行探索，以丰富我们对言语行为的理解。首先，语用行为研究可以与认知心理学、神经科学等学科进行交叉，以深入探索语用意义的认知过程和神经机制。通过使用实验心理学的方法，结合脑成像技术，可以研究语用行为在个体思维和认知加工中的角色。这种交叉研究有助于揭示语用行为背后的认知机制，从而更好地理解言语行为的生成和解读过程。其次，语用行为研究可以与社会学、人类学等社会科学领域进行交叉，以研究言语行为在社会文化背景中的作用和影响。通过考察语用行为在不同社会群体、文化环境中的差异和变异，可以揭示言语行为与社会身份、权力关系、文化价值观等之间的关系。这种交叉研究有助于深入理解言语行为的社会功能和文化意义，拓展我们对语用行为的认识。此外，语用行为研究还可以与教育学、应用语言学等应用领域进行交叉，以探索语用行为在语言教学和实际交际中的应用价值。通过研究语用行为的教学策略、测试方法和培训模式，可以提高学习者的语用能力和交际效能。这种交叉研究有助于将语用行为理论转化为实践，促进语用行为研究的应用和发展。为了实现语用行为研究视角的交叉性，学者们应当加强跨学科合作与交流，促进不同学科之间的知识共享和融合。此外，建立跨学科的研究团队和项目，开展协同研究，将不同领域的专业知识融入语用行为研究中，从而打破学科壁垒，拓展语用行为研究的研究领域和方法论。

第四，实现语用行为研究内容的前沿性。随着社会和语言环境的不断演变，语用行为研究需要紧跟时代的步伐，关注当前和未来的研究议题，以保持其前沿性和实践价值。首先，随着科技的进步和数字化时代的到来，语用行为研究需要关注语言使用的新形式和新媒体环境下的言语行为。网络交际、社交媒体平台和虚拟社区等新兴语境给语用行为研究提出了新的挑战和机遇。研究者可以探索在这些新环境中语用行为的构建方式、交际策略以及信息解读的特点，以更好地理解和解释语用行为在数字化时代的意义和影响。其次，随着全球化进程的加速和跨文化交际的增多，语用行为研究需要关注不同文化背景下的言语行为差异和交际挑战。跨文化语用研究可以探讨不同文化背景下的语用规则、礼貌策略以及言语行为的解读方式等，从而促进不同文化间的有效交际和跨文化理解。此外，语用行为研究也可以关注语用行为与移民、跨国企业、国际政治等领域的关联，探索在跨国交际中语用行为的特点和挑战。另外，语用行为研究可以关注性别、年龄、社会阶层等身份因素对言语行为的影响。性别语言学、年龄语言学等领域的研究已经揭示了语用行为在不同身份群体间的差异和特点。语用行为研究可以进一步探索这些身份因素对言语行为的制约和塑造，为实现公正、包容的交际提供理论和实践支持。

第五，实现语用行为研究方法的应用性。通过将语用行为研究的结果应用于实际场景和社会实践中，可以增加语用行为研究的实用性和现实影响力，为社会提供有针对性的解决方案和改进建议。首先，语用行为研究可以为语言教育和教学实践提供有力的支持。研究者可以深入研究如何将语用行为理论融入教学，并对教学效果展开分析。研究者可以探索不同教学方法对学生语用能力和交际技能的影响，从而为语言教育者提供科学依据和指导，促进学生在实际交际中的语用行为表现和交际效果。其次，语用行为研究可以为跨文化交际和国际商务提供指导。通过对不同文化背景下的语用行为差异和交际策略进行分析，可以帮助实现跨文化交际中的沟通和理解。研究者可以发现并解释不同文化间的误解和冲突，提供跨文化交际的解决方案和交际技巧，促进跨国合作和商务交流等的顺利进行。此外，语用行为研究还可以为社会政策和组织管理提供参考。通过研究不同语用行为策略在组织内部和社会互动中的效果和影响，研究者可以探索有效的沟通和合作模式，促进组织内部的协作和团队建设，提高工作效率。此外，语用行为研究还可以帮助解决社会问题和促进人际的有效交流。

第七节　本章小结

总体而言，国内语用行为研究以言语行为为核心焦点，整体研究态势呈上升趋势，并经过几十年的发展已进入成熟阶段。在语用行为的前沿热点分析中，人际语用视域下的言语行为研究成为语用行为研究的前沿性话题。这表明学者们开始关注言语行为在人际交往中的重要性，并尝试以言语行为为抓手，展开对面子、权利/义务、情感等层面的研究，这将成为未来的研究趋势。在合作网络的分析中发现，国内的学者，如冉永平、胡范铸、陈新仁等，正积极尝试将言语行为的相关理论与本土的语言现象和理论进行结合，以实现语用行为研究的变革。他们的工作展示了国内学者在推动语用行为研究发展方面的积极探索和创新思维。通过将本土语境和理论框架纳入研究，这些学者有望为语用行为研究带来新的理论和方法。然而，尽管国内语用行为研究取得了一定的进展，但其系统性仍待进一步加强。学者们需要更紧密的合作，加强学术交流与合作，共同推动语用行为研究的快速发展。加强合作有助于形成学术共识、优化研究方法，并推动研究成果的应用和传播，从而提高国内语用行为研究的整体水平和国际影响力。最后，本章对语用行为研究的前景进行了展望，对了解国内语用行为研究的发展轨迹、研究前沿、理论结构和合作网络具有借鉴意义。未来，预计语用行为研究将继续深入探索言语行为的多个维度，如语用策略、话语分析、互动性和跨文化比较等。随着科技的进步和社会的发展，新的研究领域和方法也将涌现，为语用行为研究提供更多的可能性和挑战。

第六章　人际语用

第一节　人际语用研究背景

在语用学的新兴领域中，人际语用学（interpersonal pragmatics）是一个备受关注的研究领域。它关注的是在社交场合中，人们如何运用语言来建立和处理人际关系（Locher & Graham，2010）。人际语用能力的研究目前正获得越来越多的关注。在人际语用学的视角下，语言使用被视为社会语境中的一种语言实践和语言生活。因此，语用学的研究需要密切关注语言信息传递之外的社会实践功能，以及其中的人际因素。例如，人际关系的建构与维护、交际者的身份建构、交际者的权势、地位和利益等因素的利用与表现（冉永平，2018）。人际语用学的研究使我们能够深入理解语言在社交互动中的作用和影响，帮助我们认识到，语言不仅仅是信息传递的工具，而且是一种社交行为和情感表达的载体。

人际语用学研究的核心话题是礼貌（Leech，1983）。这一研究领域最早起源于戈夫曼（Goffman，1967）对面子问题以及布朗和莱文逊（Brown & Levinson，1978）对礼貌现象的研究。随后，利奇（Leech，1983）对这些研究进行了总结和系统发展，并提出了礼貌原则。在礼貌原则的基础上，莱考夫（Lakoff，1989）、卡斯帕（Kasper，1990）等学者不断对其进行充实，使得礼貌研究变得更加系统和多元。在进行礼貌研究的过程中，许多学者发现语用学的研究还需要关注人际关系以及不礼貌等话题。这一观点促使人际语用学的概念被提出，并迅速发展起来（Culpeper & Haugh，2014）。从人际语用学的研究现状来看，国内外的研究不断发展和变化，出现了许多新的热点和趋势。这些研究方向旨在深化对礼貌原则的理解，探讨冒犯等不礼貌现象，研究面子与礼貌、身份与礼貌之间的关系等。同时，人际语用学也从人际关系与礼貌的角度进行了研究，并关注角色身份与礼貌之间的关联。总体来看，学界对礼貌原则作了进一步的分析和细化，旨在揭示不同文化背景下的礼貌规范和行为准则。

例如，马扎雷拉（Mazzarella，2015）和周红、钱纪芳（2008）等学者对礼貌原则进行了深入研究，尝试分析不同社会文化中的礼貌现象。此外，Culpeper（2011）、赖小玉（2014）等学者对冒犯现象进行了深入研究，从语用学的角度揭示了冒犯行为的特征和语境依赖性。面子与礼貌关系也是人际语用学研究的重要方向。学者们关注人际交际中面子的构建、维护和威胁，以及面子与礼貌之间的相互作用。比如，斯宾塞-奥蒂（Spencer-Oatey，2013）和夏登山、蓝纯（2015）等学者对面子与礼貌关系进行了深入探讨，为我们理解不同文化背景下的面子与礼貌现象提供了重要的参考。虚假礼貌和过度礼貌也引起了人际语用学研究的关注。研究者尝试探讨人际交际中的虚假礼貌和过度礼貌现象，分析其背后的语用策略和意义。比如，Izadi（2016）等学者对虚假礼貌进行了深入研究，揭示了虚假礼貌的动机和社会交互中的功能。此外，人际语用学还从关系和礼貌的视角展开了研究。学者们探讨了人际关系对语言使用和礼貌行为的影响，以及语言交际中关系的建构、维护和演变过程。比如，Haugh（2013）、Locher（2015）和 Ho（2017）等学者通过对关系与礼貌进行深入分析，揭露了我们在人际交际中的动态性和复杂性。另一个重要的研究方向是角色身份与礼貌的关系。研究者尝试分析不同角色身份对礼貌行为的影响，以及在不同情境中角色身份如何展示礼貌。比如，Labben（2017）等学者对角色身份与礼貌之间的互动进行了研究。

总结而言，人际语用学的研究不断发展并涌现出多个研究热点和趋势。这些包括对礼貌原则的深化研究、冒犯与不礼貌现象的探讨、面子与礼貌关系的分析、虚假礼貌和过度礼貌的研究、关系与礼貌的探索，以及角色身份与礼貌的关联。通过采用文献统计工具如 CiteSpace 软件进行知识图谱分析，可以更系统地了解人际语用研究的特征、热点和发展轨迹，为未来研究提供指导和启示。当下对某一研究领域进行知识图谱分析的文章主要关注研究的发展轨迹、研究前沿、理论框架、合作网络等（张继东、陈文，2016）。基于这样的研究惯例，本章拟对人际语用研究的知识图谱展开分析，并主要回答以下四个问题：（1）人际语用研究的时间序列分布特征是怎样的？（2）人际语用研究的前沿热点是什么？（3）人际语用研究中起着关键作用的文献有哪些？（4）人际语用研究的作者合作网络是什么？为了回答上述四个问题，本章主要采用可视化分析软件CiteSpace（引文空间）作为研究工具。它是在科学计量学、数据可视化背景下逐渐发展起来的一款引文可视化分析软件，能够有效地帮助解决上述四个问题（陈悦等，2014）。本章将从人际语用研究的基本情况以及文献中的关键词共现、文献共被引等维度考察人际语用研究的最新动态。具体的方法包括绘制图谱、提取关键节点文献、运用关键词聚类等。

第二节 人际语用发展轨迹

本书通过中国知网（CNKI）数据库以主题检索词的方式收集数据。数据收集过程中，研究者以"礼貌"+"人际语用"作为检索词，选择"中文"总库和"学术期刊"。时间选择2023年以前的所有时间，类别中选择中国语言文学和外国语言文学，来源选择北大核心期刊和中文社会科学引文索引（CSSCI）。经过筛选，本书共获得855条与人际语用研究相关的文献记录。文献记录包括作者、标题、来源出版物等。本书对这些数据进行下载并且以Refworks的方式进行保存。在收集相关的数据后，笔者首先按照年度发文数量绘制趋势发展折线图，用以展现国内人际语用研究年度发展轨迹。然后，笔者采用截图软件对折线图进行截图，并呈现为图6-1。通过图6-1我们可以详细了解人际语用发展轨迹和特征。

从图6-1可以看出，人际语用研究肇始于1992年，之后呈现不断攀升的趋势。以2003年作为一个节点，人际语用研究的增长速度呈现两种不同的状态。

在2003年之前，人际语用研究处于起步阶段，研究论文数量相对较少，大多数研究集中在对礼貌原则的介绍和探讨方面。这一时期的研究主要致力于引入国外的理论和方法，并尝试在国内构建与礼貌相关的新概念和策略。比如，钱厚生（1993）的研究旨在介绍国外学者（如Leech等）关于礼貌语言等级、礼貌语言类型和礼貌语言准则等方面的理论和方法。他的工作为国内学者提供了一个了解国外研究动态的窗口，为人际语用研究的引入奠定了基础。之后，相关的学者不断尝试提出新的礼貌原则构想，探讨礼貌的目的和相关的策略，从理论角度深入探讨了礼貌的本质和作用，为人际语用研究提供了理论基础和思路（徐盛桓，1993b）。当然，也存在一部分学者尝试比较分析英汉礼貌现象的差异，寻找不同文

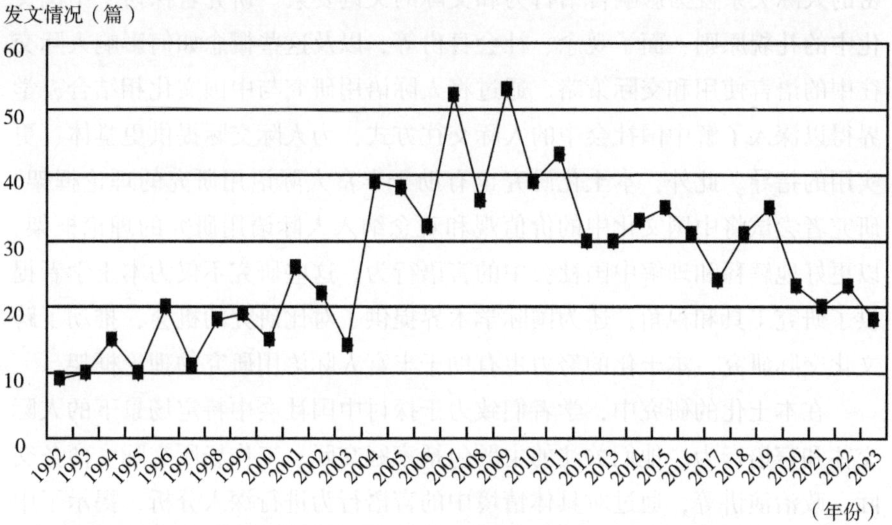

图 6-1　人际语用发展轨迹

化背景下的礼貌行为差异。这进一步拓展了人们对礼貌的认识，有利于将跨文化因素引入人际语用研究，为后续研究提供了一个比较的视角（顾曰国，1992）。虽然在此时期发表的研究论文数量相对较少，但这些早期的研究为人际语用研究奠定了基础，为后续的发展和深入研究提供了启示。随着时间的推移，人际语用研究逐渐蓬勃发展，研究论文数量呈现出明显的增长趋势，进入了一个新的阶段。

自 2003 年以后，人际语用研究取得了显著的进展，并呈现出快速增长的趋势，引起了越来越多学者的关注，可以说正处于发展成熟期（曾广、梁晓波，2017）。在这一阶段内，人际语用研究逐渐超越传统语用学的范畴，从关注语言礼貌演变为关注人际礼貌，并发展出人际语用学视角下的共建礼貌的概念。这种转变使得人际语用研究更加注重实际社交场景中人际关系的建立和维护。在这一阶段，人际语用研究逐渐展现出本土化的倾向，学者们开始尝试以中国文化为背景构建具有本土特色的礼貌、面子、关系和身份观，并探讨它们的文化属性。这种本土化的努力旨在理解和解释中国社会中人际交往的特点和规则，为跨文化交际提供更具体、更实用的指导。

在人际语用研究中，研究者特别强调中国文化中人际关系的重要性。中国传统文化注重社会关系的亲密和互动，而人际语用研究正是将这种亲密的人际关系视为影响言语行为和交际的关键要素。研究者探讨了中国文化中的礼貌原则、面子观念、社会身份等，以及这些概念如何影响人际交往中的语言使用和交际策略。通过将人际语用研究与中国文化相结合，学界得以深入了解中国社会中的人际交往方式，为人际交际提供更具体、更实用的指导。此外，本土化研究也有助于丰富人际语用研究的理论框架。研究者尝试将中国文化中的价值观和观念纳入人际语用研究的理论框架，以更好地解释和理解中国社会中的言语行为。这些研究不仅为本土学者提供了研究工具和视角，还为国际学术界提供了对比研究的机会，推动了跨文化交际研究。本土化的努力也有助于丰富人际语用研究的理论框架。

在本土化的研究中，学者们致力于探讨中国社会中特定场景下的人际交往和言语行为。他们关注的主题包括家庭交际、工作场所交际、商务交际、政治演讲等，通过对具体情境中的言语行为进行深入分析，揭示了中国社会中独特的交际规则和文化背景下的沟通方式。例如，他们研究了家庭中的尊重与亲密关系、工作场所中的权力与尊重、商务交际中的面子与信任等，为人际语用研究提供了更具体的案例和理论支持。本土化的研究还促进了人际语用研究的国际交流与合作。中国学者积极参与国际学术会议和研讨会，与国际研究者分享他们在人际语用领域的研究成果和观点。通过与国际同行的互动和合作，他们不仅提高了自身研究水平，还加强了国际学术界对中国人际语用研究的认可和关注。这种国际交流与合作为人际语用研究提供了更广阔的视野和更深入的理解。

随着人际语用研究的发展，越来越多的学者开始关注与人际交往相关的话语行为、互动模式、情感表达等方面。他们以人际语用学的视角，探讨在社交场合中交际参与者之间的相互作用和影响。这些研究使人际语用学从传统的以礼貌为中心的研究范式转变为更加综合和全面的研究领域，涵盖了多个社交语言现象。在人际语用研究中，学者们的关注点不仅仅是言语行为本身，还涉及非言语行为、身体语言、面部表情等多种交际手段。他们研究人际交往中的对话结构、对话转换、信息共享等互动模式，以及情感表达、情感共鸣等情感维度。这些研究拓展了人际语用学的研究范围，使我们更全面地理解和解释人际交往中的语言和非语言方面的行为。此外，人际语用学的发展也促使学者们关注社交语言现象的文化差异和跨文化交际。他们比较不同文化间的人际交往方式、礼仪规范、社交期望等，以揭示不同文化背景下的语用行为差异和交际策略。这样的研究对于跨文化交际的理解和实践具有重要意义，有助于促进不同文化间的沟通和理解。

第三节　人际语用研究前沿

人际语用的研究前沿主要体现为一些关键性的话题，往往通过关键词共现的方式体现出来。为了能够清晰地了解人际语用的发展前沿，本书采用 CiteSpace 软件，对所收集数据的关键词进行可视化分析。关键词是文献主旨内容的精确概括，为考察文献的核心观点提供可信指标（曾广、梁晓波，2017）。对于关键词共现网络的分析能够反映出人际语用研究的文本内容特征，这对于了解人际语用研究的热点、趋势以及范畴特征等具有重要意义（李杰、陈超美，2016）。在实际操作的过程中，笔者在 CiteSpace 界面中的“Node Types”选择“Keyword”。随后，Time Slicing 部分选择从 1992 年至 2023 年，时间切片设定为 1 年，然后运行软件。之后，笔者选择“visualize”对运行的结果进行可视化呈现。在可视化界面，笔者选择“find clusters”和“label clusters with title terms”对结果进行聚类分析。随后，笔者选择“timeline view”，按照时间顺序对可视化结果进行呈现。笔者通过截图软件对出现的结果进行截图，获得图 6-2。

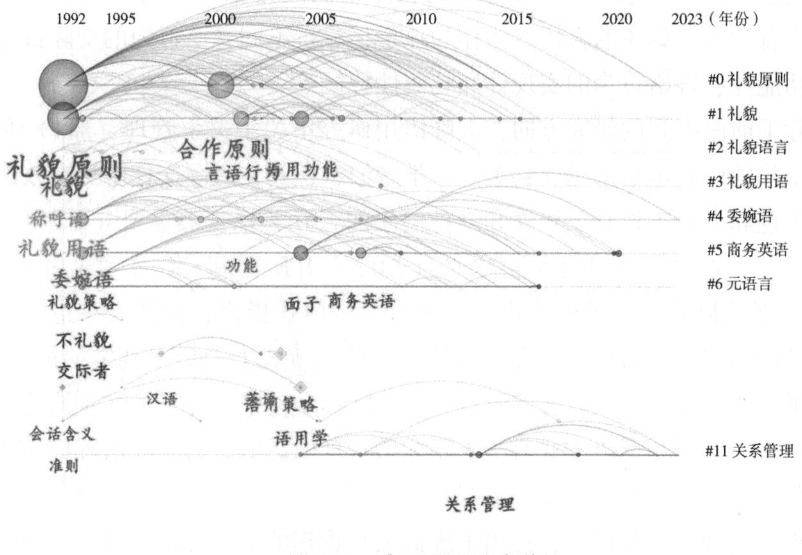

图 6-2　人际语用研究前沿

从图 6-2 可以看出，人际语用研究共分为 8 个主要的范畴（其他范畴因为存在重合被删除)，包括：礼貌原则（#0)、礼貌（#1)、礼貌语言(#2)、礼貌用语（#3)、委婉语（#4)、商务英语（#5)、元语言(#6)和关系管理（#11)。其中出现时间最早且影响最大的是礼貌原则(#0)。这是因为人际语用研究是在礼貌原则的基础上发展而来，因此相关研究离不开对该原则的讨论。这一范畴涉及的关键词包括会话含义（意)、人际功能、言语交际等。研究者（如，庞杨、杨玉晨，2009）通过解释礼貌以及会话含义（意)，探讨礼貌含义的产生和理解，同时通过实际语料，从交际互动观出发，诠释礼貌的含义，力图为研究礼貌增添新的视角。此外，冉永平和方晓国（2008）对于反问句人际功能的分析，他们认为反问句可以缓和消极性语用用意的力度、降低话语驱使性语用用意的力度。

除了礼貌原则之外，与礼貌相关的范畴也具有较大的影响力，包括礼貌（#1)、礼貌语言（#2)、礼貌用语（#3)、委婉语（#4)。与这些范畴相关的关键词包括（不）礼貌、面子、关系管理、身份工作、礼貌语言、策略等。这些关键词基本描绘出人际语用研究的传统话题和前沿话题。其中，面子、礼貌、不礼貌和施为动词的研究当属人际语用研究的经典话题。不同的学者尝试分析不同语境下的不礼貌现象，内容涉及素质面子不礼貌、关系身份面子不礼貌等（赖小玉，2014)。这些分析维度与国外学者斯宾塞-奥蒂（Spencer-Otaey）的人际语用理论框架具有一致性。此外，也有学者以具体的言语行为作为抓手，分析不同言语行为的交际目的性和功能性、言语行为的实现性和礼貌性特征等。

除了前面提到的研究方向，人际语用研究中关于关系管理（#11）和身份工作的话题也越来越受到关注。学者们认识到在人际交往中，有效的关系管理和身份工作对于建立和维护健康的人际关系至关重要（陈新仁，2018b)。一项重要的研究是冉永平（2012）对斯宾塞-奥蒂（Spencer-Oatey）的人际和谐管理模式进行的分析。该模式指出，说话人在追求人际和谐或不和谐的目标时，在语言选择和话语方式上会做出特定的选择。冉永平认为这是一种具有普遍解释力的人际语用模式，探讨了在不同情境中说话人的选择和话语方式对于人际和谐管理的影响。另一项由陈梅松和陈新仁（2020）进行的研究，在结合斯宾塞-奥蒂的关系管理模式和马斯洛需求层次理论的基础上，提出了虚假关系管理的语用分析框架。他们通过研究人们在虚假关系中的语言使用，探讨了关系管理中的虚假性质，以及语言在虚假关系中的功能。此外，陈新仁（2020）在分析身份的多个维度基础上，提出了基于语用身份观的研究方法，并结合人际交往中常见的话语，展示了不同类型和不同取向的身份工作对礼貌评价的影响。在2021年举行的第十七届国际语用学大会上，关系管理作为一个重要话题，吸引了许多国际学者组织专题讨论小组（panel），进一步凸显了该领域的重要性和影响力。这些研究的关注点在于人际交际中的关系管理和身份工作对于人际互动的重要性。通过深入研究关系管理和身份工作的语用特征和功能，我们可以更好地理解和解释人际关系的建立、维护和演变过程，为实际的人际交际提供指导和应用。这些研究为人际语用学领域的进一步发展和理论建构提供了参考。

除了之前提到的研究范畴，人际语用功能的研究也是一个备受关注的话题，已经引起了汉语学界和外语学界的兴趣。在这个领域中，学者们致力于探索语言在人际交往中所具备的不同功能和作用。在人际语用功能的研究中，一些学者将目光聚焦在汉语语境下特定的语言现象上，以探索其在人际交往中所起的功能作用。比如，冉永平和方晓国（2008）对反问句的人际功能进行了相关分析，他们揭示了反问句在表达说话人的期待、态度、情感等方面的作用，特别是在话语互动中的人际功能。另一个具有代表性的研究是周明强（2013）对坦言性话语标记的人际语用功能进行的探讨。他认为坦言性话语标记是表态性话语标记的一种形式，通过强调话语的真实程度、坦诚程度以及评论、批评、责怪的公正性和公平性程度，缓和了批评或自我批评的语气。这些功能实际上体现了话语互动过程中坦言性标记语的人际作用。这些研究对于深入理解汉语或其他语言中特定语言现象的人际功能至关重要。它们拓展了人际语用学的研究领域，揭示了语言在构建人际关系、表达情感、传递意图等方面的重要作用。通过探索人际语用功能，我们可以更好地理解和解释语言行为背后的意义和目的。

除了前述提到的人际语用研究的各个领域，商务英语（#5）作为人际语用学的前沿范畴之一也值得关注。商务英语研究探讨了在商务交际场景中语言使用的规范、策略和效果，旨在帮助人们更好地应对商务环境中的沟通挑战。商务英语研究的兴起源于全球化和国际商务的发展。随着跨国公司的兴起和国际贸易的增长，商务交流不仅仅要求流利的语言表达能力，还需要对跨文化沟通、商务礼仪、商务谈判等方面有深入的了解。因此，人际语用学在商务英语领域的应用变得尤为重要。在商务英语研究中，学者们关注商务场景中的语言行为、言语策略、言语行为的效果以及跨文化因素对商务交际的影响。他们探索了商务交际中的礼貌原则、面子理论、权力与影响、谈判技巧、商务演讲等方面的问题。研究者努力揭示商务环境中的语用规则和语用策略，以帮助人们在商务交际中更加成功地达到沟通目标。然而，相对于其他人际语用研究领域，商务英语的研究起步相对较晚，并且其影响力相对较小。尽管如此，商务英语研究仍然具有重要的实践价值，对商务专业人士和学习商务英语的人群具有指导意义。

第四节　人际语用理论结构

人际语用的理论结构是指通过文献共被引的方式获得被引文献之间的关联性信息。为了对人际语用的理论结构进行分析，研究者采用了 CiteSpace 软件，该软件可以帮助可视化和分析文献之间的引用关系。在该研究中，研究者使用了 Sigma 值来衡量被引文献的重要性。Sigma 值是综合考虑了中介中心性和突发性的指标，能够反映文献在研究领域知识结构上的创新性和启发性。高 Sigma 值的文献通常具有重要的理论贡献，对于推动人际语用领域的研究具有重要影响力。由于中国知网中的数据不包含被引文献的信息，研究者需要手动获取相关的参考文献并将其转化为 CiteSpace 可分析的数据格式。在数据处理的过程中，研究者选择了 1992 年至 2023 年的时间范围，并将其切分为每年一次的时间切片。然后，运行 CiteSpace 软件进行分析。在可视化界面中，研究者选择了“find clusters”和“label clusters with title terms”来对结果进行聚类分析。这样可以将相关的文献归类到相应的研究主题中，进一步揭示人际语用领域的研究重点和热点。随后，研究者对节点等数值参数进行处理，以获得共被引关系的可视化图。通过使用截图软件，研究者能够捕捉到出现的结果，并获得图 6-3，该图可以提供关于人际语用的理论结构和相关研究文献之间的关联性信息。通过分析人际语用的理论结构，研究者可以深入了解人际语用领域的研究动态，发现重要的研究文献和研究主题，并为未来的研究方向提供指导和启示。这样的分析可以促进学者们更好地理解人际语用研究的发展轨迹，推动该领域的进一步发展。

图 6-3 所列出的人际语用研究高被引作者和文献来源涵盖了三个主要且高度相关的类别，分别是不礼貌（#0）、人际（#1）和礼貌（#2）。

这些高被引文献为我们深入了解不礼貌、人际关系和礼貌在人际语用研究中的重要性提供了重要的参考。在不礼貌研究方面（#0），洛伦佐-杜斯（Lorenzo-dus，2011）的实证研究引起了我们的关注。她的研究聚焦于不礼貌现象及其影响因素，通过实证研究方法探讨不礼貌语言行为的特点和影响。卡达尔（Kádár，2015）的研究则关注不礼貌与道德秩序之间的关系。他的研究探讨了不礼貌行为对道德秩序的挑战和冲击，揭示了不礼貌行为对社会交往的负面影响。林贝格（Limberg，2009）的研究聚焦于不礼貌语言行为与威胁性回应之间的关系。她的研究探讨了不礼貌行为如何引发威胁性回应，从而影响人际关系和交流的动态。霍夫（Haugh，2013）的研究关注冲突不礼貌现象。他通过研究冲突情境中的不礼貌语言行为，深入分析了不礼貌行为在冲突解决过程中的角色和影响。这些不礼貌研究的高被引文献对于理解不礼貌行为的本质、影响因素以及与人际交往的关系提供了重要的参考。这些研究不仅在理论上拓展了人际语用学的领域，还为实际社会交往中的人际互动和沟通提供了有价值的指导。进一步的研究将有助于深入探索不礼貌行为的多维度特征和影响机制，从而促进人际语用学领域的发展和应用。

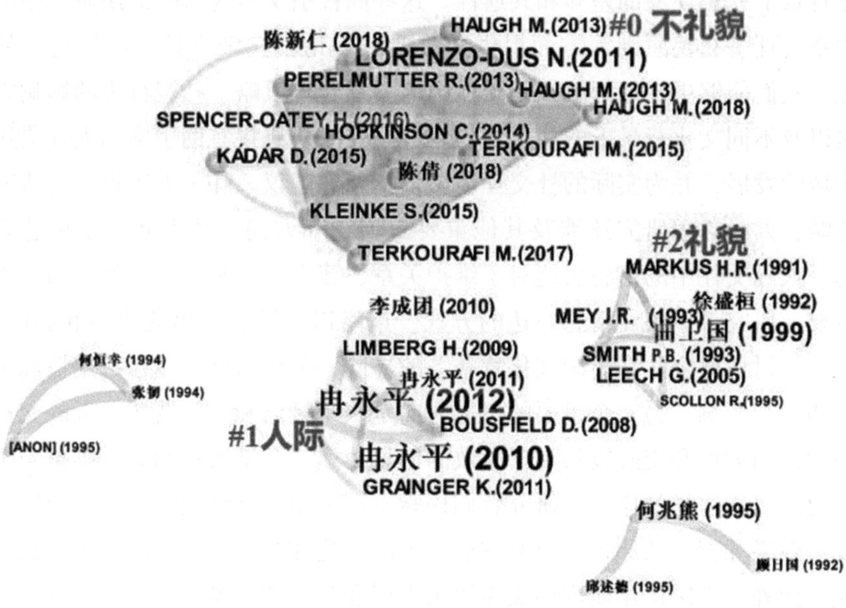

图 6-3　人际语用理论结构

第二个范畴是人际语用学的研究（#1），主要关注关系管理模式等话题。其中，冉永平（2010）的研究对冲突话语展开了深入的分析，探讨了冲突话语在人际交往中的角色、特征和影响。他的研究为我们理解和处理冲突时的语用策略和交际技巧提供了重要的参考。另外一项由冉永平（2012）展开的研究则聚焦于关系管理模式的分析。他探讨了说话人在实现人际关系和谐或不和谐时所选择的方向和话语方式，提出了一种具有普遍解释力的人际语用模式。这些研究对于我们理解人际关系管理的原则和策略，以及在不同情境中有效地进行交往具有重要的意义。比如，布斯菲尔德（Bousfield，2008）在礼貌研究中提及了权力因素的重要性。他的研究强调了权力在人际交往中对礼貌行为产生的影响，揭示了社会地位和权力对人际互动中礼貌表达的重要作用。

第三个范畴是对礼貌的研究（#2），主要讨论礼貌原则等相关话题。比如，梅（Mey，1993）的研究对礼貌原则进行了介绍，系统地概括了不同的礼貌原则并探讨了其在语用学中的意义。徐盛桓（1992）则提出了对礼貌原则的新构想，拓展了对礼貌的理解和研究。利奇（Leech，2005）的研究则着重于东西方礼貌研究之间的区别，深入比较了不同文化背景下礼貌现象的差异和共通性。这些高被引文献为人际语用研究中的关系管理、礼貌原则等方面提供了重要的理论和实证支持。通过这些研究，我们能够更好地理解人际交往中的关系管理策略、礼貌行为的影响因素以及不同文化背景下的礼貌现象。进一步的研究将有助于推动人际语用领域的发展，并为实际的社交互动提供指导和建议。除了上述提到的研究范畴，人际语用研究还涉及其他重要的议题和方向，其中之一是情感表达。人际交往中的情感表达对于维护关系、建立信任和实现有效沟通至关重要。研究者们关注情感表达的方式、策略以及情感付出的成本和影响。他们探讨情感表达在不同文化背景下的异同，分析情感表达在特定情境中的功能和影响。另一个重要的研究方向是语用策略和交际技巧。人际交往中的语用策略和交际技巧对于有效的信息传递、互动协调和关系维护至关重要。出于这样的考虑，研究者们探索不同语用策略和交际技巧的使用方式、效果和背后的原理，以及它们在不同文化和社交情境中的适用性和变化。此外，人际语用研究还关注语用失误和歧义的理解、言语行为和社交认知的关系、跨文化交际中的语用挑战等。这些研究拓展了我们对人际语用的理解，揭示了人际交往中的复杂性和多样性，并为跨文化交际和跨语言交际提供了理论和实践的指导。

从图 6-3 还可以看出，目前人际语用学研究所使用的理论以西方相关的理论为主。正如前文所言，最前沿的关系管理理论、关系工作理论，以及较早出现的礼貌原则等都是由西方学者提出。实际上，人际语用理论有其深厚的国学渊源，从孔子提出的“君子和而不同”到《易经》中的“大有者不可以盈，故受之以谦”，再到《淮南子》中的“用众人之力，则无不胜也”，中国古典文献中关于人际语用的描述数不胜数。而这样的文献可以进一步丰富人际语用学的理论，更可以实现人际语用研究的本土化。

第五节　人际语用合作网络

人际语用的合作网络是指相关学者之间的被引频率以及彼此之间的合作情况，可以通过作者共被引分析来实现。为了深入了解人际语用研究领域的合作网络，本书借助 CiteSpace 软件对合作网络展开了分析，以获得人际语用研究中高被引作者的分布情况，并确定该领域具有影响力的学者。同时，通过作者的共被引网络和聚类分析，可以了解该领域中相似作者的研究主题以及其学科领域的分布情况。在实际操作过程中，研究者在 CiteSpace 软件中的“Time Slicing”部分选择了时间范围为 1992—2023 年，在“Node Types”处选择了“Cited Author”，并将时间切片设定为每一年。采用最小生成树算法运行数据后，研究者选择了“visualize”对结果进行可视化呈现。在可视化界面上，研究者对节点等数据进行了处理，形成了人际语用研究的可视化图。为了记录和呈现这一结果，研究者通过截图软件对出现的可视化图进行了截图，得到了图 6-4。通过分析人际语用研究的合作网络，研究者可以了解该领域内的知名学者、合作关系以及学术影响力的分布情况。高被引作者和具有合作关系的学者往往在该领域具有较高的学术地位和影响力。此外，通过聚类分析，研究者还可以发现相似研究主题的学者群体以及他们在不同学科领域的分布情况。这为研究者提供了寻找合作伙伴、发现研究热点和拓展研究领域的线索和参考。

从图 6-4 中可以观察到，在人际语用研究领域出现了一批重要学者，其中包括冉永平、陈新仁、谢朝群等。其中，冉永平（2018）作为代表性学者基于西方文化语境下的人际语用学，将面子、社交距离、权势等要

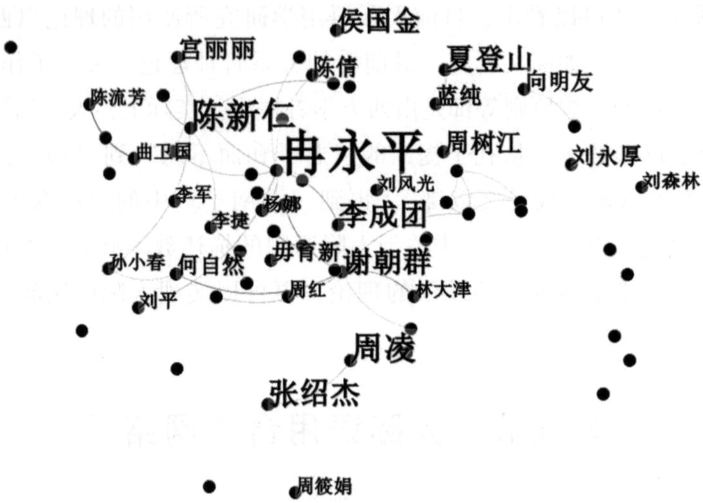

图 6-4　人际语用合作网络

素视为人际关系建构与管理的核心要素，并提出了相关的人际修辞理论和人际关系管理模式。然而，目前的研究往往忽视了人与人之间情感因素的影响以及其在人际交往中的语用功能。尤其在汉语文化语境下，诸如人情和情面等概念一直未受到足够的语用学关注。因此，有必要从人际语用学的视角探究人情对人际关系管理的建构作用以及其互惠性特征。为此，冉永平（2018）提出了汉语文化语境下的“人情原则”，将其视为人际交往中的一个重要语用原则。该原则突出了汉语文化中人情的重要性，并阐释了其在人际关系中的作用和影响。通过深入研究“人情原则”，我们可以更好地理解和解释汉语文化中人际交往的特点和模式，揭示人情在语言使用中的表达方式以及其对人际关系的建构和维护所起的作用。“人情原则”的提出使得人际语用研究在汉语文化语境中具备了本土化属性。它为我们提供了一个研究框架，能够更好地理解和解释汉语社会中人际交往的特点和规范。同时，它也为跨文化研究提供了一个重要视角，使得研究者能够比较不同文化背景下人际语用行为的异同，从而推动人际语用学的全球发展。

除了冉永平等学者的研究，以谢朝群为代表的学者在人际语用研究中主要关注礼貌的研究。尤其在当前网络语言迅速增长的背景下，他们开始关注网络语境下的礼貌和不礼貌现象。这方面的研究对于理解和规范网络交流的行为具有重要意义。近年来，耿雯雯和谢朝群（2020）进行了关于网络语言暴力的（不）礼貌研究，采用了混合研究方法，并结合关系管理理论来分析网络语言暴力的定义和评价问题。他们的研究将注意力放在网络语境下的（不）礼貌行为，揭示了网络语言暴力与人际关系建构之间的紧密联系。这种综合性的研究方法使得我们能够更好地理解和解释网络语言暴力的现象，为如何在网络交流中维护良好的人际关系提供了理论和实践上的指导。

这些研究不仅在学术上具有重要价值，也与中国国家发展战略中的数字中国建设密切相关。随着信息技术的快速发展和网络的普及，网络交流已成为人们生活的重要组成部分。因此，关注网络语境下的礼貌和不礼貌现象，探索网络交流中的人际关系管理，对于促进网络社会的健康发展具有广阔的前景。随着社交媒体、网络论坛和即时通信工具的普及，人们在虚拟空间中进行的交流越来越多。因此，研究者需要关注网络语言行为对人际关系的影响，并提出相应的规范和管理策略。谢朝群等学者的研究为我们提供了参考，使我们能够更好地理解和应对网络语境下的（不）礼貌行为，从而提高网络交流的质量和效果。

此外，以陈新仁为代表的学者主要关注的是礼貌与身份的研究。比如，陈新仁（2020）在对经典文献中礼貌与面子工作进行批判的基础上尝试分析日常言语交际中经常出现的各类身份工作，以及身份工作的礼貌评价。具体而言，他在剖析语用身份的意义构建的基础上，结合人际交往中常见的话语，展示不同类型、不同取向的语用身份工作所带来的礼貌评价。这样的研究与冉永平等学者提出的“人情原则”互为补充，更为全面地展示了人际语用新型理论框架的全景。

需要注意的是，目前人际语用的概念提出时间不算太久，相关的研究比较少，不像礼貌研究那样具有明显的系统性，学者之间的合作网络也相对薄弱。这种现象或许可以通过对本土文献的挖掘、学者之间的相互合作等方式得以弥补。

第六节 人际语用研究展望

通过人际语用研究的知识图谱分析可以发现，人际语用研究已经进入了成熟发展期。人际语用研究已经不再局限于语言原则的遵守与违反，文化视角和人际视角下的礼貌研究成为该领域的两条发展主线。经过对人际语用研究的发展轨迹、研究前沿、理论结构、合作网络等特征的知识图谱分析可以发现人际语用研究的以下主要趋势：一是人际语用研究发展速度相对较快，处于成熟发展期，研究的时间序列分布说明人际语用研究将获得越来越多的关注。二是人际语用研究善于将礼貌研究融入具体的语言和言语行为中，主要关注不礼貌、面子、语言、话语、策略、礼貌原则、合作原则、跨文化交际等前沿性话题。三是人际语用研究的被引文献呈现高度相关特征，关于不礼貌、关系工作、礼貌影响因素的文献在礼貌研究中起着至关重要的作用，以洛伦佐-杜斯（Lorenzo-dus，2011）为代表的国外学者和以冉永平（2010）为代表的国内学者的文献成为高被引文献，他们的理论和研究发现对于国内人际语用研究产生了很大的影响。四是以冉永平、陈新仁、谢朝群为代表的学者分别从人情、网络、身份等视角对人际语用展开了大量的研究。但是，学者之间彼此的合作网络不强，需要进一步加强。

基于当前人际语用研究的特征、热点和趋势，本书可以为人际语用研究提供以下几点参考：

第一，人际语用研究已经逐渐从经典的礼貌形式与功能研究发展为更多维度的研究。除了探讨礼貌的表现形式和功能外，对于不礼貌现象、（不）礼貌的评估、礼貌与关系、礼貌与身份以及礼貌的影响因素的研究已经成为该领域的新趋势。这一转变反映了研究者对人际语用现象更全面、深入理解的需求。在未来的研究中，国内学者有必要从这几个方面展开深入研究，以期了解人际语用的本质特征。首先，研究不礼貌现象对于我们理解人际交往中的冲突、对立和不和谐具有重要意义。了解何为不礼貌行为及其影响，有助于我们更好地处理人际冲突，提升人际关系的质量。其次，对（不）礼貌的评估是一个关键的研究方向。不同文化和社会背景下，人们对于礼貌和不礼貌行为的评价标准可能存在差异。通过深入研究这些评价标准的形成和影响因素，我们可以更好地了解人们对（不）礼貌行为的感知和解读机制。此外，研究礼貌与关系之间的相互作用也具有重要意义。礼貌行为在人际交往中起到调节和维护关系的作用，而关系的性质和程度也会影响人们对礼貌的期待和表达方式。通过深入研究礼貌与关系之间的互动关系，我们可以更好地理解人际关系的建立和维系过程。另外，研究礼貌与身份之间的关系也是一个值得关注的方向。不同的身份地位和社会角色对于礼貌行为的要求和期待可能存在差异。通过研究身份和礼貌之间的相互影响，我们可以深入了解礼貌在社会层面的功能和意义。

第二，人际语用的研究对象已经从单一的英语语言研究逐渐向包括日语、西班牙语、汉语等多语言方向发展，体现出跨文化研究的重要性。这一发展趋势反映了研究者对于语言和文化之间关系的深入关注，以及对多样性和非礼貌性言语行为的认识需求。随着对人际交往中礼貌和不礼貌的理解日益深入，研究者逐渐开始关注冒犯等多样性和非礼貌性言语行为的研究。这种拓展研究对象的趋势旨在更全面地探讨人际交往中的语用现象，不仅局限于传统的礼貌形式，还包括那些可能造成冲突、不和谐或冒犯他人的言语行为。对这些多样性和非礼貌性言语行为的研究有助于深入理解人际交往中的语用互动，并为促进跨文化交际提供指导。此外，多模态的研究方法也在人际语用研究中得到越来越多的应用。通过结合语言、声音、面部表情、身体语言等多种交流方式，研究者可以更全面地把握多语言、跨文化背景下的（不）礼貌话语。这种多模态的研究方法有助于捕捉语言行为的细微差别、非语言信息的传递和理解，从而更准确地分析和解释人际语用行为。对于国内学者来说，可以考虑以多模态的方式，针对多语言、跨文化视域下的礼貌现象展开研究。这包括通过使用录音和视频等工具收集数据，以及利用语料库分析等方法进行系统性的研究。这样的研究途径可以帮助我们更好地理解不同语言和文化背景下的礼貌行为，拓宽研究的视野和深度。同时，也有助于促进本土化的语用行为理论的发展，并为跨文化交际和语言教育提供实践指导。

第三，人际语用研究越来越体现出社会实践观和参与秩序观的重要性。这种转变是对传统研究范式的一种拓展，强调了社会背景和人际关系在（不）礼貌现象中的关键作用。通过从社会和人际视角分析（不）礼貌现象背后所蕴含的社会文化背景和社会心理背景，可以更好地理解人际语用的本质，并推动人际语用研究的深入发展。从社会实践观的角度来看，人际语用研究关注言语行为在社会实践中的角色和功能。研究者致力于揭示不同社会背景下的礼貌行为模式、语用策略和言语交际规范。通过对社会实践的观察和分析，可以更好地理解人际交往中的（不）礼貌行为如何受到社会结构、权力关系和文化价值观的影响。参与秩序观强调了人际语用的互动性和协调性。它关注人们在语用互动中如何协调彼此的目标、维持社会秩序和建立良好的人际关系。研究者通过探究对话结构、转移性和对话合作等方面的特征，揭示人际语用行为是如何通过互动过程中的合作、共享信息和共同理解来实现的。国内学者可以考虑从社会和人际的视角展开人际语用研究，结合中华文化的源远流长，探索本土化的人际语用理论和实践。通过深入研究中华文化中的人际交往模式、传统礼仪和价值观念，可以为解决当代社会中的人际交往问题提供新的路径和理论支持。此外，还可以结合社会问题，如社会和文化多样性、群体关系和身份认同等，探索人际语用研究在解决社会问题和促进社会和谐发展方面的潜力。

第七节 本章小结

人际语用研究在近几年呈现出高速发展的状态，并且在未来的语言学研究中将持续成为热点话题。通过知识图谱的分析，发现身份、工作等话题成为当前人际语用研究的前沿领域。国外学者如洛伦佐-杜斯（Lorenzo-dus，2011）和国内学者如冉永平（2010）等代表性学者构建了以身份、不礼貌、关系管理等理论为核心的人际语用研究框架。这些研究发现和理论的贡献将有助于充实当前的理论体系，丰富本土的人际语用研究。然而，国内人际语用研究目前仍面临着一些缺陷，如本土理论发展不够深入和国内学者之间合作网络不够强大等。然而，正是这些缺陷为国内人际语用研究提供了新的起点，促进了中国语用学的不断完善和发展。解决这些问题需要加强本土理论的研究和探索，推动国内学者之间的合作与交流，以提高研究的深度和广度。本章提出了人际语用研究的特征、热点和趋势，为学者们提供了参考和指导。然而，由于篇幅限制，本章未对人际语用研究所使用的方法进行比较分析。进一步的研究可以对各种研究方法进行深入探讨和比较，以更好地展示人际语用研究的发展变化情况，并推动该领域的进一步发展。人际语用研究在理论和实践层面都处于快速发展的阶段，并将继续引领语言学研究的前沿。国内学者应该充分认识到这一趋势，并努力弥补现有的不足，以推动人际语用研究在中国的蓬勃发展。

第七章 元语用

第一节 元语用研究背景

元语用是指交际者使用语言反映自己关于与他人进行互动和交际方式的意识，其核心是元语用意识（Culpeper & Haugh，2014）。卡尔佩珀和霍夫（Culpeper & Haugh，2014）列举了三种元语用意识：第一，元认知意识（metacognitive awareness），涉及信息认知状态的自反呈现，如相关信息是已知还是新信息，是意料之中还是意料之外的信息，是容易理解的信息还是难以理解的信息，如“I mean”“that is”等的使用所示。第二，元表征意识（metarepresentational awareness），涉及某人观念、思想、愿望、态度、意图等中有关自我和他人意图状态的自反表征，如反语和回声话语的使用所示。第三，元交际意识（metacommunicative awareness），涉及源于对自我和他人作为社会人的意识而对话语产生的自反解读和评价，包括交互意识（interactional awareness）和人际意识（interpersonal awareness），如“to be frank”“you know”的使用所示。值得注意的是，除了元语用意识之外，元话语是实施元语用目的的语言手段，离开元语用谈元话语似乎缺少逻辑上的支撑（陈新仁，2020a）。

在语用学研究之中，结合语境、交际目标、语言使用者等语用因素，从元语用角度探讨话语中的元话语实质及分类获得越来越多的关注。在元语用的理论框架下，探究元话语的本质与类别，可以更好地将元话语的形式与功能在具体的自然交际语境中进行更为动态的匹配。这种研究方法不再局限于对元话语进行整体性的功能分类与形式描写，而是着重考虑语用因素对元话语的影响，深入探讨其在特定语境中的实际作用。事实上，越来越多的学者已经意识到元语用研究的巨大潜力，并从元话语和元语用意识等方面展开相关的研究。他们认识到元话语作为话语的基本组成单位，承载着丰富的信息和多样的交际意义。通过分析元话语的构成要素、语用功能以及与语篇结构之间的关系，可以更好地理解语篇。

总体来看，元语用研究在国内外已经展开，并涉及多个相关方面。首先，研究人员进行了话语的元语用分析，其中包括对话语标记语的元语用分析，例如吴亚欣和于国栋（2003）关注标记语在语篇中的功能和意义，揭示了其作为元话语的语用特征。其次，一些学者进行了关于元语用话语的分析。比如，杨（Yang，2022）对元模糊限制语进行了深入研究，探讨了自我申明语的特点以及其在交际中的功能和意义，从元语用的角度对其进行了分析，丰富了我们对这一类话语的理解。此外，还有研究关注元语用意识的分析，探讨语用含糊中元语用意识的表现和影响。这些研究聚焦于语用含糊现象中的元语用因素，探讨了交际参与者对于语用含糊的感知和解读，为我们更好地理解语用行为提供了重要线索。还有学者从元语用能力的角度进行了研究。比如，李清华（2019）对二语语用能力中的元语用能力进行了分析，关注学习者在元语用方面的能力表现，探讨了学习者如何理解和运用元话语，从而丰富了对二语语用能力的认识。为了更加系统地了解元语用研究的特征、热点和发展轨迹，本章采用了文献统计工具展开知识图谱分析。这种分析方法可以帮助研究者获取对元语用研究的全局认识，发现相关研究之间的联系与趋势，为未来的研究提供参考和指导。

本书旨在回答以下四个问题：（1）元语用研究的时间序列分布特征是怎样的？（2）元语用研究的前沿热点是什么？（3）元语用研究中起着关键作用的文献有哪些？（4）元语用研究的作者合作网络是什么？为了解答上述问题，本章采用了可视化分析软件 CiteSpace（引文空间）作为研究工具展开相关的分析。本书将通过对元语用研究的基本情况、文献中的关键词共现以及文献共被引等维度的考察，尝试分析元语用研究的最新动态。具体的研究方法包括绘制图谱、提取关键节点文献以及运用关键词聚类等。通过以上研究方法的应用，我们可以全面而深入地了解元语用研究的现状和趋势。同时，通过揭示元语用研究中起着关键作用的文献以及作者合作网络，我们可以认识到元语用研究领域的核心贡献和合作网络的结构。这将有助于我们更好地把握元语用研究的前沿动态，为进一步推动元语用研究的发展提供重要参考和指导。

第二节　元语用发展轨迹

元语用的发展轨迹是以年度发文量作为基础进行统计而获得。为了能够了解元语用的发展轨迹，本书通过国内知名的文献数据库——中国知网（CNKI）收集相关的数据。数据收集过程中，研究者以“元语用”作为检索词进行检索。之后，笔者选择“中文”“社科”总库。时间选择2023年以前的所有时间。经过筛选，本书共获得647条与元语用研究相关的文献记录。随后，笔者按照Refworks的方式对这些数据进行保存，并且将下载的文件保存为download_ pragmatic act的格式，以方便后续的分析。为了能够更为清晰地展示元语用历年发文情况，本书绘制出图7-1所示的发展轨迹图：

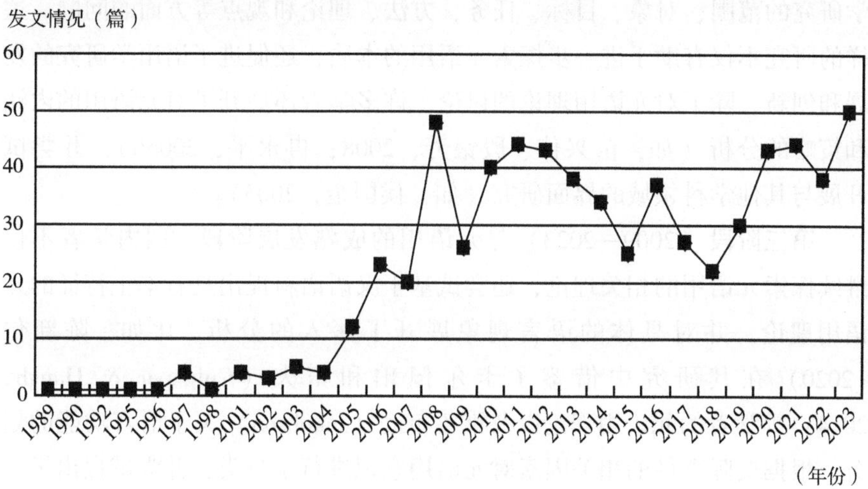

图7-1　元语用发展轨迹

从图7-1可以看出，国内元语用研究最早出现于1989年，之后经历了三个不同的发展阶段：

第一阶段（1989—2004）是元语用研究的初步发展阶段。在这一阶段内，相关研究刚刚起步，国内的学者主要集中在介绍和探讨元语用的相关理论。这一阶段的研究为后续的元语用研究奠定了基础。在这个阶段，国内学者意识到应当以元语用作为语用学研究的新发展动力（刘森林，2001）。国内的学者对元语用的概念进行了界定，将其定义为语言使用过程中语用规则成立的条件。研究者突出了元语用在语用学领域中的重要性，提及了元语用的重要原理和原则（包括礼貌原则、经济原则等）。研究者认为元语用理论在解释和完善语用学理论方面起着重要作用，推动着语用学研究的不断发展和创新。这一阶段的研究为后续学者提供了一个基本框架，使他们能够深入探索元语用的实质和功能。

第二阶段（2005—2008）是元语用研究的高速发展阶段，元语用研究的文献数量从5篇迅速跃升至35篇。在这一阶段内，国内学者不仅对元语用的相关理论进行了深入讨论，还进一步探讨了元语用策略和元语用意识等方面的问题。这些研究丰富了对元语用的理解，并在理论和实践层面上取得了一定的突破。比如，曾文雄（2008）在他的论文中讨论了元语用的起源问题，明确了元语用的认知、心理、社会和文化等科学特征。通过结合这些特征，他尝试对语用学的分相理论进行分析，从而反思语用学研究的范围、对象、目标、任务、方法、理论和观点等方面的问题。这样的研究不仅有助于进一步探索元语用的本质，还促进了语用学研究的发展和创新。除了对元语用理论的讨论，许多学者还展开了对元语用的内涵和策略的分析（如，苗兴伟、殷银芳，2008；冉永平，2005b），并尝试开展与其他学科领域的界面研究（如，侯国金，2005）。

第三阶段（2009—2023）是元语用的成熟发展阶段。国内学者不仅继续探索元语用的相关理论，还尝试基于汉语语料提出具有本土特征的元语用理论，并对具体的语言现象展开了深入的分析。比如，陈新仁（2020）在其研究中借鉴了卡尔佩珀和霍夫（Culpeper & Haugh，2014）等学者的元语用理论以及雅各布逊（Jakobson）关于语言功能的划分，根据交际事件的相关因素对元语用意识进行了分类，并尝试提出了一种关于元话语的新分类。这种新型的分类方法为后续涉及元话语的分析提供了一个全新的分析框架。他们还强调了语境对元话语的影响，进一步丰富了元语用研究的视角。此外，国内学者还对具体的语言现象展开了元语用的分析，涉及称呼语、冲突话语等方面（Yang & Chen，2023；袁周敏，2011）。另外，国内学者尝试对机构性话语冲突中的元语用话语进行分析（刘平，2012）。研究发现，元话语作为语境线索语，能够激活特定的语境因素，对交际活动进行语用调节，从而降低交际中的冲突性，对交际顺利进行、任务完成和目的实现起到积极的作用。这进一步拓展了元语用视域下的冲突话语的研究空间。

第三节　元语用研究前沿

元语用的研究前沿主要体现为一些关键性的话题，往往通过关键词共现的方式体现出来。为了能够清晰地了解元语用的发展前沿，本书采用CiteSpace软件，对所收集数据的关键词进行可视化分析。关键词是文献主旨内容的精确概括，为考察文献的核心观点提供可信指标（曾广、梁晓波，2017）。对于关键词共现网络的分析能够反映出元语用研究的文本内容特征。这对于了解元语用研究的热点、趋势以及范畴特征等具有重要意义（李杰、陈超美，2016）。在实际操作的过程中，笔者在CiteSpace界面中的“Node Types”选择“Keyword”。随后，Time Slicing部分选择从1989至2023年，时间切片设定为1年，然后运行软件。之后，笔者选择“visualize”对运行的结果进行可视化呈现。在可视化界面，笔者选择“find clusters”和“label clusters with title terms”对结果进行聚类分析。随后，笔者选择“timeline view”，按照时间顺序对可视化结果进行呈现。笔者通过截图软件对出现的结果进行截图，获得图7-2。

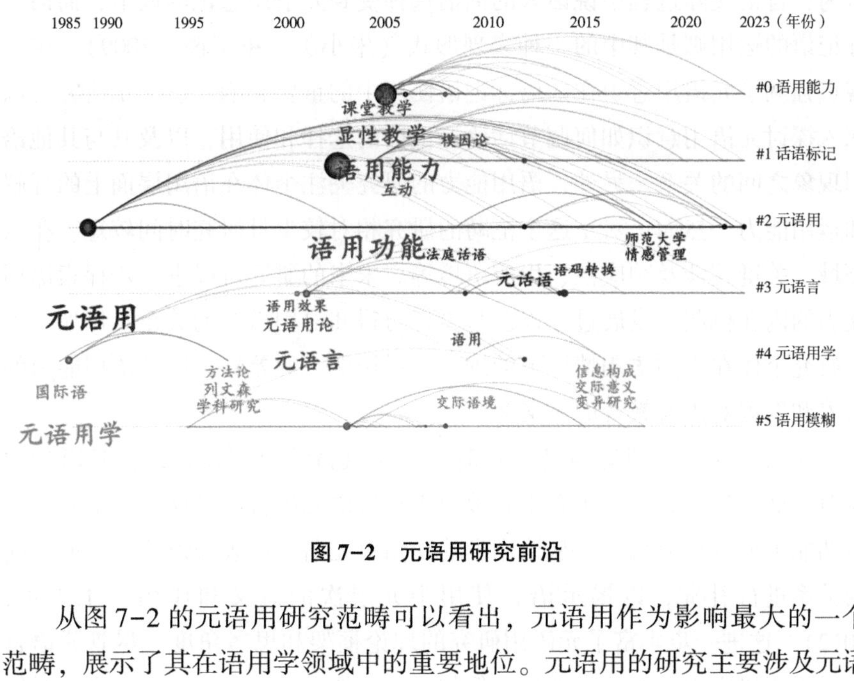

图7-2　元语用研究前沿

从图7-2的元语用研究范畴可以看出，元语用作为影响最大的一个范畴，展示了其在语用学领域中的重要地位。元语用的研究主要涉及元语用意识、元语用分析、称呼语、模糊限制语等关键词。其中，冉永平（2005b）的研究对于语用元语言现象的探索具有典型代表性。他提出了语用元语言的概念，将其定义为明示或显性的语用指向，用于标示施为用意，并体现了在话语互动过程中交际主体（说话人、听话人）所具备的元语用意识。这一研究揭示了语用元语言在交际中的重要作用，以及其在构建和解读意义的过程中的影响。除了冉永平的研究，元语用范畴中还涉及话语标记语、语用能力、元语言和元语用功能等方面。其中，关于话语标记语的研究探讨了在语篇中用于标记话语成分关系和语用信息的语言元素，如转折词、连词等。关于语用能力的研究则关注个体在语用层面上的理解和运用能力，涉及语用推理、意图推测等方面。关于元语言的研究探索了语言本身的性质和结构，以及语言与意义之间的关系。而元语用功能的研究则关注语言使用中的功能和目的，如语用修辞、说服力等。

从图 7-2 中还可以观察到语用能力（#0）和话语标记（#1）这两个范畴相对较晚出现，并且研究持续时间相对较短。这两个范畴涉及的关键词包括顺应性、生成语境、话语标记语、模糊语等。在话语标记语的研究中，国内学者普遍认为说话人的话语标记语受到元语用意识的调控。学者认为，言语交际过程中说话人的话语选择受到元语用意识的调节，而话语标记语的运用则是其中的一种表现形式（朱小美、王翠霞，2009）。这一观点强调了元语用意识在话语标记语使用中的重要影响。进一步研究可以深入探讨元语用意识如何调节话语标记语的选择和使用，以及其与其他语用现象之间的关系。另外，语用能力的研究关注个体在语用层面上的理解和运用能力。然而，对于这个范畴的研究相对较少且研究时间较短。在该领域，关键词涉及顺应性、生成语境等。未来的研究可以进一步探索语用能力的内在机制、发展过程以及与语言习得和语用教育的关系。例如，可以研究个体在不同语用情境下的理解和运用能力的差异，以及语用能力的培养和发展对语言教育的意义等。

元语言（#3）研究范畴出现时间较早且持续时间较长，但其影响力相对较低。尽管如此，仍有学者致力于对汉语元语言的具体表现形式和元语功能类型进行分析，并从语用学的视角对元语言的表现形式和功能之间的关系进行补充，以揭示语言使用中元层次的意义和作用（王志英，2012）。这进一步丰富了元语用研究的理论框架和思考角度。尽管元语言在元语用研究中具有一定地位，但相对于其他范畴而言，其影响力相对较低。这可能是因为元语言的研究相对复杂，涉及的概念和理论较为抽象，难以直接应用于实际语言使用中。此外，元语言的研究也面临一些挑战，例如定义的模糊性、跨文化差异的考量以及数据收集的难度等。尽管元语言的影响力相对较低，但其研究仍然具有重要意义。元语言研究可以增进对语言使用中元层次意义的理解，有助于揭示语言交际中的多样性和复杂性。通过进一步研究和发展元语言理论，可以为语言教育、翻译和跨文化交际等提供更有效的指导。

元语用学（#4）范畴在研究中出现较早且具有较大的影响力。该范畴关注语言使用中的元层次功能和意义，以及其在交际中的作用和效果。然而，需要注意的是，元语用功能的关键词往往受到其他范畴的影响，并与它们之间存在密切的相互关系。比如，元语用学这一关键词受到了元语言（#3）范畴中的“经济原则”和“元语用论”的影响。元语用学研究探讨了语言使用中的元层次功能和意义，通过研究经济原则和元语用论，我们可以更好地理解和解释语言使用的经济性问题以及具体言语行为的元语用指导原则。此外，元语用功能与其他范畴中的话语标记语等也存在密切的相关性。话语标记语作为语用现象的一种具体表现形式，与元语用功能密切相关。话语标记语的运用在语言交际中起着重要的调节和指示作用，体现了交际主体的元语用意识和交际意图。因此，元语用功能的研究通常处于辅助地位，与元语言和话语标记语等同时出现。这是因为元语用功能的理解和分析需要依赖于其他范畴的理论和概念。元语用功能在整个元语用研究中起到桥梁的作用，将元语言的概念与话语标记语等具体表现形式相连接，为我们深入理解语言使用中的元层次功能提供了重要的支持。

第四节　元语用理论结构

元语用的理论结构是指被引文献之间的关联性，可以通过文献共被引的方式获得。笔者通过 CiteSpace 软件对元语用的参考文献及 Sigma 值等进行分析。Sigma 值是综合中介中心和突发强调测量节点重要性的指标（张继东、陈文，2016）。高 Sigma 值文献通常具有创新性，能在研究领域的知识结构上提供启发。由于中国知网中的数据不包含被引文献，因此笔者手动获取相关的参考文献，并转化为 CiteSpace 可分析的数据。在数据处理的过程中，笔者在“Node Types”中选择“reference”，在“Time Slicing”中选择 1989—2023 年，时间切片设定为 1 年，然后运行软件。之后，笔者选择“visualize”对运行的结果进行可视化呈现。在可视化界面，笔者选择“find clusters”和“label clusters with title terms”对结果进行聚类分析。随后，笔者对节点等数值参数进行处理后获得共被引可视化图。笔者通过截图软件对出现的结果进行截图，获得图 7-3。

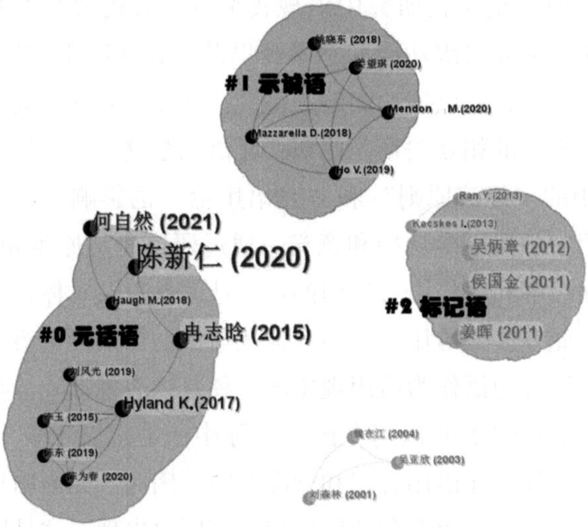

图 7-3　元语用理论结构

从图 7-3 中可以观察到国内元语用研究的理论结构主要分为三个不同的范畴，即元话语（#0）、示诚语（#1）和标记语（#2）。在这三个范畴中，元话语被认为是影响最大的理论范畴。这一范畴的研究者重点关注元话语中的元语用问题，即说话人使用语言反映自己关于与他人进行互动和交际的各种方式的意识。比如，陈新仁（2020）提出了基于交际事件相关因素的元话语分类方法。他的分类方法在一定程度上与海兰德（Hyland 2017）基于学术话语的元话语分类方法有相似之处。然而，陈新仁的分类框架更具有中国特色，对分析汉语语料中的元话语特征具有指导作用。此外，冉志晗和冉永平（2015）对元话语的识别与分类中存在的主要问题进行了分析，特别关注狭义、广义和人际性模式。他们着重研究了反身性模式在元话语识别中的四个原则和分类方法。这项研究对于完善和发展元话语识别与分类起到了积极的推动作用。他们的研究还为我们理解交际者在话语表达和理解过程中的意识和认知提供了新的视角。

除了元话语（#0）这一范畴之外，研究者还关注示诚语（#1）和标记语（#2）。这两个范畴均与元话语存在密切的联系。其中，示诚语（#1）主要关注的是说话人如何以“说出实话或实情”相关的动词短语来表明其话语的真实性。从本质上来看，示诚语本身也是一种元话语标记语，可以增强说话人的可信度（姚晓东、宋成方 2022）。由此来看，第二个范畴和第三个范畴（标记语 #2）之间也存在密切的关联。相关研究发现，话语标记语反映了人们在使用语言时的元语用意识，属于元语用意识的语言标示。这一观点实际上也是当前元语用研究的核心话题。该研究为我们理解话语标记语在语用学中的作用和功能提供了重要的线索。他们的研究揭示了话语标记语作为元语用意识的表征，对交际参与者之间的互动和沟通具有重要的影响。通过对话语标记语的分析，我们能够更好地理解人们在语言交际中的意图、推断和互动策略。

总体而言，元语用研究所涉及的理论结构与元话语和元语用意识存在密切的关联。这再次印证本文之前对于元语用研究的假定，即元语用研究是以元话语和元语用意识作为核心。同时也说明，前文提及的元语用研究的前沿话题，包括话语标记语、元语用功能、元语言研究的前沿性的话题都是受到元语用理论的驱动。除此之外，元语用的后续研究应当更为关注如何进行具有中国特色的理论体系的完善。

第五节　元语用合作网络

元语用的合作网络是指相关学者在被引频率和相互合作方面的情况。为了揭示这一网络结构，研究者运用了作者共被引分析，并借助 CiteSpace 软件展开合作网络的分析。在该研究中，研究者使用 CiteSpace 软件对元语用领域的合作网络展开分析，从而获得高被引作者在该领域的分布情况，并确定对该领域具有影响力的学者。此外，通过分析作者的共被引网络以及进行聚类分析，研究者还可以了解该领域中相似作者的研究主题以及他们所涉及的学科领域分布。在实际操作过程中，研究者选择的时间范围为 1989—2023 年，在“Time Slicing”中设定一年为一个切片进行分析。在“Nodes Types”处选择了“Cited Author”作为分析的对象。为了生成合作网络，研究者采用了最小生成树算法。接着，研究者选择了“visualize”

将分析结果进行可视化呈现。在可视化界面中，研究者对节点等数据进行操作，形成了元语用研究的可视化图。通过使用截图软件，研究者能够捕捉到结果并获得图 7-4，该图展示了元语用领域合作网络的结构和相关信息。通过对元语用的合作网络进行分析，研究者可以了解学者之间的合作关系、研究的热点领域以及学科交叉的情况。这样的分析有助于确定元语用领域的重要学者和研究趋势，为进一步的研究方向提供指导和启示。此外，加强学者之间的合作交流也能够促进元语用研究的发展，提高学科的整体水平和国际影响力。

图 7-4 元语用合作网络

根据图 7-4，我们可以观察到在元语用研究中，姜晖（2011）是影响力最大的学者之一。他的研究认为功能性言语是话语中不可分割的一部分，由标识话语组织结构、交际主体的态度、标识交际主体以及互文信息的再现语言标记语构成。按照姜晖的观点，功能性言语标记语可以分为语篇功能性言语标记，人际功能性言语标记和互文功能性言语标记三种不同的类型。

从元语用的角度来看，功能性言语标记被视为语言使用者有意识的策略选择，体现出较强的元语用意识。这意味着在语言交际中，人们在选择和使用功能性言语标记时，具备一定的目的和意图，并通过这些标记来达到特定的交际效果。相关研究不仅揭示了功能性言语标记的多样性和重要性，而且为我们提供了对话语结构和交际目的的更全面的认识。此外，刘平（2016）是另一位在元语用研究中有着重要贡献的学者，他主要关注媒体话语中的元语用现象。研究表明，在媒体节目中，节目主持人会选择元语用评论语来调控与嘉宾之间的交际进展，从而影响节目效果。研究发现，节目主持人通过选择合适的元语用评论语，可以关照嘉宾的面子和情感需求，为交际创造良好的氛围。研究还关注到嘉宾在媒体节目中如何选择元语用评论语来引出观点阐述，以突出其合理性和有效性。这些研究揭示了媒体话语中的元语用策略和意识，对于我们理解媒体交际中的语用行为和信息传递具有重要意义。除了姜晖和刘平，还有其他学者对元语用展开了一定的研究。比如，樊莉园、刘丽艳、刘正霞、张爱玲等学者在元语用意识、元话语、元语用教学等领域做出了重要贡献。他们的研究以元语用意识为核心，并呈现出明显的多元化特征。这些学者通过对语言交际中元语用现象的观察和分析，揭示了不同交际环境下的元语用策略和语言行为的特点。

然而，需要注意的是，这些学者之间的合作网络相对较弱，导致他们个人的影响力相对较低。各自独立开展研究的学者在一定程度上限制了元语用研究的整体影响力和深度。此外，每个学者关注的研究焦点也比较分散，缺乏一个统一的元语用系统理论框架。因此，未来的研究可以致力于建构一个更为系统和一致的元语用理论框架。该框架可以涵盖元语用意识、元话语、元语用教学等多个领域。这将有助于揭示元语用的内在机制、元语用现象的普遍性规律以及语用能力的发展过程。它还可以为研究者提供共同的理论基础，促进对元语用现象的更深入和全面的理解。

此外，元语用理论框架还可以为语言教育和语言应用领域提供重要的理论支持。通过深入理解元语用的原理和策略，我们可以更好地指导语言教学实践，并开发出更有效的教学方法和教材。在语言应用方面，元语用理论的运用可以帮助人们更好地理解和应对不同语境中的交际挑战，促进跨文化交际的有效实施。在建构统一的元语用理论框架的过程中，学者们可以参考其他相关学科领域的理论和方法，如语言学、社会学、心理学等，以获得更全面的视角。此外，借鉴不同语言和文化背景下的研究成果也十分重要，这将有助于验证和拓展元语用理论的适用性和普遍性。

第六节　元语用研究展望

从元语用的研究现状来看，该领域正处于成熟发展期，每年都涌现出丰富的研究成果。冉永平、陈新仁、侯国金、刘平等一批学者在元语用研究方面作出了显著的贡献。他们的研究主要集中在元话语、元语用意识、元语用功能、元语能力等方面。其中，元语用意识方面的研究最早出现且影响最为深远。从理论结构的角度来看，国内学者在元语用研究中一方面借鉴了海兰德（Hyland，2017）等国外学者的元话语理论体系，另一方面积极尝试基于汉语语言现象制定中国本土的语用学理论（陈新仁，2020b）。这种本土化的努力旨在更好地解释和理解汉语言环境中的元语用现象。然而，目前由于国内学者之间的合作网络相对较弱，导致元语用研究的理论体系呈现不完整的发展现状。缺乏深入的学术合作和交流限制了不同学者之间的理论连接性，也限制了元语用研究领域整体理论的进一步发展。基于这样的考虑，后续元语用研究需要从以下几个方面着手，展开系统深入的研究：

第一，依托丰富的汉语文化资源，展开元语用的系统理论研究。在元语用研究中，展开基于汉语文化资源的系统理论研究具有重要意义。汉语作为一门丰富的语言，具有独特的语言现象，例如话语标记语（吴亚欣、于国栋，2003）和模糊限制语（杨昆，2022），这些现象在某种程度上区别于其他语言现象。因此，国外的元语用理论有时难以直接应用于汉语语言现象的分析。为了深入理解汉语语言的元语用特点，有必要依托丰富的汉语文化资源展开研究。这可以通过使用大型语料库如 BCC（北京语言大学开发的大型汉语语料库，网址为 http：//bcc. blcu. edu. cn/）或自建的小型语料库来实现。通过对这些语料库进行元语用分析，我们可以一方面发现新的元话语现象，另一方面深化对元语用相关理论的理解。通过利用大型语料库进行元语用研究，我们可以从实际语言使用中获取更多的数据，这些数据有助于揭示汉语语言中的元语用现象和规律。研究人员可以分析大量真实的汉语文本，识别和分类各种元话语，并研究其语用功能和语境使用。此外，通过与其他语言的对比研究，可以更好地理解汉语语言的特殊之处。通过这样的系统理论研究，我们可以拓展元语用的范畴和理论框架，使其更加适应汉语语言的特点。这将有助于丰富和发展元语用研究领域，并为汉语语言交际和语用教学提供更为准确和有效的指导。

第二，挖掘汉语文献资源，提出新型元语用理论。在元语用研究中，挖掘汉语文献资源并提出新型元语用理论具有重要意义。中国拥有丰富的文献资源，其中包含了大量关于语言、交际和语用的研究成果。通过深入挖掘这些文献资源，我们可以发现新的元语用现象和理论视角，有助于形成本土的元语用研究体系。汉语文献资源涵盖了诸多的学科领域和研究主题，包括语言学、社会学、心理学、文化学等。通过仔细研读这些文献，我们可以了解到汉语语言和文化背景对语用现象的影响，并发现一些特殊的元语用现象。这些发现将丰富现有的元语用理论，并促进对汉语语言使用和交际的深入理解。同时，挖掘汉语文献资源还可以帮助我们建立本土的元语用研究体系。通过对国内学者在元语用领域的研究成果进行梳理和整合，我们可以形成具有中国特色和独立性的元语用理论框架。这样的本土元语用研究体系将更好地反映汉语语言和文化的特点，并为汉语语用教学和实际应用提供更准确和有效的指导。此外，挖掘汉语文献资源还有助于建立汉语语用研究的历史和发展脉络。通过对历史文献和研究成果的回顾和分析，我们可以了解到元语用研究在中国的发展历程，理解前人在这一领域的贡献和成果。这将有助于我们更好地把握元语用研究的演进方向，避免重复研究，从而推动元语用研究的持续发展。

第三，加强研究合作，完善元语用研究体系。加强研究合作是推动元语用研究体系完善和发展的重要举措。目前，元语用研究领域的学者之间的合作性相对不足，这导致了元语用研究理论的连接性出现断裂现象。为了弥补这一断层并实现元语用研究的可持续发展，学者们应该加强合作，并以共同的目标推动元语用研究的前进。首先，加强学者之间的交流和合作是建立完善的元语用研究体系的关键。通过定期举办学术研讨会、研究小组讨论和学术论坛等形式，学者们可以分享彼此的研究成果、经验和观点，加深相互之间的理解和合作。这种合作形式有助于整合不同学者的研究视角和方法，从而形成一体化的元语用研究框架。此外，通过共同申请科研项目、合作撰写论文和共同主办研究项目，学者们可以在实践中加强合作，推动元语用研究的深入发展。其次，建立跨学科的合作网络也是完善元语用研究体系的重要途径。元语用研究涉及语言学、交际学、认知科学、社会学等多个学科领域，因此，跨学科的合作对于深入理解和解释元语用现象至关重要。学者们可以与相关领域的专家进行合作，共同探索元语用研究的理论和实践问题，促进不同学科之间的知识交流和融合。通过跨学科合作，可以丰富元语用研究的理论基础，拓宽研究的视野，并为解决实际应用中的问题提供更加全面的解决方案。此外，加强国际合作与交流也是构建完善的元语用研究体系的重要环节。元语用现象是普遍存在于各种语言和文化中的，因此，与国际上的元语用研究学者合作，可以扩大研究的范围和深度，借鉴其他语言和文化中的元语用理论和实践经验。国际合作有助于将中国的元语用研究融入全球范围内，提升中国学者在国际学术舞台上的影响力和地位。在加强研究合作的同时，完善元语用研究体系也是关键所在。学者们可以共同努力，构建一个共享的元语用研究资源平台，汇集和整理国内外的元语用研究成果和文献，促进学术资源的流通和共享。此外，制定规范的研究方法和指南，建立元语用研究的标准化和系统化体系，有助于推动元语用研究的深入发展和提高研究质量。

第七节　本章小结

总而言之，本书从发展轨迹、研究前沿、理论结构和合作网络四个方面对国内元语用研究的现状和发展轨迹进行了分析。研究表明，元语用研究正在以高速增长的态势发展，并有望成为语用学研究的热点课题。通过知识图谱分析，我们发现元语用意识、元语用功能等是当前研究的热点和前沿话题，国内学者有必要结合这些前沿话题展开相关研究。对于理论结构，研究显示国内学者在借鉴国外元话语理论的基础上，正积极尝试将其与本土的语言现象相结合，形成本土的元语用理论。然而，目前元语用研究学者之间的合作网络相对薄弱，导致不同理论之间的连接性存在一定的不足。为了进一步推动元语用研究的发展，未来的研究需要依托丰富的汉语言资源，深入挖掘本土的元语用文献，并逐步形成系统化的本土元语用理论。未来的研究可以致力于构建更加统一和一致的元语用理论框架，进一步探索元语用意识、元话语和元语用教学等领域的多元化特征，以促进学者之间的合作与交流，提升元语用研究的整体影响力和深度。这样的努力将有助于推动元语用研究的发展，为我们更好地理解和应用语言交际提供更为坚实的理论支持。本书对于了解元语用研究的特征具有重要的借鉴意义，为未来的研究提供了指导和启示。

第二部分
语用方法的知识图谱

第八章　多模态语用

第一节　多模态语用研究背景

目前语言学研究领域存在两个重大变化，即语言变体的增加和意义传递方式的变革，这引发了人们对多模态研究的关注。随着文化多元化的发展，各种语言变体的增加成为一个显著的现象。语言变体指的是同一语言系统内由于地域、社会群体、年龄等因素引起的语言形式和用法的差异。这种多样性为语言学研究提供了更广阔的研究对象和视角。例如，在跨文化交际研究中，研究人员需要关注不同语言变体之间的差异，理解其在不同社会语境中的语用功能和意义。

与此同时，现代信息技术的发展带来了传统意义传递方式的变革。传统上，语言主要通过文字来传递和表达意义。然而，随着视听技术的进步和多媒体交流的普及，语言与视觉、听觉、触觉等其他传播方式相结合，形成了多模态交际的新模式。多模态交际指的是通过语言和非语言系统，如图像、视频、动作、声音等，利用多种感觉进行交流和意义传递的现象。在多模态研究中，学界正不断探索语言和非语言元素之间的关系，研究其相互作用、影响和意义构建的机制。

多模态研究的起源可以追溯到巴塞斯（Barthes）于 1977 年撰写的《图像的修辞》一文。受该文章的启发，相关研究逐渐增多，并且扩展到了不同领域和学科。具体而言，多模态研究不仅涉及语言学，还涉及视觉艺术、传播学、认知科学等多个学科领域。相关的学者通过观察、记录和分析多模态交际中的语言和非语言元素，探索它们在意义传递、信息呈现和交际效果等方面的作用。多模态研究的兴起为我们更全面地理解语言的本质和交际的复杂性提供了新的视角。它不仅拓展了语言学研究的范畴，还促进了跨学科研究的发展。

通过文献回顾可以发现，国外的多模态研究涵盖了诸多领域，并展现了多个重要研究方向。首先，国外的多模态研究关注多模态句法、语义与逻辑的理据研究。这方面的研究主要关注的是语言和非语言元素在交际中的句法结构和语义逻辑关系。例如，Carnielli 和 Pizzi（2008）研究了多模态逻辑的形式和推理方法，探讨了多模态信息在论证和推断中的作用。其次，国外的多模态研究还关注多模态的应用性操作。研究人员探索了多模态交际在实际应用中的操作方法和效果评估。比如，Bernser 和 Dybkjœr（2009）研究了多模态交互系统的设计和应用，探索了多模态交际对于人际交互效果的影响。此外，国外学者还致力于多模态语料库的建构。多模态语料库是研究多模态交际的重要资源，它包括语言、图像、视频等多种模态的数据。比如，Kipp（2009）等学者在多模态语料库的构建和维护方面进行了深入研究，为多模态研究提供了丰富的实证数据和分析工具。在多模态研究中，国外学者还关注多模态隐喻、多模态交际活动中的顺应性、多模态教学、多模态神经学分析以及多模态体裁等领域。这些研究拓展了多模态研究的范畴，涵盖了文学、教育、神经科学等多个学科领域。

与国外的研究相似，国内的学者也意识到多模态研究的重要性，并在理论和实践层面进行了探索。国内的多模态语用研究呈现以下三个特点：第一，国内学者普遍认识到多模态语用研究的价值和迅速发展的现实。他们意识到多模态交际的复杂性和多样性，以及多模态研究在语言学和交际学领域的理论和实践意义。然而，目前还没有针对多模态语用发展趋势和未来方向进行专门的研究。进一步探索多模态语用研究的前沿领域和未来发展趋势将有助于引领该领域的发展。第二，国内的多模态语用研究常常将多模态话语理论与韩礼德的系统功能语言学联系起来（张德禄，2009）。这种溯源的做法在一定程度上为多模态语用研究提供了理论基础和参考框架。然而，对于多模态语用研究中的理论多样性特征，目前缺乏深入的研究。进一步挖掘多模态语用研究中的理论多样性和不同研究取向的对话与融合，有助于丰富该领域的理论体系并促进研究的深入发展。第三，国内的多模态语用研究主要集中在理论构建和教学应用方面。相关学者尝试构建多模态语用的理论框架，探讨多模态交际的规律和机制，并在教学实践中应用多模态研究成果。这种研究努力为多模态语用研究的应用性提供了重要支撑，但在实际应用和其他领域的拓展上仍待进一步研究。

基于多模态语用研究现状，有必要深入了解多模态语用研究的发展轨迹、研究前沿话题、理论结构特征以及研究者之间的合作网络。基于以上的考虑，本书借助于 CiteSpace 知识图谱分析软件，对国内多模态语用研究的发展轨迹、研究前沿、理论结构和作者合作网络展开研究。本书主要回答以下四个问题：(1) 多模态语用研究的时间序列分布特征是怎样的？(2) 多模态语用研究的前沿热点是什么？(3) 多模态语用中起着关键作用的文献有哪些？(4) 多模态语用研究的作者合作网络是什么？本章的研究发现，可以为本土多模态语用研究的发展提供参考。

第二节　多模态语用发展轨迹

为了解答第一个问题，笔者首先以中国知网（CNKI）数据库为基础，收集多模态语用研究的相关数据并分析其发展轨迹。笔者以“多模态语用”作为主题词进行检索。在进行数据筛选时，设定文献类型为学术期刊、学位论文和会议论文。学科设定为包括中国语言文字和外国语言文字在内的所有类型。发表年度选择 2023 年以前的所有时间点。经过检索与筛选，最后共获得 214 篇文献。这些文献的最早起始年为 2010 年，截至 2023 年。笔者将数据保存为纯文本的形式并命名为 download_multimodal pragmatics，这就构成了本书分析的语料来源。为了了解多模态语用研究的发展轨迹，笔者对相关论文按照从 2010—2023 年的时间顺序绘制为折线图，通过折线图来反映该研究领域的历时变化情况。笔者以 1 年为一个单位绘制出多模态语用研究的历时变化发展轨迹图，见图 8-1。

从图 8-1 可以清晰地观察到国内多模态语用研究的发展情况。最早的多模态语用研究文献出现在 2010 年，当时的文献数量非常有限，几乎可以被忽略。然而，从 2010 年开始，多模态研究的数量呈现出快速增长的趋势。在快速增长的过程中多模态语用研究出现了两次明显的波动，分别是 2012 年和 2015 年，这与国际上的多模态语用学研究的发展轨迹基本一致。总体来看，国内多模态语用研究呈现出明显的增长态势，符合语用学研究的基本内在规律。尤其是在 2015 年的波动之后，多模态语用研究几乎以直线趋势增长，这进一步证实了多模态语用研究的价值和重要性。这一趋势表明，多模态语用研究正逐步步入高速发展期和繁荣期。基于多模态语用研究的历时发展轨迹来看，可以预见该领域具有广阔的前景。随着跨学科合作的加强和技术的不断进步，多模态语用研究将进一步深化和

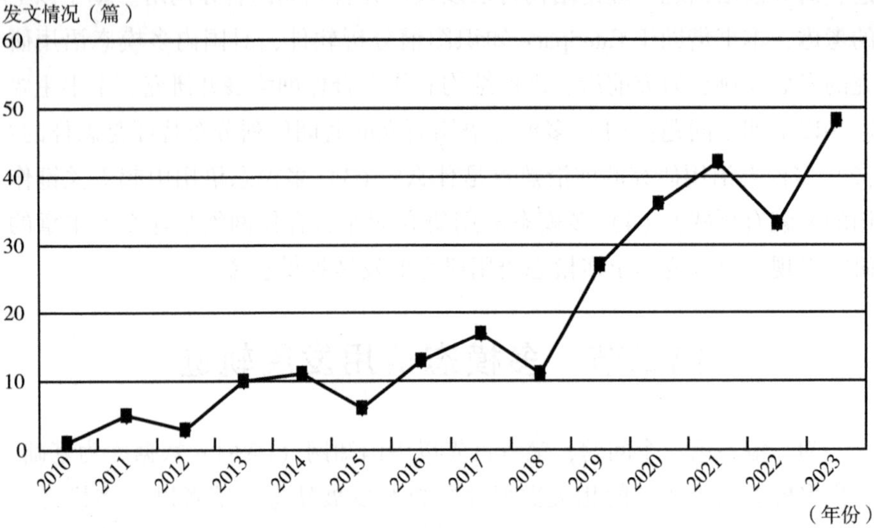

图 8-1 多模态语用发展轨迹

扩展。这一研究领域将为我们提供更深入的理解和解释多模态交际的理论框架，推动语用学的发展。此外，多模态语用研究的快速增长也为相关领域的学者提供了丰富的研究机会。研究者可以进一步探索多模态语用与认知科学、社会学、文化研究等领域的关系，推动不同学科之间的交叉融合。

多模态语用学研究呈现不断增长的趋势可以归因于以下两个原因。

首先，网络与新媒体技术的发展为多模态语用研究提供了新的发展动力。当前，网络和新媒体技术正日益成熟，并以全新的形式出现在人们的生活中。这些新兴媒体技术改变了传统的纸质媒介和电话等声音传播媒介所依赖的文字和声音传播方式。网络和新媒体技术引入了多媒体元素，如图像、视频、声音等，使得人们能够以更丰富、多样的方式进行交流。值得注意的是，随着新兴媒体技术的发展，也带来了一系列社会问题、伦理问题和文化问题。网络风险、欺诈行为以及信息传播的失真等问题引发了人们对网络与新媒体安全性和规范性的关注。在这样的背景下，对新兴媒介展开研究显得尤为迫切。多模态语用研究正是在这样的背景下产生，它关注语言和非语言符号的相互作用，研究多媒体环境中的交际行为和意义构建。通过多模态语用研究，我们可以深入理解在多媒体环境中语言和非语言符号的使用和交互方式，揭示多媒体交流中的意义构建和信息传递机制。这有助于我们理解和解决网络和新媒体环境中的沟通障碍、信息失真和交际误解等问题，进一步促进网络和新媒体的安全与规范发展。因此，多模态语用研究以全新的视角和方法，适应了多媒体时代的需求，为我们更好地应对网络与新媒体技术带来的挑战提供了理论和实践支持。多模态语用研究的不断增长与这些新兴媒介技术的蓬勃发展密切相关，预示着该领域具有广阔的研究前景。

其次，多模态语用研究成为连接传统研究和新型跨学科研究的桥梁。多模态语用研究关注语言的意义构建，从传统的韩礼德关于再现意义、互动意义和构成意义的视觉语法研究（王红阳，2007）到探索图像、声音、颜色、动作等多模态模式与意义的构建（Hiippala，2017），不断拓展了人们对意义的理解、意义表达形式的理解以及意义存在模式的认知。多模态语用研究不仅关注语言的本质和功能，还涉及多种感官和符号系统之间的互动关系。通过将语言与视觉、听觉、动作等多种感官模态的结合，多模态语用研究在语义、语用和认知等方面呈现出全新的研究视角。通过研究多模态语用，我们能够更全面地理解意义是如何通过不同感官和符号系统的相互作用来进行构建和传达。同时，多模态语用研究还促进了跨学科研究的发展。它不仅吸引了语言学、语义学和语用学等传统学科的研究者，还吸引了来自认知科学、神经科学、心理学、人机交互等领域的学者。例如，多模态语用与意识、大脑功能的跨学科研究已经成为热点话题。通过结合多模态语用研究和神经科学的方法，研究者们探索人类在多模态交际中的意义感知、信息加工和神经机制，从而深入理解语用行为与大脑活动之间的关联。多模态语用研究因其理论意义和价值而受到研究者的关注。它不仅在语言学领域推动了传统研究的深化和发展，还为跨学科研究提供了新的思路和框架。

多模态语用研究的发展轨迹与特征分析说明：第一，多模态语用研究蒸蒸日上，必须抓住这样的总趋势，努力发展具有中国特色的多模态研究。第二，多模态语用研究具有多样化的特征，已经不再单纯局限于语言层面的研究，开始逐渐向教育、神经、认知、新媒体、障碍人士识读能力等方面进行扩展。进行多模态的多样性研究与跨学科研究必不可少。第三，鲜有关于多模态的元认知研究，可以考虑从元层面对多模态的本质、发展轨迹、发展特征、应用等方面展开研究。

第三节　多模态语用研究前沿

多模态语用的研究前沿主要体现为一些关键性的话题，往往通过关键词共现的方式体现出来。为了能够清晰地了解多模态语用的发展前沿，本书采用 CiteSpace 软件，对所收集数据的关键词进行可视化分析。关键词是文献主旨内容的精确概括，为考察文献的核心观点提供可信指标（曾广、梁晓波，2017）。对于关键词共现网络的分析能够反映出多模态语用研究的文本内容特征。这对于了解语用翻译研究的热点、趋势以及范畴特征等具有重要意义（李杰、陈超美，2016）。在实际操作的过程中，笔者在 CiteSpace 界面中的“Node Types”选择“Keyword”。随后，“Time Slicing”部分选择从 2010—2023 年，时间切片设定为 1 年，然后运行软件。之后，笔者选择“visualize”对运行的结果进行可视化呈现。在可视化界面，笔者选择“find clusters”和“label clusters with title terms”对结果进行聚类分析。随后，笔者选择“timeline view”，按照时间顺序对可视化结果进行呈现。笔者通过截图软件对出现的结果进行截图，获得图 8-2。

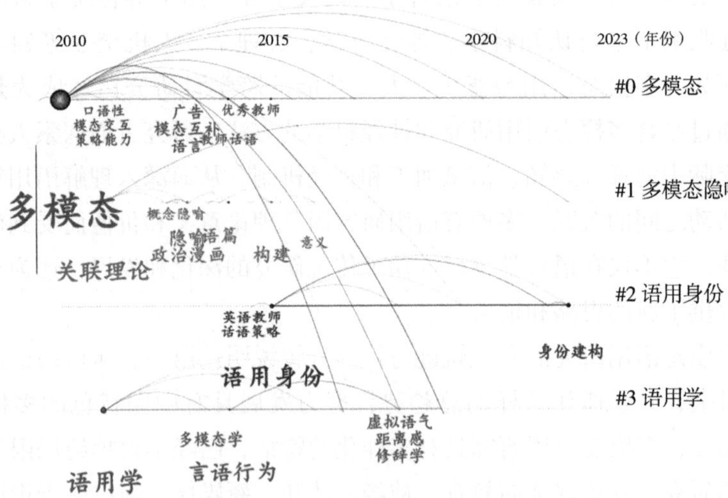

图 8-2　多模态语用研究前沿

从图 8-2 可以看出，多模态语用学的研究话题可以分为四个明显的范畴：多模态（#0）、多模态隐喻（#1）、语用身份（#2）和语用学（#3）。由于在数据采集过程中设定的主题检索词为“多模态语用”，因此在呈现的过程中“多模态”和“语用”就成为两个最大且最重要的节点，其他所有的节点都与该节点产生关联。

就“多模态”这一范畴（#0）而言，其主要涉及的关键词包括英语学习、语用能力、老年语言学和多模态语料库等。其中，英语学习是出现相对较早并且影响力较大的一个关键词。相关学者尝试利用多模态化英语教学模式和多模态语料库进行高校英语教育改革研究，培养大学生多模态网络课堂教学自主学习能力（付光辉，2020）。这种研究现象实际上与国际上以英语为主的多模态研究有相似之处（Bezold & Minker，2011）。不过，由于汉语是世界上使用人数最多的语言之一，因此完全可以结合汉语进行多模态会话的研究。另外一个相关的关键词是语用能力。学者主要尝试研究多模态教学法对于学习者语用能力提升的作用。研究者采用教学实验、语用能力测试、语言能力测试及问卷调查等方法来验证基于多模态方法的教学模式对于大学生英语学习者语用能力培养的效度（李明、曹军，2017）。需要注意的是，尽管国内目前研究相对关注多模态教学，但是很多的学者不太清楚多模态与多媒介之间的区别，因此有必要结合课堂实践进行更多的多模态元认知的研究（顾曰国，2007）。

相对于这两个关键词，老年语言学和多模态语料库是这一范畴中两个比较前沿的关键词。老年语言学的概念由顾曰国（2019）提出后，诸多学者尝试采用多模态分析的方式了解老年群体的话语表达与理解等问题。比如，黄立鹤（2019）以失智症老年人作为研究对象，分析他们在非言语行为、情感交流等方面的特征。这一研究范式为老年语言学中的语用交际研究提供新的研究视角。此外，多模态语料库这一关键词与老年语言学的研究存在密切的联系，因为语料库建构的主要目的就是解决老年群体语言障碍等问题。这一方面的典型代表是黄立鹤（2015）对现场即席话语多模态语料库的分析。内容涉及多模态语料的采集、转写、切分、标注以及建库等若干共性问题。他还分析了多模态语料库建设过程中尚存的问题，并对多模态语料库的发展进行了展望。除了黄立鹤之外，其他的学者，比如刘剑和胡开宝（2015）尝试进行多模态口译语料库的建设与应用。

多模态语用研究的第二个范畴，多模态隐喻（#1）中涉及的关键词包括多模态语篇、隐喻 、编码等。这一范畴所蕴含的研究方向包括：（1）交际过程中多模态辅助的意义理解与表达，特别是说话人意义的理解与语境的延伸等在语用学等领域的研究价值凸显。（2）交际过程中的身势语。特别是交际过程中如何使用身势语表达特殊意义以及意义的理解等，同时还包括特殊人士的身势语特征与翻译等。而且，身势语的研究在国内的相关文献中并不多见，甚至出现过断层，可以结合多模态的方法进行深入的研究。（3）语言符号的组织与管理。包括符号意义的赋予、媒介符号的组合、多模态的形式管理与关系等具有很高的研究价值（Carnielli & Pizzi，2008）。（4）话语的视觉模式、声音模式、触觉模式和感知模式以及意义的互动等也是该领域的研究热点之一。

多模态语用研究的第三个范畴为语用身份（#2），该范畴和第四个范畴语用学（#3）有很多的相同之处。涉及的关键词包括身份建构、多模态学、多模态话语、言语行为等。语用学的相关分析方法迄今基本上局限于语境作用下的语言本体研究，忽视了其他类型的符号形式对交际语境中意义传达的贡献。基于这样的考虑，陈新仁和钱永红（2011）尝试将多模态分析法应用于语用学相关研究的分析之中，并构建出一个适用于语用阐释的多模态分析框架。他们以多模态话语为主要分析对象，对多个案例进行了分析，并且影响到了后续的分析。由于陈新仁教授（2018）提出了语用身份的概念，因此两位学者在进行多模态研究的过程中融入了很多与语用身份相关的元素。这样的理论融入也在很大程度上促进了多模态语用学的发展。此外，也有学者尝试基于多模态语料库开展言语行为研究（黄立鹤，2017）。多模态研究范式的应用可以帮助重新检视语用学经典课题，尝试拓展言语行为的研究视野。该研究模式对语力等概念、范畴进行发展，为间接言语行为的研究提供了新路径，而且能够深刻揭示言语行为的本质和特点。此外，视觉语法和政务新媒体是语用学这一范畴中的前沿话题。照片/图像话语是多模态话语的主要方式之一，在政务新媒体中具有十分重要的功能和效用。基于这样的考虑，王建华（2019）对政务新媒体话语展开语用分析，主要着眼于照片话语的语用意义和语用效果，从语境、语用主体和构图要素三个方面展开研究。

第四节 多模态语用理论结构

多模态语用的理论结构是指被引文献之间的关联性，可以通过文献共被引的方式获得。笔者通过 CiteSpace 软件对多模态语用的参考文献及

Sigma 值等进行分析。Sigma 值是综合中介中心和突发强调测量节点重要性的指标（张继东、陈文 2016）。高 Sigma 值文献通常具有创新性，能在研究领域的知识结构上提供启发。由于中国知网中的数据不包含被引文献，因此笔者手动获取相关的参考文献，并转化为 CiteSpace 可分析的数据。在数据处理的过程中，笔者在“Node Types”中选择“reference”，在“Time Slicing”中选择“2010—2023”，时间切片设定为 1 年，然后运行软件。之后，笔者选择“visualize”对运行的结果进行可视化呈现。在可视化界面，笔者选择“find clusters”和“label clusters with title terms”对结果进行聚类分析。随后，笔者对节点等数值参数进行处理后获得共被引可视化图。笔者通过截图软件对出现的结果进行截图，获得图 8-3。

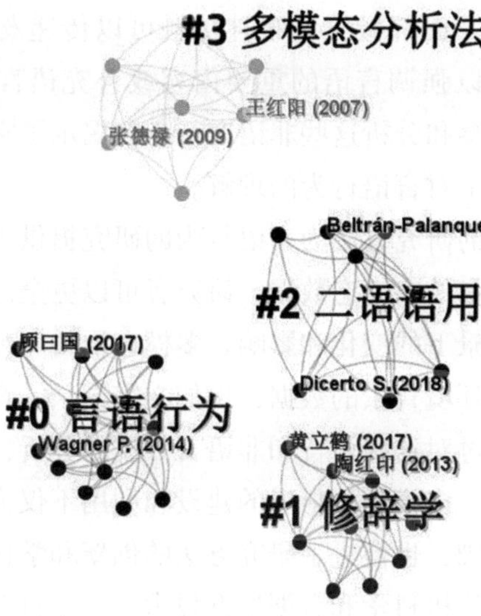

图 8-3　多模态语用理论结构

从图 8-3 可以看出，多模态语用研究的理论结构可以分为四个明显的范畴：言语行为（#0）、修辞学（#1）、二语语用（#2）和多模态分析法（#3）。

就言语行为理论（#0）而言，人们在日常交际中实施的是一个个“鲜活”的言语行为，研究者应当从人类普通行为的视角看待言语行为，在社会场景观照下对其进行考察（黄立鹤，2017）。多模态研究拓展了学者们对包括言语行为在内的语用课题的考察视野和方法，为从结构形式、韵律特征、体貌动作等多个维度研究言语行为提供了可能。传统的言语行为研究主要关注语言的语义和语法结构，以及言语行为的语用功能和意义。然而，言语行为远不止于语言本身，还涉及言语行为者的非语言行为，如面部表情、手势、身体姿态等。这些非语言行为与语言行为相互作用，共同构成了言语行为的多模态特征。多模态研究通过整合多种感官通道和符号系统，探索了言语行为的多样性和复杂性。从韵律特征的角度来看，语音的音调、音量和语速等特征对于言语行为的表达具有重要影响。此外，语言中的停顿、重音和语调变化等也承载着额外的信息和意义。通过研究这些韵律特征，我们可以深入了解言语行为的节奏、语气和情感色彩。同时，多模态研究还关注言语行为者的体貌动作，包括面部表情、手势和身体姿态等。这些非语言行为与语言行为相互配合，可以增强言语信息的表达和理解。例如，面部微笑和眼神接触可以传递友好和亲近的意图，手势和身体姿态可以强调言语的重要内容或补充语言信息的不足之处。多模态研究通过观察和分析这些非语言行为，揭示了它们与语言行为之间的紧密联系，丰富了对言语行为的理解。

基于多模态语料库的研究方法为言语行为的研究提供了新的途径和工具。通过收集和分析大量的多模态数据，研究者可以更全面地考察言语行为在不同情境和社会背景下的变化和影响。多模态语料库可以包含各种语言形式、非语言行为和环境背景的数据，例如文字记录、音频记录、视频记录等。研究者可以通过对这些语言和非语言数据的分析，揭示不同类型的言语行为之间的差异。多模态语料库的建设和利用不仅为言语行为研究提供了更广阔的数据基础，也促进了研究方法的创新和学科之间的交叉融合。研究者可以结合计算机科学和数据挖掘技术，通过自动化的方式从大规模语料库中提取和分析言语行为的特征和模式。此外，跨学科的合作也可以将多模态研究与认知心理学、社会学、人机交互等领域进行深入融合，共同探索言语行为的认知机制和社会意义。因此，多模态语用研究作为连接传统研究和新型跨学科研究的桥梁，为言语行为的研究提供了新的视野和方法。通过综合考察语言和非语言行为的多模态特征，以及借助多模态语料库，我们能够更全面地理解和解释言语行为的意义和功能。

在修辞学的理论范畴（#1）中，黄立鹤（2018）提出了“多模态修辞学”的概念，并强调了基于多模态语料库的修辞研究的重要性。他认为，该领域的研究应当以真实的修辞行为主体为基础进行建模，并通过构建多模态语料库进行修辞分析，这是具体的操作方法。多模态修辞学的构建旨在为修辞研究提供一种新的考察视角和研究方法，以开展全新的研究课题。传统修辞学主要关注语言层面的修辞表达和效果，而多模态修辞学的引入则将焦点扩展到多种模态的相互作用和协同表达中。通过综合运用图像、声音、动作等多种非语言元素，多模态修辞学使得修辞研究能够更加全面地揭示修辞行为的复杂性和多样性。在具体的研究方法上，构建多模态语料库是多模态修辞学的关键步骤。通过收集并整理不同模态的修辞表达实例，研究者可以对多模态修辞行为进行系统性的观察和分析。多模态语料库的建立为研究者提供了大量的实证材料，使得他们能够深入研究多模态修辞在不同语境和文化背景下的使用情况，并进一步探讨修辞行为与情感、认知、文化等因素之间的关联。通过多模态修辞学的研究，我们能够更好地理解多模态修辞的机制和效果。多模态修辞学不仅有助于揭示修辞行为在多个模态之间的相互影响和协同作用，还能够深化对修辞的认识和应用。它为研究者提供了一个全新的视角，以解读和解析修辞在视觉、听觉和身体语言等多种形式中的具体表现，并为修辞实践的理论基础和实际应用提供有力支撑。

二语语用（#2）这一范畴所讨论的重点议题为二语语用能力，特别是多模态二语语用能力的发展问题。所谓二语语用能力是指二语学习者在社会环境中进行恰当交流的能力，而交流则涉及不同模态的相互作用。在二语语用研究中引入多模态的研究范式可以帮助我们重新审视语用学经典研究课题，可拓宽其研究视角并更加清晰地揭示语言以及其他模态在话语意义构建过程中所扮演的角色。比较具有代表性的研究是裴晓宇、杨连瑞和闫海娟（2020）的研究。他们以多模态互动分析方法为基础，对中国英语学习者和津巴布韦英语学习者的道歉行为进行了深入研究。他们通过角色扮演任务，模拟了面对面的互动交流情境，并结合多模态分析工具，包括手势、头部动作、眼神、面部表情、身体姿势和口语六种不同模态资源，来探索不同参与者之间在道歉行为中的模态使用情况。在研究中，研究者使用了雷达图这一可视化工具，以直观的方式展现了参与者在各个模态上的表现差异和相似性。雷达图通过将各个模态的密度表示为可视图中的不同边缘位置，使研究者能够更清晰地观察和比较不同参与者在道歉行为中不同模态的使用情况。这种多模态分析方法的引入，为研究者提供了一种全面而系统的方式来观察和解释二语学习者在道歉交际中的语言和非语言行为。通过综合考察多种模态资源的使用情况，研究者能够更准确地揭示道歉行为中各个模态的贡献和相互作用。这不仅拓宽了传统语用学研究的视角，将多模态分析引入道歉行为研究中，而且通过对二语学习者的观察，为我们理解二语语用能力的发展和交际策略的使用提供了线索。

在多模态分析方法的范畴（#3）中，张德禄（2009）尝试基于系统功能语言学理论构建了一个多模态话语分析的综合框架，旨在深入理解和解释多模态话语的结构和意义。这一框架由五个层面的系统及其次级范畴组成，包括文化层面、语境层面、意义层面、形式层面和媒体层面。首先，文化层面涉及多模态话语中反映出的文化价值观、信仰体系和社会背景等因素。这一层面的分析帮助我们理解多模态话语如何受到文化背景的影响以及如何传递文化信息。其次，语境层面关注多模态话语的具体交际场景和语境条件。这包括参与者的身份、角色、关系以及话语产生的时间、地点和社会背景等因素。通过研究语境层面，我们可以了解多模态话语如何适应不同的交际环境和情境需求。意义层面是多模态话语分析的核心，它关注多模态话语的意义构建和传递过程。这一层面涉及各个模态的语义特征，如图像的视觉意义、声音的听觉意义以及其他非语言元素的意义表达。通过分析意义层面，我们可以揭示多模态话语中各个模态之间的相互关系和作用方式。形式层面涉及多模态话语中各个模态的形式特征和结构。这包括语言的词汇、语法结构，图像的构图、颜色运用，声音的音调、节奏等方面。通过研究形式层面，我们可以了解不同模态在多模态话语中的表达方式和组织结构。最后，媒体层面关注多模态话语所使用的媒体工具和技术。在现代社会中，多媒体和数字技术的发展使得多模态话语的创造和传播更加多样化和便捷化。媒体层面的分析有助于我们理解多模态话语在不同媒体环境下的特点和影响。

通过上述的研究可以发现，国内的学者尝试以汉语语料为基础构建大型语料库，并在此基础上提出多模态语用分析框架、多模态修辞学理论等。这也说明多模态语用理论的本土性特征，以及不断发展的巨大潜力。

第五节 多模态语用合作网络

多模态语用的合作网络是指相关学者的被引频率以及彼此之间相互合作的情况，可以通过作者共被引分析实现。本书借助 CiteSpace 软件对合作网络展开分析，以获取多模态语用研究中高被引作者的分布，并确定该领域有影响的学者。此外，通过分析作者的共被引网络和聚类，还可以了解该领域中相似作者的研究主题及其学科领域分布（李杰、陈超美，2016）。在实际操作过程中，研究者将时间范围确定为2021—2023年，在CiteSpace软件的“Time Slicing”功能中进行设置。之后，选择“Nodes Types”处的“Cited Author”选项。然后，采用最小生成树算法对数据进行处理。通过这一步骤，研究人员能够获得合作网络的基本结构和成员之间的联系。接下来，研究人员使用CiteSpace软件中的“visualize”功能对运行结果进行可视化呈现。可视化界面提供了对节点等数据的操作选项，使研究人员能够根据需要进一步分析和解读合作网络的特征和模式。通过对网络中的节点、边和群集等信息的操作，研究人员可以形成多模态语用研究的可视化结果。为了记录研究结果，研究人员使用截图软件对可视化结果进行截图，从而获得图8-4。

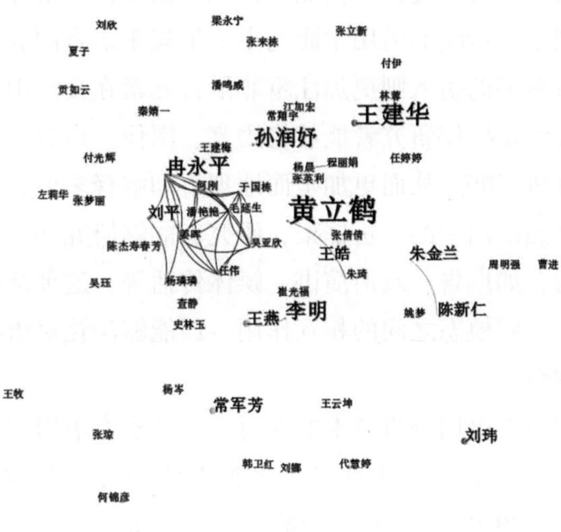

图8-4　多模态语用合作网络

通过图8-4可以看出，多模态语用研究的合作网络呈现相对分散的状态，大致可以分为以下五类。

第一类为多模态语用概念的提出。该方法得到了包括陈新仁、钱永红、朱金兰等在内的诸多学作者的关注。其中，陈新仁和钱永红（2018）探讨了将多模态分析法应用于语用学分析与研究的必要性和可行性，构建了一个适用于语用阐释的多模态分析框架，并通过个案实例进行了实证分析。这项研究的主要目标是将多模态分析法引入语用学领域，以增强对语用现象的理解和解释。两位学者认为，语用学的核心是探究语言使用的意义和功能，而多模态分析法能够更全面地捕捉和分析多种模态之间的相互作用。通过引入视觉、听觉、身体语言等非语言元素，该方法能够揭示语用行为的多样性和复杂性，为语用学研究提供新的视角和深入分析语用现象的工具。在这一多模态分析框架的指导下，不少研究者尝试利用多种模态数据对汉语语言文本进行语用分析。依据该框架中关于语言、图像、声音和动作等多个模态的相互关系的分析模式以及这些模态之间交互作用的方法和步骤，研究者系统地观察和解读了多模态数据中的语用信息，揭示各个模态在语用构建过程中的作用和相互关系，帮助理解话语互动中语用行为的意义和功能。

第二类为多模态语用分析框架的提出。在多模态语用学概念的基础上，不少的研究者正尝试提出语用学的分析框架（魏爽、杨昆，2014）。多模态语用分析框架的研究旨在构建一种理论模型，以解释和分析多模态交际中的语用现象。传统的语用学研究主要依赖于语言的表达和交际，而多模态语用分析框架的引入则更加注重非语言元素在交际中所扮演的重要角色。这种框架的发展使研究者能够将语言、图像、声音、动作等多种模态的信息纳入分析范畴，从而更加全面地理解和解释多模态交际中的语用行为。通过多模态语用学的分析框架，研究者能够研究和探索多种交际情境中的语用行为，如广告、政治演讲、媒体传播等。这种跨模态的研究方法不仅能够揭示不同模态之间的相互作用，还能够深化对语用行为背后的意义和目的的理解。

第三类为多模态语用分析技术的探讨。在多模态语用学和多模态分析框架的基础上，不少的学者正在进行多模态语用分析技术的探讨（如，黄立鹤、张德禄，2019）。其中，一部分学者（如，姚玉媛，2022）将多模态研究聚焦于不同感官模态之间的相互作用和整合，探索人类如何通过多种感官来感知和理解世界。通过研究感官系统的神经基础，可以揭示多模态信息处理的机制和规律。另一部分学者（如，鲁静，2023）则将多模态概念视为在社会文化中形成的创造意义的符号资源。这一观点强调多模态研究的文化和语境依赖性，关注符号和意义在多模态交际中的生成和解读过程。通过分析多模态符号的语言、图像、声音和动作等元素，可以揭示不同文化和社会背景下的多模态交际方式和意义构建。此外，还有一些学者（如，崔中良，2024）将多模态定义为人机交互中的信息呈现方式。这一观点将多模态研究应用于人机交互系统的设计和改进中。通过多模态技术，可以通过更丰富和有效的方式向用户传递信息。国内学者还进一步讨论了多模态研究的路径和涉及的领域问题。多模态研究的路径包括符号学属性的研究、语料库语言学研究、神经科学研究以及人机交互与学习科学中的研究。这些路径的选择取决于研究者的兴趣和研究问题，但它们共同致力于深入理解多模态信息处理和交际的本质。

第四类为多模态语用学理论和技术在新型媒介中的应用。国内的学者(如，王建华，2018)，尝试在政务新媒体等新型媒介中进行多模态语用学理论和技术的应用性分析。研究者可以研究不同媒体元素之间的关系，以及它们如何共同构建语用效果和传达政务信息。此外，国内学者认为，对新媒介的多模态语用分析应当关注话语实体、语用环境和语用主体这三个关键要素。以政务新媒体为例，话语实体包括政务新媒体的内容和形式，语用环境指涉传播环境和受众特征，而语用主体则是指发出和接收政务信息的个体或组织。当然，在进行多模态语用分析的过程中，这三个要素并不是独立进行分析的，而是采用系统的观念，进行联合的分析。通过对这些要素的综合分析，可以揭示政务新媒体语用行为的动机、目的和效果。

第五类研究是针对传统文本语篇的多模态语用分析。国内的相关研究还致力于探索传统文本语篇的多模态语用特征。例如，杭芸芸和韩卫红(2013）以唐代温庭筠的《菩萨蛮》和宋代柳永的《雨霖铃》《雪梅香》为例，运用多模态分析法对这些语篇进行语用分析，全面客观地描述语篇中语言的使用，欣赏唐宋词语篇中语言模态与非语言模态之间的相互协作，以共同创造认知语境。他们的研究表明，词语篇的语用效果不仅仅依赖于语言表达，还与非语言模态的运用和组织密切相关。通过分析语言和非语言模态之间的相互作用，人们可以更好地理解和欣赏唐宋词语篇中所创造的情感、意象和意义。这些研究成果不仅为多模态语篇分析提供了实践性的范例，而且凸显了多模态语用理论框架在政务、文学等领域中的指导作用。

总体来看，多模态语用学研究的学者所涉及的领域具有多样性的特征。也正因为如此，学者之间的合作网络分散，并没有形成明显的连接网。因此，有必要加强学者之间的合作，促进多模态语用学的生态发展。

第六节 多模态语用研究展望

结合国内多模态语用研究的可视化图像、数据图表等各方面的研究可以发现，国内多模态语用学研究呈现不断发展的态势，将语用学理论和多模态技术进行结合具有良好的发展前景。在可视化分析的基础上，本研究认为未来多模态语用研究趋势包括以下五个方面。

第一，研究对象方面的新媒体介入。随着技术的不断发展，新型媒介不断出现，如自媒体、网络直播平台、共享软件等新兴媒体在为人们生活提供便利、丰富人们生活的同时，也导致了一系列的社会问题。因而，如何能够通过多模态的方式理解新媒介交际过程中人们的语言与非语言表征、折射的心理活动以及为各种新媒介引发的社会问题寻求解决方案、维护网络的安全等都成为多模态研究需要关注的问题。

第二，研究视角方面的跨学科交叉。当前，多模态研究的跨学科与超学科趋势已成必然（Li et al.，2013）。这种跨学科研究将多模态语用与其他学科领域相结合，为多模态语用研究提供了更加广阔的视野。多模态与神经科学的交叉研究是语用研究中的一个重要方向。通过结合脑科学的研究方法和技术，可以揭示多模态语言交际过程在大脑皮层中的工作原理。例如，使用功能磁共振成像（fMRI）等神经影像技术，研究者可以观察和分析多模态语言输入对大脑活动的影响，进一步探索多模态信息处理的神经机制。这种跨学科研究可以为理解多模态语言交际的认知和神经基础提供线索。

多模态的元认知研究是多模态语用研究的另一个重要方向。尽管国内在多模态的元认知研究方面相对较少，但通过进行元认知研究，我们可以更清楚地了解多模态研究的趋势和发展方向，进一步推动多模态研究的发展。元认知是指对自身认知过程的监控、调节和控制。在多模态研究中，元认知起着重要的作用，因为多模态信息的处理需要对不同媒介的注意力、记忆、推理和问题解决等认知过程进行协调和调节。多模态的元认知研究关注的是多模态信息处理中的元认知策略、元认知监控和元认知调节的特点和机制。通过多模态的元认知研究，我们可以揭示多模态信息处理中的认知策略选择和应用。例如，在观看一段视频时，我们可能会选择注视视频中的某个区域，同时注意视频中的语言信息和视觉信息，并对自己的理解和记忆进行监控。通过研究元认知策略的使用，我们可以了解多模态信息处理中的认知加工模式和优化方法。此外，多模态的元认知研究还可以探索多模态信息处理中的元认知监控和调节机制。元认知监控涉及对自己的认知过程和任务完成情况的评估，而元认知调节涉及对认知过程的控制和调整。在多模态环境下，如何准确地监控和评估自己对不同媒介信息的处理效果，并灵活地调节认知策略和资源分配，是多模态元认知研究的重要问题。

第三，研究方法方面的混合特征。多模态语料库的构建是语用研究的重要发展方向。目前，国际上广泛使用的英国国家语料库（British National Corpus）以及国内的现代汉语语料库（CCL Peking corpus）等，虽然内容丰富、覆盖范围广，但其媒介形式主要局限于文字。然而，结合多媒体形式构建多模态语料库，将为语用研究带来重要的研究价值（Kipp，2009）。随着通信和媒体技术的快速发展，人们在交际中使用的信息形式越来越多样化，包括文字、图像、声音和视频等多种媒介。构建多模态语料库的目标是收集和整理包含多种媒介形式的交际数据，以更全面、综合的方式呈现语言使用的各个方面，从而为语用研究提供更丰富、多元的研究材料。为了构建多模态语料库，需要利用先进的多媒体技术和数据采集方法。

此外，会话分析方法已成为语言学领域主流的研究方式之一。然而，传统的基于文字的会话分析方法仅侧重于语言文字层面的分析，无法全面捕捉多媒体交际的复杂性。因此，如果我们能够突破基于文字的单一模式，采用多媒体和多模态的方法展开会话分析，将能够取得更好的研究效果。结合多模态的会话分析方法可以将语言文字与其他媒体形式，如图像、声音和视频等，相互融合。通过分析交际过程中的多媒体元素，研究者可以更全面地理解和解释会话中的语用现象。例如，通过观察参与者的非语言行为、面部表情、语调变化等，可以揭示多模态交际中的情感表达、信息重要性、意义解读等元语用特征。

第四，研究内容方面的融合性分析。意义的生成与互动一直是多模态研究的理论基础和研究框架。然而，传统的解释和描述方式有时在意义的生成和理解过程中显得有些单一和疲乏。因此，如果我们能够采用隐喻的方式，尤其是多模态隐喻的方式，使听话人（读者）能够准确无误地理解说话人（笔者）的意义，将会产生重要的理论价值和实际意义。隐喻是一种通过比喻性语言和多模态表达来传递意义的修辞手法。它可以通过将一个概念与另一个概念进行联系，以便更清晰地传达信息和观点。在多模态交际中，隐喻的运用更加丰富多样，包含了语言文字、手势、图像、声音等多种媒介形式。例如，医生向病人解释肿瘤情况时，可能通过话语隐喻、手势说明肿瘤的大小和形状，或者通过图片作进一步的说明。这样的多模态隐喻不仅可以增强信息的清晰度和表达效果，还能够使接收者更直观地理解和记忆信息。

第五，研究归宿方面的多维度应用。多模态在学术和教育领域的应用性研究是多模态语用研究的重要发展方向。尽管国内的多模态研究在教育领域的应用得到了一定的关注，但对于学术领域的应用却相对较为轻视。然而，多模态研究在学术领域的应用具有巨大的潜力和价值。学术领域，多模态研究可以为学术交流和学术写作提供有力的支持。学术交流涉及学者之间的口头演讲、学术会议和研讨会等场景，而学术写作则涉及学术论文、书籍和研究报告等文本形式。传统学术交流和学术写作主要以语言文字为主，但多模态研究可以将文字与图像、音频和视频等多种媒介形式相结合，使学术直观、生动。通过使用多模态元素，学者可以更好地传达他们的研究发现、理论观点和创新思想，提升学术交流和学术写作的效果和影响力。此外，多模态研究在教育领域的应用已经取得了显著的成果，但仍有更大的发展空间。多模态教学可以通过整合文字、图像、声音和视频等多种媒介形式，为学生提供更丰富、多样化的学习体验。例如，在语言学习中，多模态教学可以结合图像和声音，帮助学生更好地理解和掌握语言的语音、语调和语境特征。

第七节　本章小结

多模态语用研究方兴未艾。为了深入了解国内多模态语用研究的特征，研究人员借助 CiteSpace 软件，从发展轨迹、研究前沿、理论结构和合作网络四个方面展开了研究。这样的分析为我们提供了对多模态语用研究的全面认识，同时也为进一步发展该领域提供了重要的参考。首先，研究人员分析了多模态语用研究的发展轨迹，并发现该领域正处于急速上升阶段。这表明多模态语用研究具有广阔的发展空间，研究者应该抓住机遇，加大对多模态研究的力度，推动该领域的进一步发展。其次，研究人员对多模态语用研究的前沿和热点问题进行了分析。研究发现构建多模态语料库和基于多模态语料库的老年语言学研究等是该领域的前沿话题。这些研究方向具有重要的理论和实践价值，能够为我们深入理解多模态交际、语言变异和社会互动提供新的视角和方法。目前多模态语用学的研究在理论上主要借鉴了国外的成果，尽管国内学者也在尝试构建本土化的理论框架，但仍需要加强国内外学者之间的合作，促进理论的融合和发展。最后，研究人员提出了多模态语用研究的五个发展方向。这些方向涵盖了多模态语用研究的不同领域和层面，例如情感表达、语言变异、跨文化交际等。这些发展方向为研究者提供了重要的指导，可以引领未来的研究方向，推动多模态语用研究的深入发展。本书通过借助 CiteSpace 软件对多模态语用研究进行综合分析，从发展轨迹、研究前沿、理论结构和合作网络等方面提供了对该领域的深入了解。这项研究对于了解多模态语用研究的发展轨迹具有借鉴意义，并为本土多模态语用的发展提供了重要的参考。

第九章 实验语用

第一节 实验语用研究背景

实验语用学（Experimental Pragmatics）是一门涉及语言学、哲学、心理学、认知科学和统计学等学科的新型研究领域，也是语用学研究的前沿课题之一。该术语最早出现于 1999 年的 *Cognition* 杂志上（Nicolle & Clark，1999），主要指通过实证主义方法，尤其是实验研究法，对语用学问题进行研究。实验方法在语用学研究中的应用历史悠久。例如，通过实验方法研究不同文化背景下人们在道歉、致谢等言语行为方面的差异，进行跨文化语用学研究；或者使用实验方法研究语用学习者的语用能力发展等语际语用学的问题。然而，“实验语用学”作为一个新兴的概念主要在于其倡导将实验方法应用到语用学各个领域。在实验语用学中，几乎所有语用学的理论都可以通过一定的实验方法进行验证。实验语用学的目标是通过系统实验设计和数据收集，验证和支持语用学理论假设，并为理论提供实证依据。实验语用学强调通过实验手段来理解人类语言加工的心理机制。

人类大脑语言机制的探索是整个语言学研究的核心，而不同的研究分支关注于该机制的不同层面。在语用学研究中，关注的是语言的得体使用和正确理解这两个层面，它们本质上是一种认知心理加工过程。基于这种内在联系，实验语用学尤其倡导采用心理学研究中的实验手段和技术来探讨语用研究课题。通过实验语用学的方法，研究者可以设计实验任务、收集数据，并进行数据分析和解释，以验证或修正语用学理论。这种实证主义的方法使得语用学研究更加科学化和系统化，为我们对语用现象的认识提供了实证支持。实验语用学的发展不仅丰富了语用学领域的研究方法，也促进了跨学科合作，为我们深入理解语言使用和交际行为提供了新的视角和研究范式。实验语用学是一门全新的学科，旨在研究语用学、心理语言学和推理的心理机制。自2001年在法国里昂成功举办第一届实验语用学国际会议以来，实验语用学研究受到了国内外学者的关注。在国外，学者们（如Clark和Novek等）专门创建了实验语用学的网站，旨在展示该领域的发展历程和最新动态。这些网站提供了研究成果的汇总、实验设计的分享以及领域内学者的互动交流平台，促进了实验语用学研究的发展。在国内，实验语用学也成为第十二届全国语用学研讨会的重点议题。学者们纷纷投身于实验语用学的研究，并在会议上分享他们的最新成果。这种国内外的关注使得实验语用学在学术界逐渐得到认可。

为了更系统地了解实验语用研究的特征、热点和发展轨迹，本研究尝试采用文献统计工具对实验语用进行知识图谱分析。这种分析方法可以帮助研究者整合和梳理大量的文献信息，揭示不同研究领域之间的关联性和发展趋势。通过知识图谱分析，研究者可以更好地了解实验语用学的研究范围、方法和理论基础，为该领域的进一步发展提供指导和借鉴。实验语用学的知识图谱分析将为研究者提供一个全面的视角，使他们能够更好地把握实验语用学研究的脉络和动态。这种深入的分析有助于揭示实验语用学研究的前沿领域、潜在研究方向以及与其他学科的交叉点。这将为实验语用学，乃至语用学理论的发展提供动力。

本书旨在回答以下四个问题：（1）实验语用研究的时间序列分布特征是怎样的？（2）实验语用研究的前沿热点是什么？（3）实验语用研究中起着关键作用的文献有哪些？（4）实验语用研究的作者合作网络是什么？为了解答上述问题，本章采用了可视化分析软件CiteSpace（引文空间）作为研究工具。在本书中，我们将从实验语用研究的基本情况出发，通过分析文献中的关键词共现、文献共被引等维度，考察实验语用研究的最新动态。

本章将运用多种方法，包括绘制图谱、提取关键节点文献和应用关键词聚类等展开分析。首先，我们将通过绘制时间序列图谱来揭示实验语用研究的时间分布特征。通过分析文献的发表时间和引用情况，我们可以了解实验语用研究的发展趋势和变化规律。其次，我们将利用CiteSpace软件提取关键节点文献，即在实验语用研究中具有重要影响力的文献。这些关键节点文献可能包含了实验语用研究的经典著作、具有开创性意义的论文或者在该领域具有较高引用量的文献。通过对这些文献进行分析，我们可以考察实验语用研究的核心内容和重要发现。最后，我们将探讨实验语用研究的作者合作网络。通过分析研究者之间的合作关系，我们可以了解实验语用学术圈的结构和动态。这有助于揭示实验语用研究领域的知识传播与合作交流情况，为学者们提供合作与拓展研究网络的机会。通过以上方法的综合运用，本书将为我们提供实验语用研究的全貌和最新动态。

第二节 实验语用发展轨迹

实验语用的发展轨迹是以年度发文量作为基础进行统计而获得。为了能够了解实验语用的发展轨迹，本书通过国内知名的文献数据库——中国知网（CNKI）收集相关的数据。数据收集过程中，笔者以“实验+语用”作为检索词进行检索。之后，笔者选择“中文”“社科”总库。时间选择2023年及以前的所有时间。经过筛选，本书共获得663条与实验语用研究相关的文献记录。随后，笔者按照Refworks的方式对这些数据进行保存，并且将下载的文件保存为download_ experimental pragmatics的格式，以方便后续的分析。为了能够更为清晰地展示实验语用历年发文情况，本书绘制出如图9-1所示的发展轨迹图：

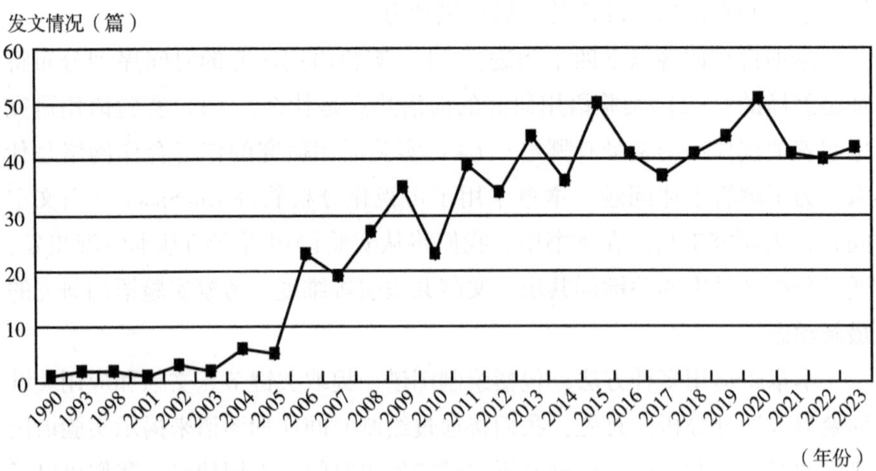

图9-1 实验语用发展轨迹

从图9-1可以看出，国内实验语用研究最早出现于1990年，之后经历了三个不同的发展阶段。

第一阶段（1990—2006）是实验语用研究的初步发展阶段。在这一阶段内，实验语用的相关研究刚刚起步，国内的学者一方面尝试在语言学研究中使用实验方法，另一方面努力将实验语用学的概念介绍至国内。比如，有的学者尝试采用实验方法探讨专业英语口语教学中如何培养学生的语用能力（胡美馨，2004）。通过 t 检验和 ANOVA 方差分析对数据进行统计和分析，研究发现学习者的英语语用能力未得到有效提升。结合分析结果，研究者对实验设计进行了反思和讨论，并对教学提出了改进建议。这项研究为国内实验语用学的发展提供了实证基础，并引发了对语用能力培养的进一步思考。此外，还有学者尝试将 Noveck 和 Sperber 的实验语用学概念介绍至国内，系统分析了如何将实验方法应用于语用学研究之中（方传余，2006）。研究认为，实验者的假设与相应理论之间的联系有时不够清晰，实验验证的模式与基于该模式构建的语用学理论之间存在一定距离。实验所验证的只是依据某一现有理论而建立的推理模式，而非该理论本身，因此对某一模式的证伪并不一定构成对相应理论的证伪。这些早期的研究为实验语用学奠定了基础，并在实践中提出了一些问题和挑战。虽然存在一些方法上的限制和理论上的不足，但这些研究为实验语用学的发展指明了方向，也为后续的研究提供了借鉴和启示。随着实验语用学领域的不断发展，学界对实验方法的应用和理论框架的完善会取得更多的研究成果。

第二阶段（2007—2009）是实验语用研究的高速发展阶段，实验语用研究的文献数量从 5 篇迅速跃升至 18 篇。在这一阶段内，国内学者对实验语用学进行了系统的介绍，并应用实验语用的方法。例如，周榕和冉永平（2007）提及实验语用学是语用学研究的新取向。他们详细论述了实验语用学研究的理据和动因，并重点介绍了基于社会心理学、心理语言学、发展心理学和神经生理学取向的实验语用学研究及其方法。这项研究为国内学者提供了实验语用学研究的框架和方法，推动了实验语用学在国内的发展。还有学者通过实验方式研究了学生在听力训练中如何提升会话含义理解能力（倪秀英，2008）。研究发现，在提高教学效果方面，教师需要培养学生的推理能力，使学生掌握相关知识，提高会话隐含推理能力，从而增进对英语会话的理解。研究突出了实验语用学在语言教学领域的应用，并为教师提供了改进听力训练的指导方向。与之类似，刘百玲（2009）采用实验方法探讨如何提升学生的语际语用能力。她从英语恭维语回应策略的角度出发，探讨了显性语用教学模式对语用能力发展的影响，并通过实证结果证明了外语学习者的语用能力可以通过显性语用课堂指导得到提高。这项研究对于语用教学的实践提供了有力支持，并为教师提供了教学策略和方法。这些研究标志着国内实验语用学的快速发展，并且在实验语用学的理论和应用方面取得了重要进展。这些学者的努力为实验语用学的研究提供了更多的案例和方法，推动了实验语用学的学科建设和应用推广。随着时间的推移，实验语用学将继续蓬勃发展，并在理论和实践层面对语言使用和理解的认知过程做出更深入的分析。

第三阶段（2010—2023）是实验语用的成熟发展阶段。虽然这一阶段实验语用学研究数量有所波动，但整体发展趋势相对平稳。国内学者开始尝试针对汉语语料进行实验研究，并致力于将实验语用学的概念本土化。国内学者采用实验方法对汉语中的级差含义展开分析（陈冰飞、张绍杰，2012）。研究发现，在话语理解过程中，汉语中的级差含义“不是全部”并不像新格赖斯语用学默认理论所预测的那样能够迅速产生，而是需要更多的加工时间。这一发现表明级差含义的性质更接近于语用推论。这项研究丰富了汉语语用学的实验研究领域，并对语用推论的理解提供了新的视角。相关的研究表明，中国语用学研究出现了新的发展趋势，实证方法大量涌现，实验语用学研究也得到不断完善（曾衍桃、赵庆龄，2013）。也就是说，实验语用学研究正朝着本土化方向发展。国内学者在实证方法的应用上取得了重要进展，为实验语用学的发展提供了坚实基础。在本土化的过程之中，国内学者进一步讨论了实验语用学的研究范式、路径及应用前景等内容（李捷，2021）。研究者尝试将实验语用学的方法应用于不同领域之中，如教育、交际、认知等，并强调了实验语用学对理论建构和实践应用的重要性。这些研究对实验语用学的未来发展提供了思考和展望。

第三节 实验语用研究前沿

实验语用的研究前沿主要体现为一些关键性的话题，往往通过关键词共现的方式体现出来。为了能够清晰地了解实验语用的发展前沿，本书采用 CiteSpace 软件，对所收集数据的关键词进行可视化分析。关键词是文献主旨内容的精确概括，为考察文献的核心观点提供可信指标（曾广、梁晓波，2017）。对于关键词共现网络的分析能够反映出实验语用研究的文本内容特征。这对于了解实验语用研究的热点、趋势以及范畴特征等具有重要意义（李杰、陈超美，2016）。在实际操作的过程中，笔者在CiteSpace界面中的“Node Types”选择“Keyword”。随后，“Time Slicing”部分选择从1990—2023年，时间切片设定为1年，然后运行软件。之后，笔者选择“visualize”对运行的结果进行可视化呈现。在可视化界面，笔者选择“find clusters”和“label clusters with title terms”对结果进行聚类分析。随后，笔者选择“timeline view”，按照时间顺序对可视化结果进行呈现。笔者通过截图软件对出现的结果进行截图，获得图9–2。

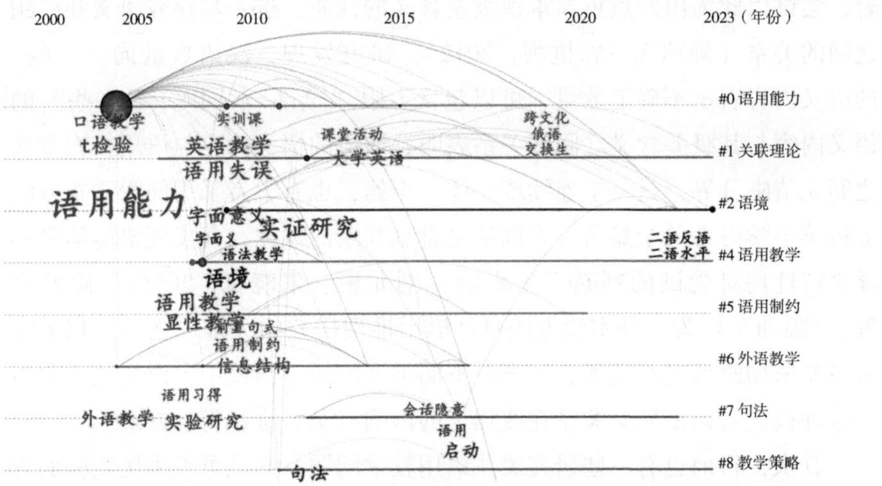

图 9–2　实验语用研究前沿

从图9–2可以看出，实验语用研究的话题可以分为8个范畴，包括：语用能力（#0）、关联理论（#1）、语境（#2）、语用教学（#4）、语用制约（#5）、外语教学（#6）、句法（#7）和教学策略（#8）。其中，语用能力、关联理论和语用制约均与研究内容相关，语用教学、外语教学和教学策略均与教学相关，而语境、句法等在一定程度上与研究方法密切相关。

首先，从研究内容来看，语用能力（#0）、关联理论（#1）和语用制约（#5）三个范畴之间存在密切的联系。关联理论中的语用推理在某种程度上来说是人类的一种语用能力，而语用制约中的信息结构等是语用能力的一个重要研究话题，所以将这三个范畴进行统一讨论有其合理性。这三个范畴所涉及的关键词包括：课堂活动、语用失误、信息结构、显性教学等。其中，显性形式聚焦教学是提升学习者语用能力的一种教学手段。目前，不少学者以实验的方法分析显性教学对于提升学习者语用能力的积极作用。比如，杨昆、毛延生（2016）通过实验研究发现，接受显性教学的英语学习者在请求言语行为的形态方面表现出显著的多样性差异，语用特征方面表现为更好的礼貌性特征，并且在具体社会语境条件下使用请求言语行为时学生也有着更好的适切性。信息结构、语用失误等关键词与语用推理密切相关，不少学者尝试采用实验的方式分析话语中的信息结构问题。比如，有的学者采用心理学实验的方法探究汉语级差词项的语义内容，尝试以此为出发点重新审视级差含义的性质，进一步探究语义和语用之间的关系（陈冰飞、郭桃梅，2012）。研究发现，汉语数量词“一些”的语义内容表示不确定数量，可以包含上限“全部”。同时，“一些”的语义内容与其级差含义之间的关系表明，话语的语义内容与语用扩充意义之间无清晰分界，是一个连续统一体。当然，也有学者采用问卷调查方法分析英语学习者关于显义可否取消之直觉判断的数据，并发现语境信息和显义特性均对受试的判断产生影响（刘龙根、朱晓真，2015）。除此之外，“眼动”作为一种实验方法也是语用推理研究的关键词之一。相关学者主要采用眼动追踪技术，考察在不同类型的句子语境中，语义联系和语用推理机制对词汇同义关系在线加工的影响（如，庞杨等，2020）。

其次，目前也有一些研究关注语用教学问题，并且重点采用实验的方式分析如何才能提升学习者的语用能力。比如，夏登山和王嘉（2019）采用书面 DCT、口头 DCT 和语用实验三种方法考察大学生群体的汉语恭维回应行为。他们将三种方法的语料结果进行对比，并将所发现的异同与国外学者的方法对比研究相参照后发现，汉语语境下，三种方法收集的人际互动语料在平均句长、组合策略使用比例和接受恭维比例等方面存在系统的差异，这些差异与国外基于英语等其他语言研究所发现的差异既有相同之处，也表现出一定的汉语文化特性。而且，由于恭维回应也是人际语用研究的核心话题之一，因此夏登山和王嘉两位学者的研究发现对于人际语用能力的培养也起到一定的借鉴作用。

此外，从研究方法来看，语境和句法这两个范畴均涉及实验研究法，同时还有一些与实验语用研究相关的关键词（如，t 检验散落于其他的研究范畴）。实验研究本身是实证研究的一个重要组成部分，而实证研究则包括多种数据收集方式，包括实验室实验和田野调查等。同时，不论是实证研究还是实验研究，在对数据进行处理和分析时，常常需要运用 t 检验。以一项关于在商务英语精读中实施语用教学的实验报告为例，研究者基于语用教学模式的设计，在商务英语一年级的两个班级中进行了准实验研究，共纳入了 86 名学生（谢媛媛、林芸，2006）。研究使用了 t 检验的方法，分析了提高学习者语用意识的积极作用。在这项研究中，研究者采用了实证研究方法，更具体地说是实验方法，通过对数据进行 t 检验分析来评估实验的效果。这个例子清楚地展示了实证研究、实验研究和 t 检验之间的关系。从研究方法的角度来看，t 检验、实证研究和实验研究之间存在紧密的联系。它们相互支持和补充，共同构建了实验语用学研究的方法论基础。研究者们在设计和执行实验、收集和分析数据时，往往会综合运用这些方法，以获得准确而可靠的研究结果。

第四节　实验语用理论结构

实验语用的理论结构是指被引文献之间的关联性，可以通过文献共被引的方式获得。笔者通过 CiteSpace 软件对实验语用的参考文献及 Sigma 值等进行分析。Sigma 值是综合中介中心和突发强调测量节点重要性的指标（张继东、陈文，2016）。高 Sigma 值文献通常具有创新性，能在研究领域的知识结构上提供启发。由于中国知网中的数据不包含被引文献，因此笔者手动获取相关的参考文献，并转化为 CiteSpace 可分析的数据。在数据处理的过程中，笔者在“Node Types”中选择“reference”，在“Time Slicing”中选择 1990—2023 年，时间切片设定为 1 年，然后运行软件。之后，笔者选择“visualize”对运行的结果进行可视化呈现。在可视化界面，笔者选择“find clusters”和“label clusters with title terms”对结果进行聚类分析。随后，笔者对节点等数值参数进行处理后获得共被引可视化图。笔者通过截图软件对出现的结果进行截图，获得图 9-3。

根据图 9-3 所示，国内实验语用研究的理论结构可以划分为四个主要的理论范畴，包括心理语言学和实验语用学、实验方法（#1，#2，#3）、语义—语用学研究（#0，#4，#5，#6，#12）和语用教学（#7，#8，#9）。在这些理论范畴中，心理语言学是影响最大的理论范畴，研究者试图通过应用心理语言学的研究方法来解决语用学中的问题。国内的学者借

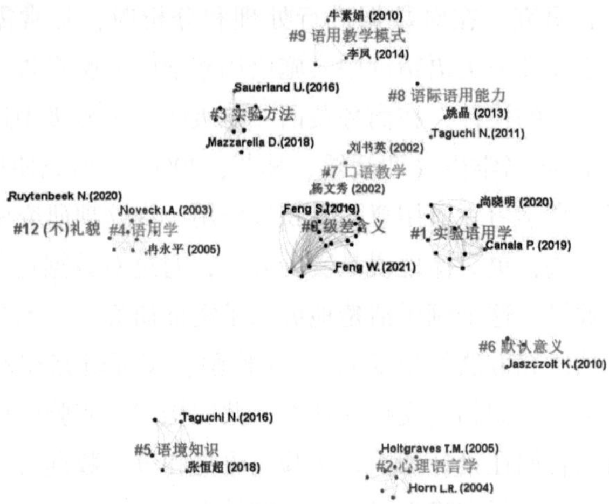

图 9-3　实验语用理论结构

用诺维克（Noveck，2001）的实验语用学方法对语用含义展开相关研究。诺维克的研究简单来说就是采用了两个不同组别，即儿童组和成人组，其中一个组被设定为实验组，另一个组作为对照组。在实验过程中，研究者需要构建模拟场景，使受试者更容易对实验材料的真实性产生共鸣。通过这种设计，研究者能够更好地控制实验条件，以便研究语用含义的产生和理解。这种明显的实验语用学特征为后续实验语用学的发展提供了借鉴。它强调了在语用研究中引入实验方法的重要性，并为研究者提供了一个切实可行的研究框架。通过对实验组和对照组的比较，研究者可以更准确地观察和分析不同条件下的语用现象，进而深入了解语用含义的认知过程。

此外，实验语用学的发展也受益于心理语言学和语用学之间的交叉融合。心理语言学的研究方法强调对受试者心理过程的观察和实证分析，通过实验设计和数据分析来揭示语言使用和理解的心理机制。在实验语用学中，借鉴心理语言学的方法可以丰富研究工具和方法，有助于研究者更全面地理解语用现象的认知和心理基础。通过将实验语用学与心理语言学相结合，研究者能够深入探讨语用含义的产生和理解的认知过程。实验语用学可以通过实证研究方法来验证和支持语用理论，并为语用学的理论发展提供实际的数据和证据。这种交叉融合为实验语用学的进一步发展提供了坚实的基础，并促进了对语言使用和理解的深入分析。

实验语用学研究的第二个理论范畴是语义—语用界面研究，其主要关注点是等级含义的推导问题。在这一理论范畴中，国内最具代表性的学者是张延飞（2012）。他提出了级差含义是凸显的、不依赖语境的默认意义，而听话人依赖语言使用的常规惯例自动地推导级差含义。其中，默认意义是语义学研究的核心话题，而级差含义则是语用学的核心话题。这一观点对语义—语用界面研究提供了重要的参考。后续的研究在分析等级含义的基础上更需要关注其与默认意义的关联。这为研究者提供了探讨语义—语用界面的新思路和研究方法。

在此基础上，一些学者展开了相关实验研究，以进一步分析汉语词汇中诸如“一些”等词的默认意义和级差含义（如，陈冰飞、张绍杰，2012）。研究者设计了一系列实验，通过观察和记录受试者的反应和解释，以揭示汉语级差含义在不同语境中的使用和理解模式。这些实验结果为进一步理解级差含义的推导过程以及语义—语用界面的机制提供了有力支持。这一研究方向的拓展不仅丰富了语义—语用界面研究的理论框架，而且对语用学乃至语言学的整体发展具有重要意义。通过实验研究，我们可以更准确地把握语言使用中的等级含义推导过程，进一步揭示语义和语用之间的相互作用机制。这为语用学的理论发展和实践应用提供了有力的支持，并推动了实验语用学研究在国内的持续发展。

实验语用学的第三个理论范畴是“语用教学”，相关学者主要关注如何采用实验的方法验证提升教学效果的方法。这一范畴的研究者致力于开发有效的语用教学策略，通过实验设计和实施来评估这些策略对学习者语用能力的影响，并进一步优化语用教学的效果。在语用教学领域，研究者关注以下问题：教学方法的设计和实施、教学材料的开发、教学评估的方法等。他们通过实验研究来验证教学策略的有效性和可行性，为语用教学提供科学的依据和指导。比如，任伟（2018）的研究以语篇补全法为工具，调查了120名大学生在使用汉语进行请求时所采用的语用策略。通过分析中国大陆和中国台湾地区学生之间的差异，以及地域与人际权势之间的交互作用，他发现地域和人际权势对两个地区学生在请求策略和外部修饰使用方面产生了影响。这样的实验研究为语用教学提供了实证数据，有助于指导语用教学中的教学设计和实施。基于实验的验证，教师可以调整教学策略，针对不同地域和人际关系的学习者提供更有效的语用教学内容和方法。通过实验方法的运用，语用教学的研究者可以探讨学习者在真实语境中应用语用知识和技能的能力，评估不同教学策略的效果，并为语用教学提供指导原则和实践建议。这一理论范畴的研究不仅有助于提高语用教学的效果，还为语用学和语言教育领域的界面研究提供了参考。

第五节　实验语用合作网络

实验语用的合作网络是指相关学者的被引频率以及彼此之间相互合作的情况，可以通过作者共被引分析实现。基于这样的考虑，本书将借助CiteSpace软件对合作网络展开分析，从而得到实验语用研究中高被引作者的分布，确定该领域有影响的学者，并且通过作者的共被引网络及聚类了解该领域中相似作者的研究主题及其学科领域分布（李杰、陈超美，2016）。在实际操作过程中，笔者在“Time Slicing”中选“1990—2023”，在“Nodes Types”处选择“Cited Author”，以一年为一个切片分区，采用最小生成树算法运行数据。之后，笔者选择“visualize”对运行的结果进行可视化呈现。在可视化界面，笔者对节点等数据进行操作后形成实验语用研究的可视化图，即图9-4。

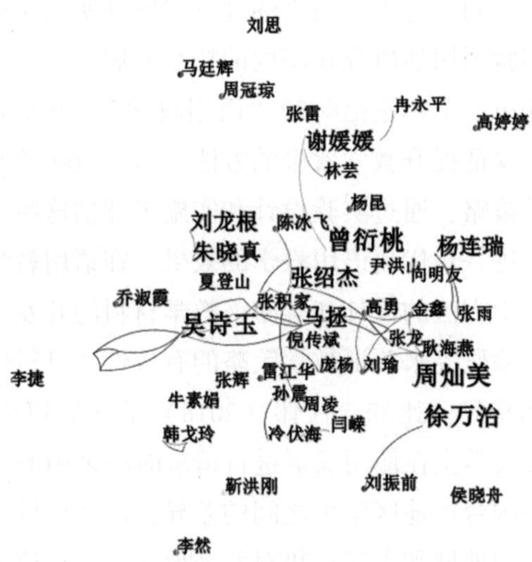

图9-4　实验语用合作网络

从图9-4可以清晰地看出，实验语用研究领域中，出现了吴诗玉、周灿美、徐万治等一批著名的学者。他们有的来自语言学领域，有的来自情报学领域，他们尝试运用实验、科学计量等方法来研究与语用学相关的问题，推动了实验语用学的发展。这些高影响力的学者可以大致分为三类。

首先是关注会话含义理解模式的研究学者。在会话含义理解方面，目前存在两种相互对立的模式：默认模式和未指定模式，由新格赖斯学派和关联理论学派提出。许多学者尝试通过心理认知方法来验证这两种模式，然而得到的结果却截然不同。为了重新验证会话隐含意义的解读模式，阿卜杜外力·热合曼和徐万治（2016）设计了一项新的心理实验。他们的研究试图揭示会话隐含意义的解读模式，并为这一问题提供新的解释。通过心理实验，他们讨论了参与者在不同情境下对于会话隐含意义的解读方式，以及可能存在的认知机制。他们的研究不仅对于理解会话含义的认知过程具有重要意义，而且对于实验语用学领域的方法论和研究方法也提供了启示。

其次是关注语用推理和推理机制的研究学者。在语用推理的研究中，一些学者致力于语用推理的认知机制以及它们在语用理解和意义生成中的作用。这些研究者采用实验设计和心理认知方法，以揭示人们在处理语用信息时所依赖的推理策略、注意力分配和认知加工机制。他们的研究对于理解人类语用推理的基本原理以及语用推理与其他认知过程的关系具有重要意义。当然，还有一类学者关注于多模态语用的研究。随着多模态交际的日益普及，研究者开始关注语言与其他非语言元素（如手势、面部表情、身体动作等）之间的相互作用和影响。这些学者运用多种研究方法，如行为观察、眼动追踪和脑成像技术，来分析多模态语用中的信息传达和理解过程。他们的研究旨在揭示多模态语用交互中的非语言元素如何与语言相互作用，以及它们对意义生成、情感表达和交际效果的影响。这些学者的研究为实验语用学领域提供了具体的研究抓手和方向。他们通过精心设计的实验和使用先进的研究技术，深入探究语用现象的认知机制、推理模式、多模态交互等方面的问题。他们的工作不仅丰富了实验语用学的理论框架，也为实际应用和实践提供了启示，促进了语言学和相关领域的学科交叉与融合。随着越来越多的学者加入实验语用学的研究，相信未来会有更多有关语用现象的深入讨论。

最后，还有一类具有代表性的学者专注于实验语用学中的语用教学研究。他们关注如何通过实验方法来分析语用教学对语用能力培养的显著性作用。一个典型的例子是杨昆（2016）的研究，他以英语道歉策略为研究切入点，选择高中三年级学生作为研究对象，并采用语篇补全测试

(DCT) 作为数据收集方式。通过对实验组和对照组的对比分析，并结合定量研究的方法进行假设验证，他验证了显性教学对语用能力培养的显著性影响。另一类学者的研究范畴介于会话含义理解和语用教学之间，主要关注的是（二语）隐喻理解的问题。例如，吴诗玉、马拯和冯新华(2014) 从词汇语用学的角度出发，采用跨模式启动实验的方法，研究了二语隐喻的理解加工机制。他们的实验发现，二语学习者在隐喻理解过程中抑制了与隐喻理解不相关的信息的激活，这为二语隐喻教学提供了启示。这些学者的研究为实验语用学领域提供了重要的实证研究支持，并丰富了语用教学和隐喻理解领域的理论和实践。他们的工作旨在揭示语用教学的有效策略、二语学习者的隐喻理解机制以及语用能力的培养过程，为语言教育提供科学依据和教学指导。这些研究对于二语习得和语言教学领域的理论和教学实践都具有重要意义。

第六节 实验语用研究展望

从相关研究现状可以看出，实验语用学正处于成熟发展期，每年研究成果相对较多。包括孙震、张辉、韩戈玲等在内的一批学者为实验语用研究做出了贡献。他们的研究主要集中于对语用能力、语用习得、言语行为、语义—语用界面研究等方面。其中，出现最早且影响最大的是语用能力方面的研究。从理论结构来看，实验语用研究可以归纳为心理语言学、语用推理、语用教学等几个方面。后续实验语用学研究需要从以下几个方面着手，展开系统深入的研究。

第一，实验语用学与心理学研究的进一步结合。心理学是实验语用学的源头之一，二者均采用实证主义方法展开研究。通过对实验语用学理论结构的分析，我们可以看出心理语言学在其中扮演着重要角色，这充分说明了语用、实验和心理学三者结合研究的必要性。尤其是随着认知心理学的迅速发展，其理论在语用学研究领域中也得到了应用，如关联理论、顺应理论等均是认知心理学的重要理论基础。然而，由于早期研究技术和条件尚未成熟，这些理论往往停留在假设阶段，尚未进行系统的实验验证或科学验证，只能算是理论的初步形态（周榕、冉永平，2007）。在实验语用学的研究中，实验方法逐渐引起了重视。实验方法为研究者提供了一种科学的、可控的方式来验证语用学理论。

通过设计实验，可以模拟和操纵不同的语用场景，观察和测量参与者在特定条件下的语用行为和认知过程。这种实验方法的运用为语用学研究提供了定量化的数据支持，使研究结果更具客观性和可靠性。实验语用学与心理学的结合不仅对语用学自身的发展具有重要意义，还对其他相关领域的研究具有启示和推动作用。特别是在认知语言学/语用学领域，实验方法的运用为研究者提供了更多关于语言认知加工和理解的细节信息。通过实验研究，我们可以更好地理解人们在语用交流过程中如何进行信息的编码、解码和推理，以及语言表达和理解中的认知机制。因此，进一步推进实验语用学与心理学的结合研究对于语用学领域的发展至关重要。这种结合不仅有助于完善语用理论，还可以促进实证研究的发展，提高语用学研究的科学性和可靠性。同时，它还为认知语言学和语用学的交叉研究提供了新的思路和方法，为相关领域的学科交叉合作提供了契机。

第二，实验语用学的统计学拓展在研究语用现象的本质和内在规律方面发挥着重要作用。首先，统计学方法为实验语用学提供了强大的工具，可以对语用现象进行量化和分析。通过采用统计学的方法，研究者可以对大量的语用数据进行收集、整理和归纳，并通过统计分析得出可靠的结论。统计学方法能够帮助研究者揭示语用现象中的规律和趋势，从而提供对语用行为和认知过程的更深入理解。其次，统计学方法的应用使得实验语用研究更具可信度和可重复性。通过采用合适的统计分析方法，可以对实验结果进行可靠的验证。这有助于消除主观偏差和误解的可能性，并使得研究结果更具有说服力和可靠性。

统计学方法的应用还可以帮助研究者对语用现象进行比较和推断，进一步揭示语用行为的特点和规律。此外，实验语用学中的统计学方法还能够促进与其他学科的交叉合作。通过与统计学家、计算语言学家、认知科学家等的合作，可以共同利用统计学方法来解决语用研究中的复杂问题。统计学的拓展使得实验语用学能够更好地与数据科学、机器学习和人工智能等领域进行交流和合作，推动语用研究的跨学科发展。最后，实验语用学中的统计学方法对于处理和分析大规模语料库也具有重要意义。随着数据的快速增长和技术的进步，研究者面临着处理和分析大量语用数据的挑战。统计学方法的应用可以帮助研究者从海量语料中提取有意义的信息，并揭示语用现象中的潜在规律和模式。

第三，探索实验语用学的具体研究抓手是实验语用学发展的重要方向。在实验语用学的研究中，理论上几乎所有语用学的课题都可能成为关注的对象。然而，由于现实条件和科学发展的制约，目前实验语用学的研究主要集中在语用推理过程的分析上，例如关联论推理的实验研究等。此外，实验语用学还致力于研究言语行为、语用能力、语用前提、隐喻认知等话题。在这些已有研究的基础上，进一步拓展实验语用学的研究范畴具有重要意义。一方面，可以分析使用先进技术分析话语互动过程中的人际因素和关系因素。例如，通过镜红外技术可以观察和记录言语行为的微小非语言信号，如面部表情、眼神交流、身体姿态等，以揭示人际关系对话语理解和推断过程的影响。这种研究方法能够深入探究人际互动的变化对语用意义的构建和解读的影响。

另一方面，可以进一步开展对特定语境和社会文化因素对语用行为的影响的实验研究。语用现象不仅受语言系统的影响，还深受特定的语境和社会文化因素的塑造。因此，通过设计具有特定背景和情境的实验，可以更全面地了解语用行为在不同情境下的变化和适应性。例如，可以探讨不同社会文化背景下的礼貌用语使用、语言态度的形成与变化等问题，以揭示语用行为的多样性和文化差异。此外，还可以通过跨文化实验比较不同语言和文化背景下的语用现象，以加深对语用行为的理解。比较研究可以揭示不同语言和文化对语用行为的影响，以及不同语言和文化之间的共性和差异。通过这种跨文化比较的实验设计，可以进一步探讨语用现象的普遍性和特殊性，促进实验语用学在跨文化交际研究中的应用。

第七节 本章小结

总而言之，本书从发展轨迹、研究前沿、理论结构和合作网络四个方面分析了国内实验语用研究的现状和发展轨迹。通过对这些方面的分析，可以得出以下几点结论，并提出相关的研究展望。首先，实验语用研究呈现高速增长的态势，并且未来有望成为语用学研究的热点课题。这表明研究者对于实验方法在语用学领域的应用和效果越来越感兴趣，并且意识到实验研究对于语用理论和实践的重要性。其次，研究前沿的知识图谱分析显示，语用能力、语用习得、语用推理以及语用学话题的统计方法研究等是当前研究的热点和前沿话题。这些话题反映了学者们对于语用能力的认知、语用习得的机制、语用推理的过程以及统计方法在语用研究中的应用等方面的关注。再次，国内学者在理论结构方面主要关注语用学和心理语言学理论的系统结合、语义学和语用学理论的系统结合，以及语用学理论在教学中的应用等。这表明国内学者重视将不同理论框架进行整合，以丰富实验语用研究的理论基础，并将研究成果应用于实际教学中。然而，目前实验语用研究学者之间的合作网络相对薄弱，导致理论之间的连接性存在不足。因此，后续的研究需要加强学者之间的合作与交流，促进理论之间的互补与融合，形成更为连贯和系统的实验语用理论。最后，本书提出了相关的研究展望。未来的研究可以依托丰富的汉语言资源，挖掘本土文献，开展更多针对汉语的实验语用研究，从而形成具有本土特色和系统性的实验语用理论。此外，还可以进一步分析实验方法在跨文化语用研究和二语语用习得研究中的应用，拓展实验语用学的研究领域和视野。

第十章　会话分析

第一节　会话分析研究背景

会话分析（Conversation Analysis）作为一种研究方法，起源于20世纪六七十年代的美国，其主要目标是揭示日常言语交际中反复出现的会话结构模式。尽管与话语分析有一定的关联，但话语分析和会话分析存在很大的不同（Levinson，1983）。话语分析通常采用传统的语言学研究方法，在进行研究之前往往有一定的理论或假设作为基础；而会话分析则要求在分析语料之前不带任何假设，而是通过观察日常会话来发现其中的规律性。会话分析的显著特点之一是其关注真实语料。过去，无论是索绪尔的结构语言学、布隆菲尔德的描述语言学，还是乔姆斯基的转换生成语法，都将语言视为一个抽象的结构系统进行研究，其分析的重点往往是单个句子，而日常会话往往被排除在研究之外。

实际上，日常言语交际并不像那些语言研究所描述的那样整齐划一。在大多数情况下，某一句话的使用往往依赖于语境。为了达到交际目的，发话人通常使用多个句子。此外，日常言语交际中的句子结构也不一定是完整的，为了提高交际效率，发话人经常使用短语或单词等。日常言语交际的复杂性促使人们对语言研究进行反思，而会话分析就是在这种背景下应运而生。会话分析通过对真实会话的细致观察和分析，致力于揭示人们在日常交际中的实际语言使用方式。它关注交互中的细节、转换、修正以及话语参与者之间的互动模式。通过分析会话中的语言现象，可以揭示出人们在特定情境下如何协调和解释彼此的行为，如何通过语言达成共识和理解。这种基于真实会话的观察研究方法赋予会话分析一种独特的优势，能够深入了解言语交际中的细微差别、社会规范和互动的动态性。

会话分析作为一门综合性的研究领域，涉及多个学科的交叉与融合，其中包括语用学、社会语言学、民族方法学和社会心理学等。不同学科对会话分析的研究重点和关注点存在差异，呈现出特定的视角和方法。在民族方法学中，研究者关注的是对互动过程中会话的结构模式进行深入分析。他们着眼于探究不同文化、群体和社会背景下的会话模式、规范和习惯。通过对语言、行为和交际方式的观察和解读，揭示不同社群内部的交际规则和互动模式。民族方法学则为会话分析提供了文化和社会背景的重要视角，使研究者能够更全面地理解和解释不同文化背景下的会话行为。

与此相对应，语用学更加关注发话人如何操纵这些会话结构模式来实现其交际目的。语用学着重于研究言语行为的意图、指称、言外之意等方面。通过揭示语言使用者如何通过语言行为来构建意义、达到交际目的以及影响对话过程的方式，语用学为会话分析提供了重要的理论基础。近年来，语用学领域对会话分析的使用频率不断增加，出现了许多热点和前沿话题。例如，对话态度和情感表达、会话结构与身份认同、会话中的权力关系等方面的研究。这些研究关注于语言行为在社会交往中的作用和影响，深入探讨会话的社会背景和文化背景对语言使用的影响。通过分析会话中的权力结构、情感表达以及社会身份认同的体现，研究者能够揭示言语互动中的权力关系、社会动态和文化差异。这为理解会话的社会功能和社会意义提供了重要线索。为了进一步了解会话分析的发展轨迹和前沿热点，有必要展开知识图谱研究。通过系统整理和分析相关文献，可以描绘出会话分析领域的知识结构和研究网络，了解各个研究领域之间的关联和交叉点。

当下对某一研究领域进行知识图谱分析的文章主要关注研究的发展轨迹、研究前沿、理论框架、合作网络等（张继东、陈文，2016）。基于这样的研究惯例，本章拟对会话分析的知识图谱展开分析，并主要回答以下四个问题：（1）会话分析研究的时间序列分布特征是怎样的？（2）会话分析研究的前沿热点是什么？（3）会话分析研究中起着关键作用的文献有哪些？（4）会话分析研究的作者合作网络是什么？为了回答上述四个问题，本章主要采用可视化分析软件 CiteSpace（引文空间）作为研究工具展开知识图谱分析。本章将从会话分析研究的基本情况以及文献中的关键词共现、文献共被引等维度考察会话分析研究的最新动态。具体的方法包括绘制图谱、提取关键节点文献、运用关键词聚类等。

通过 CiteSpace 等工具的应用，可以将会话分析领域的文献和研究进行可视化呈现，揭示研究的发展趋势和热点。例如，通过绘制时间序列分布图，可以观察到会话分析研究的发展历程，了解研究的兴起和发展阶段。同时，通过关键词共现分析，可以发现会话分析研究的前沿热点，揭示研究者关注的重点和交叉领域。此外，通过文献共被引分析，可以发现对会话分析研究具有重要影响力的关键文献，了解这些文献在学术界的认可和引用情况。这些关键节点文献可能提供了重要的理论框架、研究方法或者具有里程碑意义的研究成果，对会话分析研究的发展起着关键作用。最后，通过分析作者合作网络，可以揭示会话分析研究者之间的合作关系。合作网络分析可以通过绘制合作关系图谱来展示研究者之间的合作情况，包括合作频率、合作密切度以及合作团队的形成。这有助于了解会话分析领域中的学术网络、研究团队和合作趋势。

第二节　会话分析发展轨迹

本书通过中国知网（CNKI）数据库以主题检索词的方式收集数据，旨在获取与会话分析研究相关的文献记录。数据收集过程中，研究者选择了“中文”总库和“学术期刊”，并以“会话分析”作为检索词。时间范围选择了2023年以前的所有时间段，类别选择了中国语言文字和外国语言文字。经过筛选和筛除重复文献，本书最终获得了725条与会话分析研究相关的文献记录。这些文献记录包括作者、标题、来源出版物等关键信息，为进一步的研究分析提供了基础数据。在收集相关数据之后，研究者采用Refworks等引用管理工具对这些文献记录进行了下载和保存，以确保数据的完整性和可靠性。接下来，研究者对收集到的数据进行了整理和分析。首先，我们按照年度发文数量绘制了图10-1，展示了国内会话分析研究的年度发展轨迹。通过这一可视图，研究者可以直观地了解国内会话分析研究的发展趋势和变化情况，为后续的研究分析提供了参考。

从图10-1可以看出，会话分析方法在国内的使用肇始于1983年。在此之后，会话分析研究呈现不断攀升的趋势。以2006年作为一个节点，会话分析相关文章的增长速度呈现两种不同的状态：2006年以前，会话分析相关研究处于起步阶段，国内刚刚开始引入会话分析方法，并开始出现关于会话分析的研究。这一阶段的研究旨在介绍会话分析的方法和概念，并尝试将其应用于语料的分析。研究者对会话分析方法进行了系统介

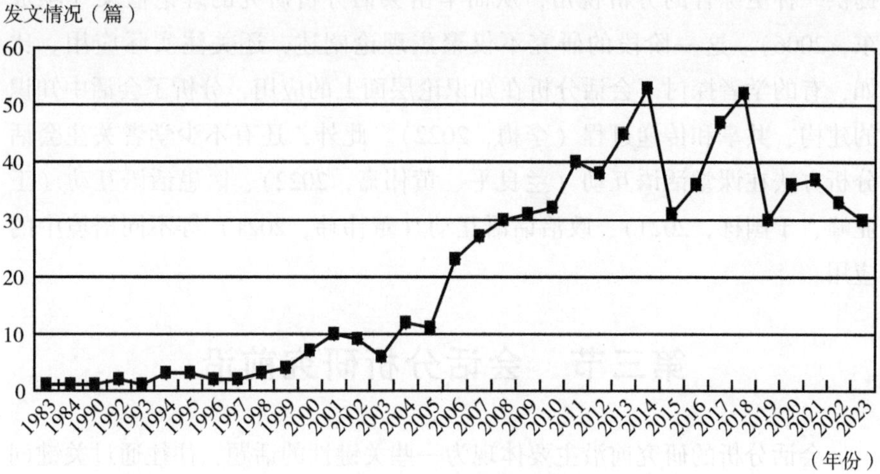

图 10-1　会话分析发展轨迹

绍，详细阐述了会话分析的起源、概念以及主要分析单元等内容，为国内学者提供了会话分析研究的基础知识（马博森，1999）。此外，研究者将会话修正这一会话分析中的重要概念引入国内（沈蔚，2005），并追溯了该概念在国外的发展历程，进一步拓展了学术界对会话分析的认识。在这一阶段，一些学者尝试采用会话分析方法对语料进行分析。例如，王虹（2001）运用了会话分析的方法，并借鉴语用学和社会语言学的理论，对戏剧作品《愤怒的回顾》中的人物关系和性格进行了解释和阐述。总的来说，2006 年以前，国内的会话分析研究处于起步阶段。学者们开始引入会话分析方法，并进行相关概念的介绍和应用实践。尽管发文数量相对较少（基本维持在 10 篇以内），但这些研究为国内会话分析研究的发展奠定了基础。

2006 年以后，会话分析相关研究的数量迅速增长，会话分析方法逐渐获得越来越多的关注，并进入了发展成熟期（曾广、梁晓波，2017）。在这一阶段，国内学者对会话分析方法进行了系统介绍，主要讨论了四个方面：对日常会话的重视、会话分析研究的语料观及转写体系、会话分析研究的基本假设，以及会话分析研究的语境观（于国栋、李枫，2009）。这为研究者提供了指导，明确了会话分析研究的基本原则和方法。此外，国内学者提出将言语行为理论运用到会话分析中的想法，以更合理地解释会话中的序列组合问题和解释性问题。通过将两个领域的理论相结合可以提供一种更综合的分析视角，从而丰富会话分析研究的理论框架（项成东，2006）。这一阶段的研究不仅聚焦理论阐述，还关注实际应用。比如，有的学者探讨了会话分析在知识论层面上的应用，分析了会话中知识的建构、共享和传递过程（李梅，2022）。此外，还有不少学者关注会话分析方法在课堂话语互动（兰良平、黄伟嘉，2022）、医患话语互动（王亚峰、于国栋，2021）、政治话语互动（董伟玮，2021）等不同语境中的应用。

第三节　会话分析研究前沿

会话分析的研究前沿主要体现为一些关键性的话题，往往通过关键词共现的方式体现出来。为了能够清晰地了解会话分析研究的发展前沿，本书采用 CiteSpace 软件，对所收集数据的关键词进行可视化分析。关键词是文献主旨内容的精确概括，为考察文献的核心观点提供可信指标（曾广、梁晓波，2017）。对于关键词共现网络的分析能够反映出会话分析研究的文本内容特征。这对于了解会话分析研究的热点、趋势以及范畴特征等具有重要意义（李杰、陈超美，2016）。在实际操作的过程中，笔者在 CiteSpace 界面中的“Node Types”选择“Keyword”。随后，“Time Slicing”部分选择从 1983—2023 年，时间切片设定为 1 年，然后运行软件。之后，笔者选择“visualize”对运行的结果进行可视化呈现。在可视化界面，笔者选择“find clusters”和“label clusters with title terms”对结果进行聚类分析。随后，笔者选择“timeline view”，按照时间顺序对可视化结果进行呈现。笔者通过截图软件对出现的结果进行截图，获得图 10-2。通过该图，我们可以清晰地了解中国学者关于会话分析的研究前沿。

从图 10-2 可以看出，会话分析相关研究共分为 8 个范畴，包括会话分析（#0）、话轮转换（#1）、会话修正（#2）、话语分析（#3）、会话结构（#4）、语码转换（#5）、口语语法（#6）、语境（#7）这几个主要的范畴。由于本书是以会话分析作为关键词进行检索，因此“会话分析”这一范畴就自然成为出现时间最早且影响力最大的范畴。除了会话分析之外，其他的范畴大致可以分为三类：第一类是会话分析的上位概念，包括话语分析，涉及的关键词包括指称表达、对话分析（dialogue analysis）、言语行为等。其中，言语行为作为语用学研究的经典话题，与会话分析方

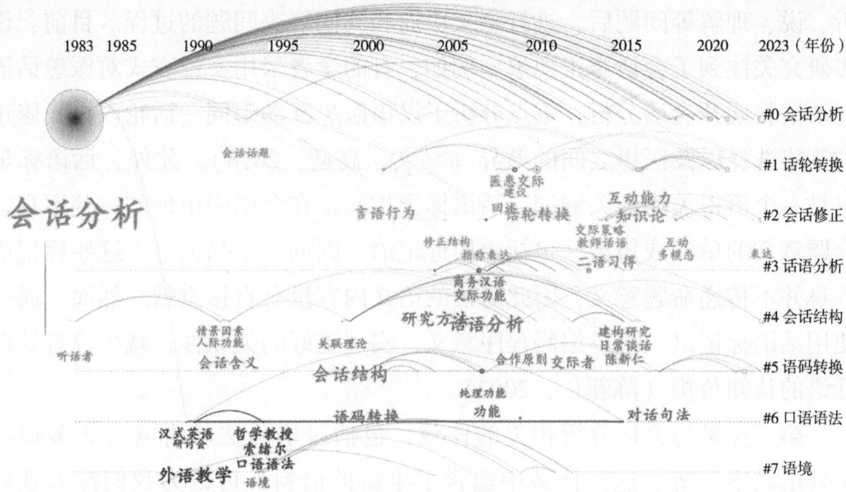

图 10-2　会话分析研究前沿

法的应用密切相关。国内学者往往以汉语自然真实会话作为语料来源，系统研究了执行言语行为的语言及副语言手段、交际者识别言语行为的途径、对言语行为做出回应的方式以及语法结构与言语行为之间的关系（于国栋、吴亚欣，2016）。此外，有学者认为会话分析不仅应关注言语行为，还应注重话语实践中的对话，实现由“会话”向“对话”的范式转型（戚亚军、庄智象，2017）。会话分析的目标应当是追求对话的理解和共享，通过分析对话中的交互关系、话语结构以及对话参与者的互动方式，揭示对话背后的意义和目的。这种对话导向的研究范式扩展了会话分析的应用领域，强调了交际中的相互理解和合作的重要性。会话分析作为研究方法和话语分析的下位概念，与言语行为有着密切的联系。研究者在应用会话分析方法时，可以关注言语行为的执行方式和回应方式，并致力于实现对话精神的体现，从而推动会话分析的发展和转型。

第二类是与会话分析相关的基本单位，包括话轮转换、会话修正、会话结构、语码转换、毗邻对等。在会话中，每次只有一个发话人，该发话人在某一时间段内连续说出的话语被称为一个话轮。话轮作为会话分析的基本单位，研究者常常通过分析话轮之间的交互关系和语言表达方式来深入理解会话的结构和演化过程。而两个相邻话轮之间形成的关联则构成了毗邻对。在研究中，会话分析和话轮分析常常同时出现，以便更好地分析会话的内在机制和互动模式。会话修正是指交际者在意识到会话中存在听、说、理解等问题后，进行意义协商和共同解决问题的过程。目前，许多研究关注到了会话修正现象。例如，有的学者采用实证方式对医患话语互动语料展开会话分析，重点分析了汉语医患互动中同一话轮内自我修正的策略选择以及医患之间的差异（马文、高迎，2018）。此外，话语标记也是一个值得关注的关键词。话语标记指的是在会话中出现的一些不具备命题意义的单词或短语，包括语用标记语、副词、小品词等。这些标记语本身并不传递命题意义，因此对话的语义内容没有直接贡献。然而，通过使用话语标记语，可以编码程序意义，实现更好的关联性，减少读者处理话语的认知负担（陈新仁，2002）。

第三类是与会话分析相关的体裁，包括口语语法、语境（更多指的是外语教学）等。这些体裁中蕴含了丰富的语料，可以为我们深入理解特定领域中的会话交互提供重要的参考。其中医患语料是会话分析领域中的一个重要研究对象（马文、高迎，2018）。外语教学中的课堂话语是另一个值得关注的研究对象。比如，张光陆（2021）通过对具体课堂语境、话题设置、话轮转换和行为序列等方面的分析，旨在揭示学校教育制度下学生认知领域、人际领域以及自我领域发展的动态过程。课堂话语的研究有助于深入了解教学过程中的学生参与、互动和知识构建方式，为教育改革和教学实践提供指导。此外，商务话语的会话分析也引起了学者的普遍关注。商务环境中的会话交互涉及多种语言行为和交际策略，包括谈判、沟通和决策等。通过对商务话语的分析，研究者可以深入了解商务交流中的信息传递、合作与冲突处理等方面的特点，为商务语用能力的提升提供理论和实践支持。

第四节　会话分析理论结构

会话分析相关研究的理论结构是指被引文献之间的关联性，可以通过文献共被引的方式获得。笔者通过 CiteSpace 软件对会话分析的参考文献及 Sigma 值等进行分析。Sigma 值是综合中介中心和突发强调测量节点重要性的指标（张继东、陈文，2016）。高 Sigma 值文献通常具有创新性，能在研究领域的知识结构上提供启发。由于中国知网中的数据不包含被引文献，因此笔者手动获取相关的参考文献，并转化为 CiteSpace 可分析的数据。在数据处理的过程中，笔者在“Node Types”中选择“reference”，在“Time Slicing”中选择1983—2023年，时间切片设定为1年，然后运行软件。之后，笔者选择“visualize”对运行的结果进行可视化呈现。在可视化界面，笔者选择“find clusters”和“label clusters with title terms”对结果进行聚类分析。随后，笔者对节点等数值参数进行处理后获得共被引可视化图。笔者通过截图软件对出现的结果进行截图，获得图10-3。

图10-3　会话分析理论结构

从图10-3可以观察到会话分析相关研究的参考文献呈现两个明显的特征。首先，主要引用的文献来自西方国家，这在图中可以明显看出，大部分文献都是由西方学者完成的。这反映了会话分析在其发展初期主要受到西方学者的推动和关注。西方学者在会话分析领域进行了大量的研究工作，并形成了一系列的理论和方法，为该领域的发展奠定了坚实的基础。其次，会话分析相关的理论研究呈现明显的范畴分化特征。图10-3中展示了不同范畴的引用文献，包括经典言语行为的分析（比如，Kendrick，2017）、关注语言障碍人群的会话特征分析（比如，Bergen，2020），以及系统介绍会话分析方法的文献（比如，于国栋，2020）。

这种范畴分化反映了会话分析领域内的多样性和多元发展趋势。不同学者和研究团队在会话分析领域选择不同的研究方向和关注点，从而形成了多个独立的研究领域。此外，会话分析的理论结构相对较为分散，不同范畴之间没有明显的关联。这一现象可能是由于会话分析在其初期发展阶段主要关注于研究方法的建立和实证研究，相对较少进行理论层面的探讨。因此，在会话分析领域内形成了一系列相对独立的理论和研究范畴，而这些范畴之间缺乏明确的理论框架和联系。这种范畴分化的现象也提醒学者们在进一步推动会话分析领域发展的同时，需要加强理论的整合和交流。这将有助于推动会话分析领域的整体性和系统性发展。这也有助于进一步深化对会话分析的理论构建和方法论的探索，为该领域的发展提供更加坚实的基础。

综合会话分析相关研究的理论结构，我们可以看到两个重要的发展方向。首先，国内学者正尝试强化会话分析的理论性。尽管会话分析在方法层面取得了显著的进展，但在理论层面的建设上还有待加强。学者们意识到这一点，并正在努力发展具有普遍适用性的理论框架，以更好地解释和理解会话中的语言行为和交互过程。其次，国内学者正加强具有本土理论特征的研究。尽管会话分析的发展主要起源于西方国家，但在国内已经有不少学者意识到将本土文化和语境纳入会话分析的研究中的重要性。这样的努力有助于丰富会话分析的理论视角，并为会话文化背景下的会话现象提供更准确和全面的解释。例如，陈新仁和李民（2013）在他们的研究中提出了从社会行为论视角进行会话分析的理论框架。他们将社会行为论的相关概念和理论与会话分析结合起来，以便更好地解释会话中的交互行为。这种视角的引入为研究者提供了一种新的思考方式，可以更好地理解会话中的社会互动和意义构建过程。这种强化理论性和加强本土特征的研究努力对会话分析领域的发展具有重要意义。通过深化理论研究，可以提升会话分析的解释力和适用性，使其更好地适应不同语言和文化背景下的研究需求。同时，本土化的研究努力可以促进学科的发展多元化，使会话分析的理论和方法能够更好地服务于本土社会和文化实践的研究需求。

第五节 会话分析合作网络

会话分析相关研究的合作网络是指相关学者的被引频率以及彼此之间相互合作的情况，可以通过作者共被引分析实现。基于这样的考虑，本书将借助 CiteSpace 软件对合作网络展开分析，从而得到会话分析相关研究中高被引作者的分布，确定该领域有影响的学者，并且通过作者的共被引网络及聚类了解该领域中相似作者的研究主题及其学科领域分布（李杰、陈超美，2016）。在实际操作过程中，笔者在“Time Slicing”中选“1983—2023”，在“Nodes Types”处选择“Cited Author”，以一年为一个切片分区，采用最小生成树算法运行数据。之后，笔者选择“visualize”对运行的结果进行可视化呈现。在可视化界面，笔者对节点等数据进行操作后形成会话分析相关研究的可视化图。笔者通过截图软件对出现的结果进行截图，获得图 10-4。

图 10-4　会话分析合作网络

从图 10-4 中可以清晰地看出，在会话分析领域，出现了一批杰出的学者，其中包括于国栋、吴亚欣、张艳红、马文、杨子等。这些学者在会话分析领域作出了重要的贡献，推动了该领域的发展和理论的进步。其中，于国栋（2010）是会话分析领域的重要代表之一。他的研究聚焦于机构话语，并运用会话分析的方法进行深入研究。他的研究内容包括词汇选择、话轮设计、序列组织、谈话的整体结构以及谈话中的社会认知和社会关系等方面。通过对这些要素的分析，他揭示了机构话语中的交互模式和语言使用规律，深化了我们对机构环境中会话的理解。从目前来看，会话分析被频繁应用于医疗话语领域之中。在医疗场景中，谈话是医患之间沟通交流的重要方式。通过运用会话分析的方法，研究者可以分析医患之间的交互模式、信息传递方式以及医患关系的构建等方面的问题。这种研究有助于揭示医患沟通中存在的问题，并提供改进医疗服务质量的建议。例如，通过研究医生如何提供信息和解释医学术语，可以改善医患之间的信息交流，提高患者对治疗方案的理解和遵守程度。

除了于国栋之外，吴亚欣、张艳红、马文、杨子等学者也在会话分析领域作出了重要的贡献。他们的研究涵盖了不同的主题和应用领域，包括教育、法律、商务等。通过对真实会话的详细分析，他们揭示了会话过程中的各种交际策略、语言使用方式以及交际中的身体语言和非语言符号的作用。这些研究有助于深入理解人际交往中的语言特征，并为实际场景中的沟通和交流提供理论和方法的支持。比如，有的学者采用会话分析的方法分析医患互动中常见"疑问语气类重复型他人修正发起"会话模式。(于国栋、吴亚欣，2022：17)。他们通过对医患会话的详细分析，揭示了这种会话常规的功能和效果，以及它对医患关系和决策过程的影响。这样的研究为医疗领域中的沟通与交流提供了新的视角和理论支持，对提升医患沟通质量和患者治疗效果具有重要的指导意义。

与于国栋类似，马文是会话分析领域中具有代表性的学者之一，他的研究也聚焦于医疗话语的分析。比如，马文和金丽日（2021）的研究采用会话分析的方法，以汉语痫性发作和心因性非痫性发作患者的会话为材料，通过对患者会话的细致分析，揭示了不同类型患者在会话中的特征差异。研究结果表明，患者会话中的一些特征，如主动性提供发作信息、陈述信息的努力程度以及否定性表达的使用等，对于区分诊断痫性发作和心因性非痫性发作具有重要的价值。这些特征可以作为医生在临床实践中判断和诊断的参考，有助于提高医疗决策的准确性和患者的治疗效果。

从以上研究及与相关学者的关联网络来看，他们的研究具有高度的关联性，都致力于采用会话分析的方法对医患话语互动中的会话结构特征进行分析。通过深入研究医患会话中的交互模式、语言使用规律和话语特征，他们为医患沟通和医学实践提供了重要理论支持。这些研究不仅有助于提高医患沟通质量，还为临床实践和医学教育提供了实用的指导。随着进一步的研究和合作，相信会有更多的学者加入会话分析的领域中。

第六节　会话分析研究展望

通过会话分析相关研究的知识图谱分析可以发现，会话分析相关研究已经进入了成熟发展期。会话分析相关研究已经不再是单纯的一种语料分析手段，而且更多地走向理论成熟。经过对会话分析相关研究的发展趋势、研究前沿、理论结构、合作网络等特征的知识图谱分析可以获得以下的发现。

第一，会话分析相关研究的发展速度相对较快，可以说已经进入了成熟发展期。通过对会话分析领域的研究时间序列进行观察，我们可以看到研究关于会话分析的文献逐年增多，呈现出一个明显的上升趋势。这表明会话分析作为一种重要的研究方法和理论框架，正在获得越来越多的关注和认可。随着时间的推移，会话分析相关研究已经积累了丰富的理论和实证研究成果。学者们不断探讨和应用会话分析的方法，涉及的研究领域也越来越多，包括医患沟通、教育话语、商务交流等不同领域的会话。这些研究旨在深入理解和解释人际交互中的语言行为、对话结构和话语特征，揭示其中的规律和意义。会话分析相关研究的迅速发展得益于其在解决实际交际问题和研究人类交流行为方面的优势。会话分析通过对真实的对话数据进行详细的分析，可以揭示交际参与者之间的互动模式、信息交换方式以及社会关系的构建和维护。这种基于实践的研究方法为我们提供了深入了解人类交流行为的窗口，并为解决实际沟通问题提供了有力的理论和实证支持。随着社会的不断发展和变迁，人们对于有效沟通的需求越来越迫切。会话分析作为一种研究方法和理论框架，为我们提供了一种深入理解和改善人际交流的工具。因此，会话分析相关研究在未来将继续获得更多的关注和重视。国内学者应当进一步探索会话分析的理论基础、方法创新和应用领域，以推动该领域的进一步发展，并为实际交际问题的解决提供更加有效的解决方案。

第二，会话分析相关研究涉及了一系列前沿性话题，包括研究方法、研究语料和分析单元等。这些话题的探讨对于推动会话分析领域的发展起到了重要的推动作用。其中，分析单元是会话分析的核心内容，而话轮、话语标记语和毗邻对等是当前研究中的重要抓手。后续的研究可以通过对不同的分析单元的会话分析来了解各类语料的特征。首先，研究者可以通过对话轮的分析来了解会话参与者之间的交流模式、信息交换方式以及对话结构的组织规律，深入理解会话中的语言行为和社会互动的特点。其次，研究者可通过分析语用标记语、副词、话语小品词等不具备命题意义的话语标记语来了解交际双方如何编码程序意义，协调和组织对话，分析会话参与者的交际意图和对话状态的变化。此外，研究者还可以通过对毗邻对的分析来了解对话过程中的话语转换和话题发展的规律性特征。通过对这些分析单元的研究，会话分析相关研究能够深入探索交际参与者之间的语言行为、互动模式和社会关系。这些前沿性话题的研究不仅促进了会话分析的理论发展，还为实际交际问题的解决提供了新的视角和方法。

第三，会话分析相关研究的被引文献以西方理论框架为主，且不同理论范畴之间的关联性相对不足。以 Paul Drew 等为代表的西方学者为会话分析领域的研究做出了重要贡献，为国内的会话分析研究奠定了理论基础。Paul Drew 是一位杰出的社会学家和会话分析专家，他与其他学者合作开展了大量关于对话结构、谈话的交互动态和情境分析的研究。他的工作在会话分析领域产生了较大的影响，并成为后续研究的重要参考。国内的会话分析研究在借鉴西方理论框架的同时，也有意识地尝试引入本土化的理论视角。例如，有的学者提出了从社会行为论视角进行会话分析研究的想法，以适应中国社会和文化的特点（陈新仁、李民，2013）。这种本土化的理论视角为会话分析研究提供了新的思路和研究方向。

第四，以于国栋、吴亚欣、张艳红、马文为代表的学者主要针对医患话语互动等机构性话语展开会话分析，这是当前会话分析研究中的一个重要领域。这一领域的研究关注医患之间的交际互动过程，旨在深入理解医疗场景中的沟通行为、信息交换和共享决策等方面的特点。这些学者的研究对于医患话语互动的会话结构特征进行了深入分析。他们关注医患在对话过程中的词汇选择、话轮设计、序列组织以及整体谈话结构等方面的表现，揭示了医患互动的特定模式和策略。他们的研究帮助我们理解医患之间如何建立有效的沟通，以及在医疗过程中如何共同解决问题和达成共识。此外，国内学者聚焦医患话语互动中的隐性阻抗现象。他们通过会话分析的视角，分析了疑问语气类重复型他人修正发起这一独特的语言现象，该模式在患者/家属的诊疗建议中起到重要的作用。研究不仅有助于了解医患之间的互动特征，还为改善医患沟通和提升医疗质量提供了启示。国内学者还对特定疾病或症状的会话特征展开了分析。他们关注痫性发作、心因性非痫性发作等特定病情下的医患话语互动特点，揭示了患者会话中关于发作信息提供的主动性、陈述的努力程度和否定性表达的使用等特征。研究对于疾病的鉴别诊断具有重要价值。

基于当前会话分析相关研究的特征、热点和趋势，本书为会话分析相关研究提供以下几点参考。

第一，会话分析研究目前主要关注的是会话中的基本单位，例如话轮、会话修正、话语标记语等。这些会话基本单位是研究者分析和解释会话互动的重要抓手，与传统语用学研究的关注点和言语行为之间存在一定的关联性。然而，我们仍需要进一步思考这些会话基本单位与不同类型的言语行为之间的关系，并将其整合到更普适的理论框架中。近年来，吴亚欣和刘蜀（2020）等学者对请求言语行为中的会话组织序列进行了探讨，并开展了相关研究。这些研究为我们理解请求言语行为在会话中的展开方式和互动效应提供了重要线索。此外，随着对会话分析的兴趣不断增加，涉及其他类型的言语行为以及网络语境下新型言语行为的会话分析也开始受到关注。然而，对于其他类型的言语行为，如命令、批评、表扬等，以及在日益普及的网络交流环境中产生的新型言语行为，会话分析的应用和研究仍有待进一步拓展。这些言语行为的特点和互动模式可能与传统的面对面交流有所不同，因此需要在会话分析的框架下进行深入研究，以揭示其在互动过程中的功能和效果。未来的研究可以探索不同类型的言语行为在会话中的展开方式、交互模式以及话语修正等方面的特点。此外，随着社交媒体和虚拟交流平台的不断发展，对于网络语境下新型言语行为的会话分析也具有重要意义。这将有助于我们更好地理解数字化时代下的语言互动方式，并为跨文化、跨语境的会话分析提供新的视角和研究方法。

第二，目前国内会话分析的语料主要集中在医患话语互动等领域。虽然医疗话语等机构性语料在会话分析研究中具有重要的研究价值，但语料的种类相对单一。为了全面理解会话互动的本质和模式，我们有必要扩大研究范围，包括日常生活中的人际语料以及其他机构性语料（例如商务会话），以探索不同领域的会话结构和互动特征。研究日常生活中的人际语料可以使我们更深入地了解日常会话的动态和复杂性。这些语料涵盖了家庭、朋友、同事等各种社交场景中的对话，研究其会话结构、话轮交替、会话修正等方面的特征，有助于揭示人们在日常交流中的言语行为模式和互动策略。此外，除了医疗话语外，其他机构性语料如商务会话也是会话分析研究的重要领域。商务会话作为商业领域中不可或缺的交际形式，涉及业务洽谈、合作协商、客户服务等多种话语类型和互动情境。通过对商务话语进行会话分析，可以揭示商务交流中的交互模式、信息传递过程、权力关系以及话语修辞等方面的特征，为商务交际提供实践指导和理论支持。在后续研究中，拓宽会话分析的语料来源十分必要。我们应该积极收集和研究各种类型的语料，包括医患话语、日常人际话语互动语料及其他机构性会话语料，以建立更全面、多样化的会话分析理论框架。这将促进会话分析领域的发展，并为不同领域的语言互动研究提供更广阔的视野和深入的理解。

第三，当前会话分析相关研究在理论框架上主要借鉴了国外的研究成果，例如 Drew（2008）等学者的理论框架。然而，由于汉语语料具有其独特性，单纯采用国外理论框架可能存在一定的限制和局限性。因此，为了更好地理解和分析汉语语料的会话特征，我们有必要结合国内相关文献和汉语语料的特点，发展具有本土性特征的会话分析理论体系。汉语具有丰富的语言表达方式和独特的语用特征，例如成语、俗语、典故等的运用，以及面子文化、尊重和谦虚等价值观念的影响。这些特点使得汉语在会话过程中的语言互动方式和交际模式与其他语言存在差异。因此，我们需要深入研究汉语会话中的语言现象和交际模式，并在理论框架中充分考虑这些独特特征，以更准确地揭示汉语会话的本质和特点。另外，国内已经有一些学者在汉语会话分析领域做出了积极的探索。他们通过对汉语语料的分析和解读，提出了一些与汉语会话特征相关的理论观点和分析方法。这些研究涉及汉语中特定的会话修辞手法、倾听回应策略和信息传递方式等。研究为发展本土化的会话分析理论提供了宝贵的资源和思路。因此，我们应当结合国内的研究成果和汉语语料的特点，发展具有本土性特征的会话分析理论体系。这需要在借鉴国外理论框架的基础上，深入分析汉语会话中的语言现象和交际模式，挖掘和总结与汉语文化和社会背景密切相关的会话特征。由此，我们可以进一步拓展会话分析的理论边界，为研究者提供更适用于汉语语料的分析工具和方法，促进会话分析在汉语语境中的发展与应用。

第七节 本章小结

总而言之，近年来会话分析相关研究呈现出高速发展的态势，并将在未来较长时期内持续成为语言学研究的热点话题。通过知识图谱的分析，可以发现话语分析等关键词是当前会话分析领域的前沿话题，表明研究者对话语分析和会话分析的兴趣日益增长。Drew（2008，2013）等学者提出的理论框架成为国内会话分析研究的主要理论依据，为国内学者提供了有力的研究基础。国内学者（如，于国栋，2010）所进行的会话分析研究进一步丰富了国内的研究体系，促进了会话分析在中国的发展。这些发现和理论的贡献将有助于充实当前的理论体系，丰富本土的会话分析研究。然而，目前国内会话分析相关研究仍存在一些不足之处，如本土理论发展不够深入以及国内学者间的合作网络不够紧密等。对这些缺陷的弥补将成为国内会话分析研究的新起点，促进中国语用学的不断完善和发展。未来的研究可以将重点放在研究方法的比较和评估上，以进一步推动会话分析领域的发展。尽管本章未对会话分析研究所使用的方法进行比较分析，但后续对研究方法的深入分析将有助于更全面地展示会话分析研究的发展变化情况。此外，随着社交媒体和移动通信技术的快速发展，新兴的数字交流方式也成为会话分析研究的重要对象。在社交媒体平台上进行的文字对话、语音消息和表情符号的使用等（Yang & Mao，2020），都是值得探索的研究领域。

第三部分
语用应用的知识图谱

第十一章 语用教学

第一节 语用教学研究背景

目前，课堂教学在二语学习者语用能力发展中的作用备受语言研究者和外语教师的重视。尤其是在 1997 年 Kasper 在美国奥兰多举行的对外英语教学国际会议上发表了题为 Can Pragmatic Competence be Taught? 的报告后，引发了一系列关于语用教学的理论和实证研究。这一报告的出现，为语用教学领域带来了新的动力和方向。之后，第一部系统研究语用教学的论文集《语言教学中的语用问题》（Rose & Kasper，2001）出版。该书充分论证了课堂教学对语用能力发展的重要影响，并详细阐述了实施语用教学的各种方法。通过对多篇研究论文的整理和分析，这本书呈现了语用教学在教育实践中的可行性和有效性，为广大外语教师提供了丰富的教学策略和资源。另外，Kasper 与 Rose（2002）合著的《第二语言的语用发展》一书系统地讨论了不同教学方式在二语习得中的应用。他们强调了第二语言语用教学的必要性以及语用的可教性。通过对语用发展的理论和实证研究的综述，这本书提供了有关如何促进二语学习者语用能力的指导原则和方法。该书不仅探讨了语用教学的基本理论，还介绍了具体的教学策略和活动，以帮助学生在语用层面上更好地运用语言，增强交际能力。这些重要著作的出版为语用教学提供了理论基础和实践指导。通过系统研究语用教学对二语学习者的影响，研究者和教师们开始认识到课堂教学对语用能力发展的关键作用。在语用教学中，教师可以通过模拟真实情境、提供实际语用任务、引导学生进行角色扮演等方式，帮助学生积极参与语用实践，逐步培养他们的语用意识和交际策略。

本章所涉及的语用教学是以语用学理论为指导的教学方法，注重“教”和“学”两个方面。语用教学的最终目标是帮助学习者掌握语用知识，发展语用能力并提升语用意识。与传统的语言教学相比，语用教学在目标、内容和方法等方面存在显著差异。传统的语言教学主要侧重于教授词汇知识、句法结构和语法规则等语言结构，其目的是使学习者能够正确、流利地构造句子。传统教学常采用规则教学的方法，但学习者往往难以将课堂所学的知识真正应用于实际交际中。与此相反，语用教学强调语境中语言使用的适宜性。教学内容涵盖言语行为、会话意图、交际语境等方面，其目的是使学习者能够产出合适、得体的语用行为。与传统教学模式相比，语用教学注重培养学习者的交际能力，强调语言使用的实际应用。

然而，与结构主义长期强调语言知识而忽视交际能力的语言观以及语用学本身的特性相关，语用教学在 20 世纪七八十年代受到的关注相对较少。随着语言教学理念的转变和对交际能力重要性的认识，特别是社会建构论视域下语用能力观的影响（陈新仁，2014a），语用教学逐渐受到更多关注和重视。它强调语言在真实语境中的应用和理解，培养学习者的语用意识，使他们能够根据不同情境选择合适的语用策略和表达方式。语用教学的发展需要教师在教学过程中注重创造真实的语境，并引导学习者积极参与真实的语用交际实践。此外，教师还应注重培养学习者的跨文化交际能力。近年来，语用教学领域得到了越来越多的关注，并有许多研究表明，通过课堂教学和增加语用输入可以提高学习者的语用意识并培养他们的语用能力（如，高月琴，2002；何自然，1997）。研究者们开始探索言语行为教学、会话含义教学、礼貌教学、话语标记语教学等方面的内容（陈新仁，2013）。在这一研究背景下，深入了解语用教学研究的发展轨迹、研究前沿话题、理论结构特征以及研究者之间的合作网络变得非常必要。

为回答上述问题，本书采用了 CiteSpace 知识图谱分析软件，对国内语用教学研究的发展轨迹、研究前沿、理论结构和作者合作网络进行了深入研究。研究主要关注以下四个问题：（1）语用教学研究的时间序列分布特征是怎样的？（2）语用教学研究的前沿热点是什么？（3）语用教学研究中起着关键作用的文献有哪些？（4）语用教学研究的作者合作网络是怎样的？通过本章的研究发现，我们尝试为本土语用教学研究的发展提供参考。

第二节　语用教学发展轨迹

语用教学研究的发展轨迹是以年度发文量作为基础进行统计而获得。为了能够了解语用教学研究的发展轨迹，本书通过国内知名的文献数据库——中国知网（CNKI）收集相关的数据。数据收集过程中，笔者以“语用+教学”作为检索词进行检索。之后，笔者选择“中文”“社科”总库和“学术期刊”。时间选择2023年以前的所有时间，类别中选择中国语言文字和外国语言文字，来源选择北大核心期刊和中文社会科学引文索引（CSSCI）。经过筛选，本书共获得871条与语用教学研究相关的文献记录。随后，笔者按照Refworks的方式对这些数据进行保存，并且将下载的文件保存为download_ pragmatic teaching的格式，以方便后续的分析。为了能够更为清晰地展示语用教学历年发文情况，本书绘制出如图11-1所示的发展轨迹：

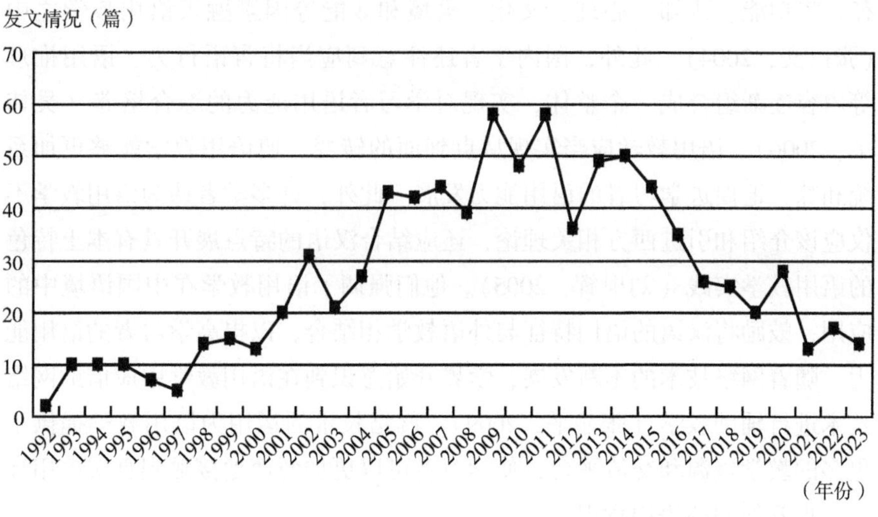

图11-1　语用教学发展轨迹

从图11-1可以看出，国内有关语用教学的研究基本呈现不断上升的趋势，总体呈现三种不同的发展阶段，即起步阶段、高速发展阶段和成熟发展阶段。

第一阶段（1992—2003）是语用教学研究的起步阶段，研究数量相对较少，每年的文献数量通常在15篇以下。在这一阶段，学界开始关注语用学与语言教学的结合，并初步探讨了语用教学的可行性。一些学者开展了探索性的研究，试图将语用学理论应用于实际的语言教学中。比如，国内的学者在介绍语用学基本理论的基础上，尝试将相关理论应用于语文教学之中（文亚光，1998）。也有的学者尝试将语用学和修辞学等理论进行整合，并着重讨论如何将修辞语用学的理论与实践相结合，应用于语文教学中（孙建友，1999）。此外，在这一阶段，许多学者也将国外最新的语用教学理论引介到国内。例如，吴亚欣和于国栋（2003）对《语言教学中的语用问题》进行了介绍，这本书对外语语用教学、测试与评估产生了积极的影响。这种引介使得国内的语用教学研究者们能够接触到国际上最新的语用教学理论和方法。

第二阶段（2004—2010）是语用教学研究的高速发展期，这一阶段语用教学相关研究的数量迅速增多，从最初的十余篇迅速增加到 40 篇左右。在这一阶段，学界主要探讨了语用教学的实施路径、技术和发展方向等关键问题。国内的语用学者提出应当采用自上而下的语用教学实施路径，将功能、认知、心理、文化、语境和效能等因素融入语用教学之中（张巨文，2004）。此外，国内学者还注意到应当将言语行为、语用推理等内容逐渐组合成一个整体，实现对学习者语用能力的综合培养（吴伟平，2006）。语用教学应当实现从点到面的转变，使语用教学能够更加系统和综合地促进学习者的语用能力发展。此外，许多学者认为语用教学不仅应该介绍和引进西方相关理论，还应结合汉语的特点展开具有本土特色的语用教学实践（刘根辉，2005）。他们强调了语用教学在中国语境中的应用，鼓励将汉语的语用特征与外语教学相结合，以提高学习者的语用能力。随着网络技术的不断发展，学界开始意识到在语用教学中应借助网络技术进行辅助教学（张显平，2009）。网络技术的运用为语用教学提供了更多的教学资源和交流平台，使学习者可以更加便捷地接触到真实语用环境，提升他们的语用意识。

第三阶段（2011—2023）是语用教学研究的成熟发展期，相关研究的数量基本处于平稳的状态。在这一阶段，语用教学研究呈现出明显的多元化特征，涉及学习者的语用能力培养、教师的语用身份定位、教材的语用元素融入等多个方面。在这一阶段，"二语互动语用能力"的理论框架被提出（李清华，2019）。该框架包括交际目标和语境意义的协商能力、礼貌和身份的共建能力、跨文化能力和元语用能力等多个方面。这一框架为二语学习者的语用能力培养提供了指导，并引起了学者们对不同语用维度的关注和研究。国内学者还注意到，应当在英语教程中加入言语行为知识、礼貌知识、元语用知识（李民、余中秋，2020），以更好地融入语用元素，使学习者能够掌握实际交际中所需的语用知识和技能。此外，国内学者关注到了网络课堂中教师身份建构的重要性，并提出了高校英语教师在网络课堂中应自觉使用课堂话语，有意识地建构适应于教学情境的某种或几种语用身份，构建自然和谐的在线课堂氛围（张润晗，2022）。

总体而言，国内语用教学研究经历了由引介国外理论到探讨语用教学的路径、技术、方案，再到语用教学研究的多元化阶段。这些发展阶段彰显了语用教学研究的本土化需求，以及相关研究的不断探索路径。

第三节 语用教学研究前沿

语用教学的研究前沿主要体现为一些关键性的话题，往往通过关键词共现的方式体现出来。为了能够清晰地了解语用教学的发展前沿，本书采用 CiteSpace 软件，对所收集数据的关键词进行可视化分析。关键词是文献主旨内容的精确概括，为考察文献的核心观点提供可信指标（曾广、梁晓波，2017）。对于关键词共现网络的分析能够反映出语用教学研究的文本内容特征。这对于了解语用教学研究的热点、趋势以及范畴特征等具有重要意义（李杰、陈超美，2016）。在实际操作的过程中，笔者在 CiteSpace 界面中的“Node Types”选择“Keyword”。随后，“Time Slicing”部分选择从 1992—2023 年，时间切片设定为 1 年，然后运行软件。之后，笔者选择“visualize”对运行的结果进行可视化呈现。在可视化界面，笔者选择“find clusters”和“label clusters with title terms”对结果进行聚类分析。随后，笔者选择“timeline view”，按照时间顺序对可视化结果进行呈现。笔者通过截图软件对出现的结果进行截图，获得图 11-2。

从图 11-2 可以看出，语用教学研究可以分为 10 个不同的范畴，包括：语用能力（#0）、语用（#1）、合作原则（#2）、外语教学（#3）、交际能力（#4）、语用失误（#5）、大学英语（#6）、口语教学（#7）、得体性（#8）、二语习得（#9）。其中，出现时间最早并且影响力最大的是语用能力（#0）。

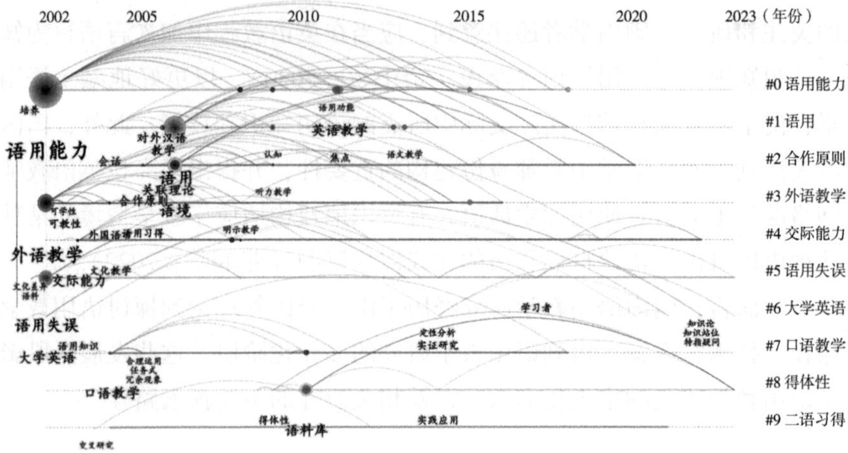

图 11-2 语用教学研究前沿

作为语用教学研究的核心话题，语用能力一直备受关注。特别是在英语语用能力的范畴中，随着全球化进程的加快，英语已从外语（EFL）演变为通用语（ELF），这导致了与英语作为外语时不同的交际范式和语用特征的出现（冉永平、杨青，2015）。这种转变引发了对语用能力及其研究的新思考，许多学者开始围绕英语语用能力展开深入研究。研究发现，语用能力并不会随着语言能力的提高而自动提高（李燕、姜占好，2014）。英语学习者在掌握文化知识方面表现最好，其次是适应性，而在言语行为知识方面学生的表现最差。这一发现表明，语用能力需要特别关注和培养，它不仅仅依赖于语言能力，还需要通过对文化和社交背景的理解来实现。随着英语的全球使用和多样化的交际需求，英语语用能力的研究也逐渐注重实际交际场景中的应用。学者们开始关注英语作为国际语言的语用特征和跨文化交际的要求。他们研究跨文化交际中的语用失误、互动策略和修辞技巧，以提供有效的语用教学方法和策略。此外，语用能力的研究还包括了与英语为非母语者的教学相关的问题。学者们关注教师如何帮助学习者发展语用意识和运用能力，并提出了教学策略和教材设计的建议。他们强调在语用教学中要注重培养学习者的交际策略和跨文化意识，以帮助他们在实际交际中更加自如地运用英语。当然，我们在探讨语用能力时，语用（#1）就是不可避免的话语。这也是为什么语用这一范畴出现的时间和影响力仅次于语用能力的原因。语用学中的合作原则（#2）等话题是语用能力研究时的重要抓手之一。

此外，交际能力（#4）与语用能力（#0）之间存在紧密的联系，因为语用能力的概念是在交际能力的基础上提出。通过交际能力范畴中的关键词二语语用能力（L2 pragmatic competence），我们可以看出它们之间的紧密联系。实际上，许多学者在研究语用能力时都以交际能力为起点，将交际能力作为语用能力研究的基础。语用学者提出，二语语用能力研究经历了从交际能力到互动能力的转变过程（李清华，2019）。这一转变强调了语用能力不仅仅是语言使用的技能，还包括与他人进行有效互动的能力。研究者们逐渐意识到，语用能力的培养需要考虑到社交和文化背景的影响，注重学习者在真实交际环境中的表达和理解能力。交际能力是指个体在社交交往中有效运用语言和非语言资源进行沟通的能力。而语用能力则更加专注于个体在特定语境下的语言运用能力，包括言语行为、言语意图的表达、交际目标的实现等。因此，语用能力可以视为交际能力的一个重要组成部分。在语用能力研究中，交际能力提供了基本的框架和理论基础。研究者们通过对交际能力的分析，进一步探索语用能力的内涵和培养途径。例如，语用能力的研究不仅关注学习者在特定语境下的言语行为，还注重学习者如何适应不同的交际情境、理解和运用言语背后的意图、处理语言交际中的歧义等方面。此外，语用能力的培养也需要考虑到学习者的社交和文化背景。由于不同文化背景下的语用规范和交际方式存在差异，学习者需要通过跨文化交际的学习来提高自己的语用能力。因此，在语用能力的培养中，研究者们倡导以真实的交际环境和跨文化交际为基础的教学方法，让学习者能够在实际交际中不断提升自己的语用能力。当学习者交际能力较强时，其话语得体性（#8）也会较强，反之则容易导致语用失误（#5）的出现。这也是为什么交际能力与这两个范畴密切关联的原因。

除了上述提到的范畴，还有外语教学（#3）、口语教学（#7）和二语习得（#9）这三个范畴与语用教学研究密切相关。这三个范畴涉及的关键词之一是言语行为。言语行为作为语用学研究的基本分析单位，在语用教学研究中扮演着重要的角色。许多语用教学研究往往以具体的言语行为为切入点进行探讨。例如，有的学者以“请求”言语行为为例，阐述了汉语语用教学的内容、策略，并试图构建汉语语用教学库（王帅，2016）。有的学者则以“建议”言语行为为例，分析了留学生汉语建议与汉语母语使用者的建议之间的差异，并提出了对外汉语教学的建议（丁安琪，2001）。以上的这些研究通过对请求、拒绝等言语行为的分析，为语用教学提供了具体的指导和参考。

外语教学（#3）和本章的主题“语用教学”之间存在一定的区别。前者更注重英语教学方面的研究，而后者则更偏向于汉语语用教学。虽然外语教学可以包括对语用能力的培养，但语用教学更专注于语用知识和交际能力的教学和研究。在外语教学领域，许多研究侧重于英语作为外语的教学和学习。研究者们通过探索英语学习者的语言能力发展、教学方法和教材设计等方面，提出了各种教学建议和策略。例如，刘建达（2019）在《中国英语能力等级量表》的基础上提出了相关的英语教学建议，旨在帮助英语学习者提高其英语语言能力。相反，语用教学更加注重汉语语用能力的培养和教学。比如，吴伟平（2020）以汉语教学为例，说明了如何进行语用教学的设计与规划。语用教学的目标是帮助学习者在汉语交际中更加准确、恰当地运用语言，理解并适应不同的语境和文化背景。因此，语用教学的研究和实践更加侧重于汉语的语用规范、语用策略和交际技能的培养。在这三个范畴中，语用评估成为一个前沿的研究话题。语用评估指的是根据语用学相关理论框架对教学效果等进行评估。评估语用能力可以帮助了解学习者在实际交际中的表达和理解能力，为教学提供科学依据。例如，杨昆和毛延生（2014）对基础阶段语用教学与测试中的语用元素进行了语用评估，以评估学习者的语用能力发展和教学效果。这种评估方法有助于教师和教学者了解学习者的语用表现，优化教学方法和教材设计，促进学习者的语用能力提高。

大学英语（#6）这一范畴涉及的关键词包括语境、语用知识（pragmatic knowledge）、语用策略等。在进行大学英语语用教学研究时，语境是必不可少的讨论话题之一，因为它是语用学的核心关键词之一。国内学者借鉴欧洲 CLIL 教学模式和美国社区大学发展性课程的经验，提出了学术英语的语境化教学方法（盛云岚，2015）。该方法注重顺应学习者的需求和认知水平，注重语言技能的可移植性，旨在促进学术英语的转化为学术交际能力。这一方法强调通过创造真实的语境来提高学生的语言运用能力，使学生能够在实际情境中运用所学的英语知识和技能。在大学英语语用教学中，语境起着关键作用，因为它提供了语言使用的背景和意义。通过教授语境相关的知识和技巧，学生能够更好地理解和运用语言。此外，语用策略和语用知识一直是提升学习者语用能力的关键要素，也是进行语用教学研究的重点。当然，语用教学研究不仅应当关注中国英语学习者语用知识的获得和语用能力的提升，还应当关注汉语国际教育中留学生运用汉语语用策略能力的培养（亓华、李萌，2011）。汉语学习者应学会在适当的时候使用恰当的言语行为，以有效地与中国人进行交流。

第四节　语用教学理论结构

语用教学的理论结构是指被引文献之间的关联性，可以通过文献共被引的方式获得。笔者通过 CiteSpace 软件对语用教学研究的参考文献及 Sigma 值等进行分析。Sigma 值是综合中介中心和突发强调测量节点重要性的指标（张继东、陈文，2016）。高 Sigma 值文献通常具有创新性，能在研究领域的知识结构上提供启发。由于中国知网（CNKI）中的数据不包含被引文献，因此笔者手动获取相关的参考文献，并转化为 CiteSpace 可分析的数据。在数据处理的过程中，笔者在“Node Types”中选择“reference”，在“Time Slicing”中选择 1992—2023 年，时间切片设定为 1 年，然后运行软件。之后，笔者选择“visualize”对运行的结果进行可视化呈现。在可视化界面，笔者选择“find clusters”和“label clusters with title terms”对结果进行聚类分析。随后，笔者对节点等数值参数进行处理后获得共被引可视化图。笔者通过截图软件对出现的结果进行截图，获得图 11-3。

从图 11-3 可以看出，语用教学研究中出现了 5 个主要的理论范畴：英语作为国际通用语（#0）、外语语用能力（#2）、显性导引（#3）、语用能力（#5）和英语教学（#12）。其中，影响最大的当属于英语作为国际通用语（#0），该范畴实际上与外语语用能力（#2）有着很多的相似之处。对于外语语用的相关描述，Kasper（1997）的研究具有重要的参考价值。在他的著作《二语教育的语用元素》（*Role of pragmatics in language education: Beyond Methods: Components of L2 Education*）中，Kasper（1997）首次提出了在二语教学中应该关注语用元素的观点。Kasper 的相关研究被后续研究者不断引用与发展。比如，冉永平（2013）等学者在此基础上进一步讨论了外语教学中的语用能力问题。不过，他们更为关注的是英语作为国际通用语的讨论，与下文提及的语用能力等问题的讨论存在一定的不同之处。

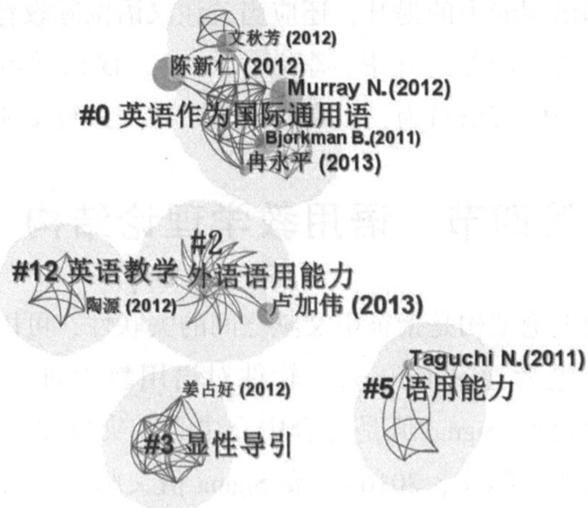

图 11-3 语用教学理论结构

除了英语通用语和外语语用这两个理论范畴之外，语用教学理论结构中涉及的另一个范畴是显性导引（#3）。需要说明的是，显性导引作为一种教学方法是嵌于语用学理论之中。比如，何自然（1988）《语用学概论》就是显性语用教学的经典参考书目。该书的出版不仅使越来越多的学者开始认识语用学，而且许多学者尝试将语用学的理论应用于英语、汉语或其他语种的教学。在语用学的指导下，教师可以设计各种语用教学活动，例如角色扮演、模拟对话、真实情境讨论等，以提高学习者的交际能力和语言运用能力。通过这些活动，学习者可以在真实的语境中实践和运用所学的语言知识，提高他们的语言表达能力和交际策略。同时，教师还可以引导学习者思考和探索不同语言背后的文化差异和社会意义，帮助他们更好地理解和运用语言。

我们可以很明显地看到，英语教学（#12）这一范畴与显性教学这一范畴之间存在密切的关联。不过，英语教学范畴更为关注的是学习者语用能力的培养和语用失误的避免等问题。比如，冉永平（2006c）从语用学的视角出发，围绕英语等目标语学习的语用能力观展开讨论。他探索了语用失误和语用迁移产生的主要根源，并分析了语用信息输入在语言学习中的重要性。通过研究语用学在语言教学中的应用，他为教师提供了一种更全面、深入地理解语用学习的方法。这种基于语用学的教学方法不仅关注语法和词汇的教学，更注重培养学习者的交际能力和语言运用能力。这样的研究实际上也是对交际教学模式（communicative movements）的进一步发展和升华，能够进一步提升学习者的语言能力。

语用能力（#5）这一理论范畴在国内也具有很高的影响力，它是在二语语用和语用学的交叉影响下而产生。正如前文所提到的，语用能力是语用教学的核心话题，因此许多学者在进行语用教学研究时都以语用能力为核心进行探讨。国内的很多学者都是从语用能力的基本理论框架入手，展开语用教学研究。比如，任伟（2019）开展了对出国语境下留学生汉语语用能力发展情况的研究，重点考察了不同情景实践对语用能力的塑造作用。卢加伟和陈新仁（2019）以中国学生为例，分析了二语会话中语用非流利的习得情况，重点讨论了语用知识的习得和语用意识的培养。他们的研究通过收集学生的语用会话数据和访谈资料，探索了学生在实际交际中遇到的语用困难，并提出了针对性的语用教学策略。通过深入研究学习者的语用意识和语用知识的习得过程，研究者提供了在教学中培养学生语用能力的建议和方法。这些研究表明，语用能力作为语用教学研究的核心内容，已经引起了国内学者的关注。通过对语用能力的深入研究，学者们不仅可以了解语用能力的发展规律和影响因素，还可以为语用教学提供更加有效的指导。

第五节　语用教学合作网络

语用教学的合作网络是指相关学者的被引频率以及彼此之间的合作情况，可以通过作者共被引分析实现。本书借助 CiteSpace 软件对合作网络展开分析，从而得到语用教学研究中高被引作者的分布，确定该领域有影响的学者，并且通过作者的共被引网络及聚类了解该领域中相似作者的研究主题及其学科领域分布（李杰、陈超美，2016）。在实际操作过程中，笔者在“Time Slicing”中选择“1992—2023”，在“Nodes Types”处选择“Cited Author”，以一年为一个切片分区，采用最小生成树算法运行数据。之后，笔者选择“visualize”对运行的结果进行可视化呈现。在可视化界面，笔者对节点等数据进行操作后形成语用教学研究的可视化图。笔者通过截图软件对出现的结果进行截图，获得图 11-4。

从图 11-4 可以清楚地看出，语用教学研究领域出现了一批以潘涌、冉永平、刘建达、吴伟平、李民等学者为代表的合作网络。这些学者在语

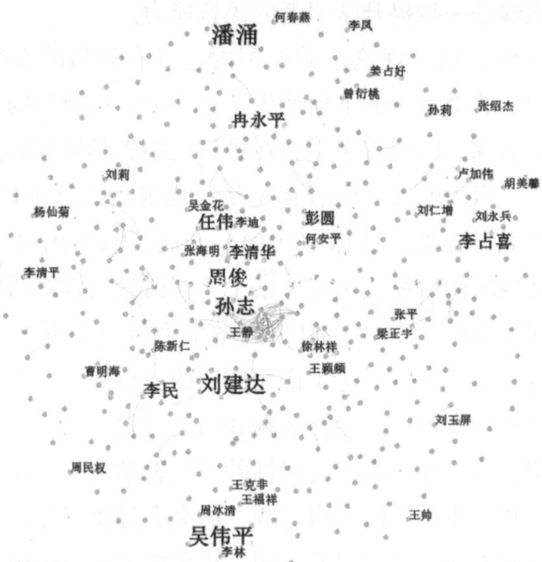

图 11-4　语用教学合作网络

用教学研究方面做出了重要的贡献，并推动了该领域的发展。他们的研究聚焦于汉语和英语这两种语言，并涉及教学、教材编写和测试等不同层面。

在上述学者中，潘涌（2011）提出了汉语教学的积极语用观，为汉语教学领域注入了新的理念和方法。他的研究内容包括基于表达动机的“自觉语用”，以及构建一个全面的语用学习循环，其中思维作为中枢，听、读、视为输入，说、写、评为输出，相互之间形成有机循环的“全语用”教学模式。他强调语言的个性化和主体性，在言语内容和形式上体现出丰富的个性和活力。吴伟平（2019）的研究着眼于汉语教材编写中的语用思考。他认为在教材编写的过程中，语用的隐性知识和语境应该被转化为显性的教学知识，以便更好地指导学习者的语用能力发展。他的研究旨在为教材编写者提供有效的语用教学策略和方法，以提升学习者在实际交际中的语用表达能力。刘建达（2019）则根据《中国英语能力等级量表》的相关描述，针对英语教学展开研究。他致力于探讨语用教学在英语学习中的应用，并通过问卷调查的方式，考察了个体的性格类型对语法能力、语法意识、语用能力和语用意识的影响。他的研究旨在为英语教学提供理论和实践的指导，以提高学习者在语用层面的语言运用能力。

此外，李民等学者（2009）还从语用教学的角度展开了对英语学习的研究，为语用教学提供了重要的理论依据和实践指导。他们通过采用问卷调查的方法，研究了个体的性格类型对语法能力、语法意识、语用能力和语用意识的影响。通过对调查结果的分析，研究者们得出了一系列关键结论，为语用教学提供了参考。他们发现不同个体的性格类型对语用能力和语用意识有一定的影响。例如，外向型的学生在交际中更具自信和灵活性，表达能力较强；而内向型的学生可能更谨慎和保守，更加注重细节。这些差异需要在语用教学中予以考虑，并采取相应的教学策略，以满足学生个体差异的需求。他们还发现语法能力和语法意识与语用能力和语用意识之间存在一定的关联。语法作为语言的基础，对于语用的运用起着重要的支撑作用。因此，在语用教学中，教师应该注重培养学生的语法能力和语法意识，以提升他们在语用层面的表达和理解能力。基于这些研究结果，国内的语用教学研究者们在不同层面展开了进一步的研究，涵盖了教学、教材编写和测试等领域。这些研究旨在深入理解语用在语言学习和教学中的作用，探索有效的教学策略和方法，以提高学习者的语用能力和交际能力。在语用教学中，教师们可以根据学生的个体差异，采取灵活多样的教学策略。例如，对于外向型学生，可以鼓励他们积极参与口语交际活动，提供更多的机会和平台展示自己的语用能力。而对于内向型学生，可以提供更多的练习机会和情境模拟，帮助他们逐步建立流利的交际能力。

第六节　语用教学研究展望

通过对中国知网上收集的与语用教学相关的文献进行的统计可以看出：国内语用教学研究总体上进入了成熟发展期，每年的发文数量比较稳定。语用教学研究的前沿话题涉及互动能力、语用评估等关键词。语用教学的理论结构肇始于对二语教学中语用元素的关注，经过国内学者的系统补充，目前集中于对语用能力的探讨。国内的潘涌、冉永平、刘建达等一批学者为语用教学研究作出了突出的贡献，研究的内容涉及教学、教材编写、测试等不同的方面。通过对语用教学发展趋势、前沿话题、理论结构和合作网络等方面的分析，研究认为语用教学可以在以下几个方面进一步发展，从而实现有效突破。

第一，当前国内的语用教学研究在课堂语境下学习者语用能力发展方面还相对较少，这是一个亟待关注和深入研究的领域。虽然语用教学已经涉及了语用理论、教材编写和测试等多个层面，但对于如何在英语课堂中有效地引导学习者发展语用能力方面的研究还相对不足。因此，我们需要进一步拓宽和深化语用教学的内容，以满足学习者在实际语言运用中的需求。为了指导英语课堂的语用教学，我们需要探索更加灵活多样的教学方式和手段。传统的课堂教学可以结合实际情境模拟、角色扮演、小组讨论等活动，以提供学习者真实的语言使用机会。同时，利用现代技术手段，如网络资源、语用学习软件等，可以为学习者提供更加丰富和便捷的语用学习环境。此外，语用教学研究可以借鉴和吸收其他学科的理论成果，构建更科学、合理的研究框架。例如，可以结合认知心理学、社会心理学、语言社会学等相关领域的研究成果，深入探讨语用能力的发展机制和影响因素。同时，也需要综合考虑教学材料、教学方式和学习者之间的关系。因为不同的教学材料和教学方式可能对学习者的语用能力发展产生不同的影响。另外，我们应重视语料收集与评估方式的多样化，并尽量确保语料的真实性。语料是语用教学研究的基础，通过收集和分析真实的语料可以为教学提供具体的参考和支持。同时，作为语言类教师，我们应将研究发现应用到实际的语言课程设计中，制定更好更多样化的培养学习者语用能力的教学方案。这需要我们不断更新自己的教学理念和方法，积极探索适合学习者特点和需求的语用教学策略，并通过实践和反思不断改进和完善教学效果。

第二，语用评估是当前语用教学研究的前沿话题，具有重要的研究价值，但是相关的研究却较少。目前，语用教学研究主要集中在对词汇、言语行为等层面的评估。但实际上，语用教学的研究正逐渐由传统的交际能力评估向更加注重互动能力评估的方向转变。仅仅对词汇、语法和言语行为进行语用评估似乎无法全面满足现有的研究需求。在实际的语言应用中，语言是一种社会交往工具，其目的不仅仅是传达信息，还包括实现人际功能和互动功能。因此，语用评估研究需要更加深入地探讨如何使用言语或非言语元素来实现话语的人际功能、互动功能等方面的能力。为了实现这一目标，需要继续深化相关的研究，并探索新的评估方法和工具。例如，可以结合情境模拟、角色扮演等任务，评估学习者在特定交际情境中的语用表现和交际能力。同时，还可以借鉴现代技术手段，如虚拟现实技术、自然语言处理等，开发更准确和全面的语用评估工具，以便更好地了解学习者的互动能力和语用表达能力。在应用层面，应当考虑如何将互动能力的评估理念应用于汉语或英语教学。教师可以设计一系列的教学活动和任务，促进学习者在真实语境中的互动能力的培养。例如，通过小组合作项目、情景模拟等方式，鼓励学习者参与真实的交流互动，培养他们的沟通技巧、合作能力和适应不同语境的能力。通过探索新的评估方法和工具，以及将互动能力评估理念应用于教学实践中，我们可以更好地促进学习者的语用能力发展，使其在真实的交际场景中更加流利、准确地进行语言交流。

第三，积极语用的概念已经成为汉语教学和二语英语教学中的重要话题。在语用教学的过程中，不仅需要思考如何提升学习者的语用理解和表达能力，还应该重点关注如何培养学习者的语言学习自主性和能动性，并且关注语言学习背后潜移默化的文化影响。通过语用教学，我们可以帮助学习者培养对汉语文化的认同感。在语用教学中，积极语用的概念强调学习者在语言交际中的主动性和积极性。这不仅包括提升学习者的语用知识和技能，更重要的是培养他们主动运用语言、参与交际的能力。为了实现这一目标，教师可以设计多样化的教学活动，鼓励学习者积极参与真实的语言交流，例如讨论、辩论、角色扮演等。通过这些活动，学习者将有机会实践和运用所学的语言知识，培养自信心和流利表达能力。此外，语用教学应该超越语言表面形式，关注语言学习的文化内涵。语言和文化是紧密相连的，在语用教学中我们应该帮助学习者理解语言背后的文化意义和价值观。通过引入真实的文化材料、社交礼仪和语境背景等，学习者可以更好地理解和运用语言，增强对汉语文化的认同感。语用教学还应注重学习者的自主性和能动性。学习者在语用教学过程中应该被鼓励成为积极的参与者和决策者，他们可以参与教学活动的设计和评估，提出自己的观点和问题，分享自己的经验和文化背景。通过培养学习者的自主性和能动性，他们能够更加主动地参与到语言学习中，积极探索和运用语用知识。

第七节　本章小结

总体而言，国内语用教学研究以语用能力的培养为核心焦点，经过几十年的发展已进入成熟阶段。然而，当前的研究趋势表明，学者们更加关注学习者的互动能力培养和语用评估这两个前沿话题。这些方面的研究旨在通过语用教学提升学习者的语用意识，使他们能够积极参与话语互动，并通过语用评估框架对教学效果进行评估。在学术界的合作网络中，潘涌、冉永平、刘建达等学者以其杰出的研究成果具有很高的影响力。他们的研究涉及语用教学的各个方面，包括教学方法、教材编写和语用测试等。他们的工作对于推动语用教学研究的发展具有重要意义，为教师和研究者提供了宝贵的参考和指导。然而，尽管国内语用教学研究取得了显著进展，但其系统性仍有待加强。为了进一步推动研究的发展，国内学者需要加强合作与交流，建立强有力的合作网络。通过分享研究成果、共同开展课题研究和深入讨论交流，诸学者可以加快语用教学研究的进展，推动理论的创新和应用。展望未来，语用教学研究仍然面临着一些挑战和机遇。未来的研究需要更加关注语用教学效果的评估，采用更为全面和准确的评估方法，以验证语用教学的有效性。此外，还需要进一步提出具有本土特色的语用教学理论，将国内的语用研究成果与语言教学实践相结合，以满足学习者的实际需求。

第十二章　语用翻译

第一节　语用翻译研究背景

最早将语用学的相关理论引入翻译研究的学者是 Hatim 和 Mason（1990），他们首次在语用学和翻译研究之间建立了联系。在此之后，Gutt（转引自李捷等，2011）最早对语用翻译进行了系统的研究。在我国，对语用翻译理论进行系统研究始于 20 世纪 80 年代后期。比如，张亚非和曾宪才等学者强调了翻译过程中语用等值的重要性（曾文雄，2005）。此后，何自然教授（1997）将语用翻译看作一种等效翻译，并将其分为语用语言等效翻译和社交语用等效翻译两个层面进行研究。这些学者的工作为我国的语用翻译研究奠定了基础。

近十年来，国内的语用学研究取得了长足的发展，其中不少研究涉及语用翻译领域。例如，何自然和李捷（2012）对语用翻译主体性进行了研究，侯国金（2013）对语用标记语翻译进行了深入探讨，钟文（2011）对语用翻译的顺应论进行了研究。这些研究不仅顺应了解放语用学的呼声和语用分相论的需求，还力求在整合视角下深入研究翻译过程中的难题（李占喜，2008）。此外，这些研究也旨在弥补传统翻译研究的不足，帮助译者更有效地理解源语的意义，传达源语的语用信息（郝苗，2012）。然而，国内的语用翻译研究仍存在一些不足。当前的研究情况表明，语用翻译研究是一个有待深入探索的领域（Linda，2001）。因此，需要进一步加强对语用翻译理论和方法的研究，提升研究的深度和广度。

具体而言，国内对于语用翻译的研究尚未实现系统性的定义，大部分研究将翻译概念和语用理论作为独立的概念进行解释，侧重于两者之间的共通性，这反映出翻译概念和语用理论之间尚未实现有效的融合。此外，大多数语用翻译研究是以传统翻译理论为基础，将语用理论引入只是为了解决特定的翻译难题，改善翻译效果，而忽视了语用翻译研究对语用理论的支撑能力。同时，国内的语用翻译研究大多具有实用性的特征，其研究目的主要是为了满足特定的语言、文化或社会需求，对于语用翻译本身的论证和理论推进显得不够充分。这种情况导致语用翻译理论的改革受限，相关研究可能陷入停滞状态。基于国内语用翻译研究的现状，我们认为有必要对语用翻译的研究进行重新思考。这将有助于实现翻译理念和语用理论的有机融合，推动语用翻译研究的进一步发展。

虽然国内也有相关学者对语用翻译进行了分析、调查和思考，但他们更多地强调对语用翻译的阐释和翻译语料的分析，研究范畴相对较为单一（郝苗，2012）。然而，近年来语用翻译研究呈现出新的特点，因此对语用翻译进行重新反思和深入介入研究变得非常必要。在目前的研究状况下，我们有必要深入了解语用翻译研究的发展轨迹、前沿热点、理论结构特征以及研究者之间的合作网络。因此，本书借助 CiteSpace 知识图谱分析软件，对国内语用翻译研究的发展轨迹、前沿热点、理论结构和作者合作网络展开研究。本书主要探讨以下四个问题：（1）语用翻译研究的时间序列分布特征如何？（2）语用翻译研究的前沿热点是什么？（3）在语用翻译研究中起着关键作用的文献有哪些？（4）语用翻译研究的作者合作网络如何？本章将为本土语用翻译研究的发展提供参考。

第二节 语用翻译发展轨迹

为了深入研究语用翻译领域的发展轨迹，笔者首先以中国知网（CNKI）数据库为基础，使用关键词“语用翻译”进行检索。在数据筛选过程中，将文献类型限定为学术期刊、学位论文和会议论文，并包括了中国语言文字和外国语言文字等各个学科领域。筛选的时间范围为 2023 年以前的所有年份（文献最早出现时间为 1993 年）。经过检索和筛选，共获得了 699 篇与语用翻译相关文献。为了方便分析，笔者将这些文献保存为纯文本形式，并命名为 download_pragmatic translation，这将成为本书分析的语料来源。为了揭示语用翻译研究的发展轨迹，笔者按照时间顺序将相关论文从 1993—2023 年进行了排序，并绘制成折线图。该折线图以年份为横坐标，语用翻译研究论文的数量为纵坐标，通过折线图可以清晰地反映该领域随时间的演变情况。笔者以每年为单位，绘制了语用翻译研究的历时变化发展轨迹图，具体见图 12-1。

从图 12-1 可以看出，国内语用翻译研究的文献最早出现于 1993 年，不过当时的文献数明显过少，几乎可以忽略不计。从 2002 年开始，语用翻译研究数量呈现快速增长的趋势，并于 2008 年达到最高值（56 篇）。从 2002—2008 年，出现了两次明显的波动，第一次是在 2002 年，第二次波动是在 2008 年。尽管出现了波动，不过从整体的态势来看，增长趋势非常明显，这也符合语用学研究的基本内在规律。2008 年以后，虽然语用翻译研究的数量出现了下降的趋势，但是每年的发文量基本在 10 篇以上，说明语用翻译依然获得较高的关注。所以，单纯从历时的发展轨迹来看，语用翻译研究具有广阔的前景。

图 12-1　语用翻译发展轨迹

语用翻译研究呈不断增长趋势的原因可以归纳为以下两点：首先，随着语用学解放的提出和语用分相论研究的发展，语用翻译的概念开始被提出并引起学者们的关注。在语用学和翻译学的交叉领域中，研究者们致力于通过综合视角来深入探讨在翻译过程中难以解决的问题（李占喜，2008）。例如，认知视角下的翻译研究（张新红、何自然，2001）以及生态视角下的翻译研究（胡庚申，2008）等逐渐获得了越来越多的关注。在这样的背景下，语用学家和翻译学家共同意识到将语用学理论与翻译实践相互融合的必要性。其次，全球化背景下的语用翻译需求不断增加也推动了语用翻译研究的快速发展。随着全球交流与合作的不断深化，各种跨文化和跨语言的交际场景日益增多。这就对翻译工作者在处理语用问题时提出了更高的要求。翻译不仅仅是对表面意义的转换，还需要考虑原文和目标文化之间的文化差异、言语行为的合适性、指称语用的转移等问题。这种全球化趋势对语用翻译研究提出了新的挑战，使得学者们迫切需要深入研究语用翻译的理论和实践。

随着翻译研究的深化，不少学者发现传统视域下的翻译研究存在一定的不足，比如单纯从语法视角无法介绍话语所蕴含的会话含义（Dicerto，2018）。此外，在很多话语互动活动中，译者不仅需要对原句中所蕴含的会话含义进行有效翻译，还需要考虑如何帮助听话人进行有效的解读。基于这样的考虑，就需要从语用学的视角出发，帮助解决常规翻译研究中无法解决的问题，并帮助译者对源语意义的有效理解，再现源语的语用意义（郝苗，2012）。

在语用翻译研究中，重视源语的会话含义和语用意义的传达已成为一项关键任务。译者需要考虑源语话语中的言外之意、暗示和隐喻等语用现象，并灵活运用翻译策略来传达这些信息。从语用学的角度出发，译者可以探索不同会话策略和交际方式在翻译中的应用，以确保目标语读者能够准确理解源语的语用意图。此外，语用翻译研究还强调了翻译中的合作和交际性。跨文化交际中，译者需要考虑到目标语读者的文化背景、语用偏好以及交际准则，以确保翻译结果在目标语社会中具有相应的语用效果和交际功能。因此，语用翻译研究倡导译者与原作者、目标语读者之间的密切合作和沟通，以便在翻译过程中更好地解决语用问题。

语用翻译研究的发展轨迹与特征分析说明：第一，随着翻译实践的不断推进，语用翻译研究蒸蒸日上，必须抓住这样的总趋势，努力发展具有中国特色的语用翻译研究，从而帮助实现中国文化“走出去”的目标。在全球化的背景下，中国的文化交流与合作日益频繁，对语用翻译的需求也越来越高。因此，发展具有中国特色的语用翻译研究具有重要意义。这需要我们充分挖掘和发扬中国语言、文化和传统的独特之处，将其融入语用翻译实践中。第二，语用翻译研究具有多样化的特征，已经不再单纯局限于词汇、语法层面的研究，开始逐渐向生态、神经、认知等方面进行扩展。进行语用翻译的多样性研究与跨学科研究必不可少。在多样性研究方面，语用翻译研究可以关注不同领域和专业的翻译需求，例如科技、商务、法律等领域，从而满足不同行业的语用传达要求。此外，还可以研究不同文体、文化背景和社会语境下的语用翻译现象，以丰富我们对语用翻译的理解。跨学科研究也是语用翻译研究的重要趋势。语用翻译研究可以借鉴生态学、神经学、认知科学等学科的理论和方法，以拓宽研究视野。

此外，当前多模态翻译实践发展得如火如荼，但是缺乏系统理论框架的指导，当下的多模态翻译实践表现出碎片化的特征，各类多模态文本的翻译经验无法互相照应，形成系统整体。因此，有必要从语用学视角出发展开多模态文本翻译实践。随着科技的进步，多模态文本在我们的日常生活中越来越普遍，如图像、音频、视频等形式的信息呈现方式多样化。这给翻译带来了新的挑战，因为多模态文本不仅仅涉及语言层面的翻译，还需要处理多种非语言元素的翻译，如图像中的视觉信息、音频中的声音特征等。然而，目前多模态翻译实践还缺乏统一的理论框架和方法论的指导，导致翻译经验在不同领域和语境下无法互相通用。因此，从语用学的视角出发开展多模态文本翻译实践具有重要意义。

第三节　语用翻译研究前沿

语用翻译的研究前沿主要体现为一些关键性的话题，往往通过关键词共现的方式体现出来。为了能够清晰地了解语用翻译研究的发展前沿，本书采用 CiteSpace 软件，对所收集数据的关键词进行可视化分析。关键词是文献主旨内容的精确概括，为考察文献的核心观点提供可信指标（曾广、梁晓波，2017）。对于关键词共现网络的分析能够反映出语用翻译研究的文本内容特征。这对于了解语用翻译研究的热点、趋势以及范畴特征等具有重要意义（李杰、陈超美，2016）。在实际操作的过程中，笔者在 CiteSpace 界面中的“Node Types”选择“Keyword”。随后，“Time Slicing”部分选择从 1993—2023 年，时间切片设定为 1 年，然后运行软件。之后，笔者选择“visualize”对运行的结果进行可视化呈现。在可视化界面，笔者选择“find clusters”和“label clusters with title terms”对结果进行聚类分析。随后，笔者选择“timeline view”，按照时间顺序对可视化结果进行呈现。笔者通过截图软件对出现的结果进行截图，获得图 12-2。

从图 12-2 可以看出，语用翻译研究话题可以分为九个话题：翻译（#0）、口译（#1）、语用翻译（#2）、文化差异（#3）、语用等效（#4）、

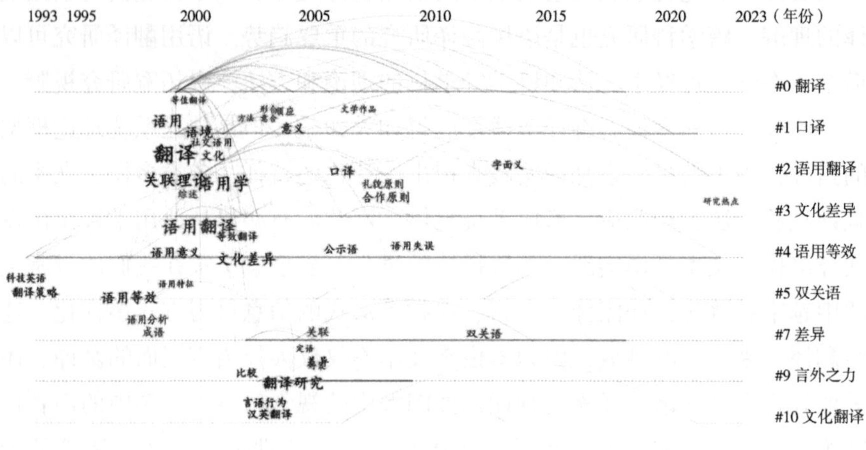

图 12-2　语用翻译研究前沿

双关语（#5）、差异（#7）、言外之力（#9）、文化翻译(#10)(由于#6 和#8 两个话题的节点过小，因此可以忽略不计)。由于在数据采集过程中设定的主题检索词为“语用+翻译”，因此在呈现的过程中“翻译”（含口译）和“语用翻译”就成为最大且最重要的节点，而且其他所有的节点都与该节点产生关联。当然，语用翻译（#2）这一范畴不仅与翻译相关，而且与语用等效（#4）和言外之力（#9）这两个范畴一道都可被划分为语用学的研究。此外，文化差异（#3）、差异（#7）、文化翻译(#10)这三个节点均属于“翻译实践”的范畴。基于以上的考虑，本书将分别从“翻译”“语用”“实践”三个方面展开分析。

就“翻译”这一范畴（#0、#1、#2）而言，主要涉及的关键词包括语境、称呼语、合作原则等。其中，语境是翻译学和语用学所共同关心的话题。语境中的动态语境又是相对较新的话题。动态语境的提出实际上源于学界对于礼貌的讨论。相关研究发现话语是否礼貌不完全取决于其直接与间接程度，而在于交际双方对动态语境的把握是否确切，即发话者与受话者对交际过程中双方语用距离推定的一致程度，一致程度越高则话语礼貌程度越高；一致程度低则话语礼貌程度低（施红梅、赵朝永，2014）。翻译应当重视语用距离与话语礼貌的关系、语言选择对话语礼貌策略的影响，明确话语礼貌拟定的相对性、动态性和可协调性，实现礼貌对等。称呼语是出现相对较早且影响力较大的一个关键词。称呼语是传统语用学研究中的经典话题，是言语交际过程的重要组成部分，是传递信息和交流感情的重要工具，相关研究主要探讨称呼语的转换及其功能，并从语用视角探讨英汉称呼语翻译的策略（李先进、黄信，2011）。此外，相关学者还关注如何依据语用学中的合作原则来展开翻译方面的研究。比如，有的学者基于语用学理论中的合作原则分析如何进行翻译过程的约束，并通过合作原则中的次准则来衡量文学翻译的效果（肖曼琼，2009）。

“语用”这一范畴（#2、#4、#9）主要涉及的关键词包括关联理论、礼貌原则、言语行为、多模态等。其中，礼貌原则、关联理论以及上文提及的合作原则都是经典的语用学理论，相关学者主要以经典语用学理论为指导进行翻译实践的研究。研究发现，语言中的并列结构的语序受到礼貌原则的约束（王琳琳、蒋平，2013）。比如，英语由于受到谦逊原则的制约，说话人把自己置于并列结构中最不显著的位置，而在汉语中该原则的作用并不明显。因此，在进行英汉翻译的过程中，需要合理地考虑从如何进行语序结构的调整。在进行语言结构调整的过程研究时，关联论似乎是一个很好的理论视角（朱燕，2007）。语言翻译可以被看作是一种明示—推理交际行为，如何能够从这一立足点出发，则可以更好地对隐义进行处理，提高翻译效度。此外，言语行为也是翻译研究中一个非常重要的抓手。自从塞尔等学者系统地提出言语行为的理论框架后，就一直成为研究的重要抓手。就语用翻译而言，不少学者认为语用翻译实际上是由言语行为（涉及主题性、功能性和语用性的言语行为）组成的有机结合体。译者的任务就是把源语言文本最优化地译入目的语，确保翻译的语用等效性（付鸿军、刘敏，2003）。除了这些经典的语用学理论之外，我们还应该注意到翻译的多模态研究获得越来越多的关注。多模态文本如何传递意义以及应该采取什么样的方式展开翻译是当前语言学界的热门话题之一。从相关文献可以看出，翻译研究的关注点经历了由单模态到多模态的演变历程。例如，早期的功能对等理论、目的论等主要关注文字模态的翻译。而今，多模态文章中的非文字因素开始逐渐获得关注。不少学者认为非文字因素与文字因素对于构建文本意义具有同等重要的作用（Snell-Hornby，1995）。与之相同，Dicerto（2018）提出了多模态文本翻译的多模态语用学框架。

实践的范畴（#3、#7、#10）涉及的关键词包括广告英语、科技英语、双关语、翻译实践等，这些关键词的共同特征是关注特定领域下的翻译研究以及翻译的技巧等。国内的语用学者将研究的重点置于如何以读者为中心，实现对文本的恰当翻译（洪明，2006）。在翻译过程中，译者应充分考虑中西文化、语言和审美习惯的差异，以及译文读者的期待，重视对译文读者的关照。这种关注读者需求和文化适应性的方法为翻译提供了参考，使翻译成果更具有吸引力和有效性。此外，相关学者还关注不同的体裁下语言的翻译实践，强调书面文本翻译过程中如何坚持语用对等原则，使用恰当的翻译策略，实现接触语言交际需求（黄文溥，2021）。这种关注语用对等和交际需求的方法对于书面翻译的有效性具有重要意义。翻译实践研究不仅出现在书面语体裁中，还出现在口语语境中，国内学者（如，马霞，2006）提出口译是在特定语境中进行的复杂交际行为，用目的语表达源语的交际过程是一个动态发展的过程，始终处于变化之中。

第四节 语用翻译理论结构

为了了解语用翻译领域的理论结构，笔者使用 CiteSpace 软件进行分析。其中，通过文献共被引的方式可以获得文献之间的关联程度。在分析中，笔者使用了 CiteSpace 软件对多模态语用的参考文献及 Sigma 值等进行处理。Sigma 值是一个综合考量中介中心性和节点重要性的指标，高 Sigma 值的文献通常具有创新性，能够对研究领域的知识结构提供启发（张继东、陈文，2016）。由于中国知网中的数据不包含被引用文献的信息，因此笔者手动获取了相关的参考文献，并将其转化为 CiteSpace 软件可分析的数据格式。在数据处理的过程中，笔者选择了 CiteSpace 软件中的“Node Types”为“reference”，并将“Time Slicing”设定为 1993—2023 年，时间间隔为 1 年。然后运行软件进行分析。在可视化界面上，笔者选择了“find clusters”和“label clusters with title terms”，对结果进行聚类分析。通过对节点等数值参数进行处理后，笔者获得了共被引可视化图。笔者使用截图软件对出现的结果进行了截图，并得到了图 12-3 的可视化图。

从图 12-3 中可以观察到，语用翻译研究的理论结构可以划分为三个明显的范畴，即关联翻译模式（#0）、认知语用学（#3）和另类翻译（#6）其它范畴因为节点过小而被软件自动过滤。首先，在关联翻译模式这一范畴中，语用学家尝试将语用学的理论（如，关联理论）应用于翻译研究之中，开始关注语境等因素对翻译的影响。比如，张新红与何自然

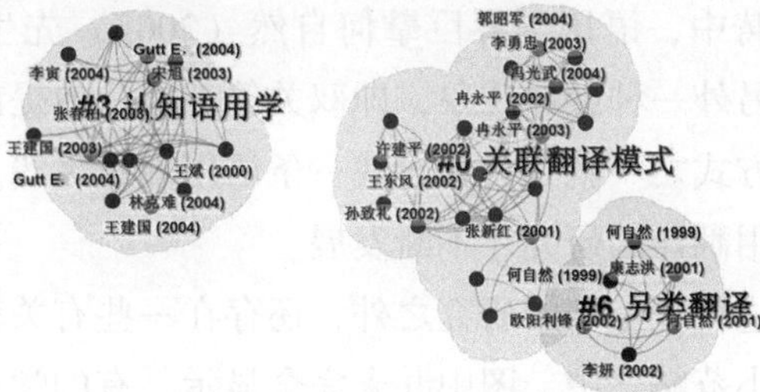

图 12-3　语用翻译理论结构

(2001) 两位学者提出了语用翻译的概念，并探讨了语用学理论对翻译研究的理论输出、启发以及语用翻译的实际应用。他们认为翻译是一个双向的示意—推理交际过程，涉及原文作者、译者和译文读者等三类交际主体之间的互动。因此，翻译的语用观是一个动态的三元翻译观。张新红与何自然将翻译活动视为语用学的研究对象和实践场所，并验证了语用学理论在翻译领域的有效性。他们尝试将语用学在规约意义、含义、礼貌、指示语等领域的研究成果应用于解决翻译实践中的文化和语用问题。在此基础上，他们提出翻译的主要目的是追求“信”，而达到译文对原文忠实的手段不必追求千篇一律。因此，决定翻译手段和策略的最主要参考标准应该是译者对译文读者的接受环境以及译入语言文化环境的正确评估和认知。这些研究观点对于理解语用翻译的基本概念和原则具有重要意义。它们强调了翻译过程中交际主体之间的互动，并提出了在实际翻译实践中应用语用学理论的可能性。这为译者提供了在处理文化差异和语用问题时的指导原则，认识到译文的忠实性不是单一标准，而应考虑读者接受环境和译入语言文化环境的因素。这种思路对于促进语用翻译理论的进一步发展和提高翻译质量具有积极影响。

认知语用学（#3）这一范畴也与第一个范畴有许多相似之处，只不过该范畴更多关注的是如何进行认知语用学和翻译实践之间的结合。相关学者发现，认知翻译理论研究的最终目标是构建一个被接受或切实可行的翻译过程描述模式，以更合理地解释翻译过程和相关要素（卢卫中、王福祥，2013）。值得注意的是，尽管学者已经尝试将认知语用学和翻译之间进行有机的结合，但是目前的研究主要是进行理论的演绎和文献的综述。有关认知语用翻译的实证研究数量相对较少，有待进一步深入的分析。

另类翻译（#6）这一范畴主要是与语用翻译的起源相关。我们可以注意到在这一范畴中，语用学界巨擘何自然（2003）先生已经注意到翻译中可能出现的另外一种翻译现象，即双关等现象。他提出解决翻译中可能出现的困惑的方式之一就是为其寻找一条语用理论之线。也正是在这样的启发之下，语用翻译的研究才不断发展。

当然，除了这三个范畴的研究之外，还存在一些有关语用翻译实践的讨论散落于其他小范畴之中，图中并未完全显示。有的学者从法律翻译的角度探讨文本类型和法律文本的特点，认为准确把握特定文本类型的特点有助于译者正确理解原作的整体意图和功能（张新红，2001）。在法律翻译中，了解文本类型的特点对于确保翻译准确性和完整性至关重要。有的学者从多元系统的理论视角出发，探讨中国文学作品在国际传播中的翻译工作，强调应该具备文化自信，推动中国文学作品在国际舞台上的传播（张南峰，2015）。有的学者对公示语翻译研究进行了综述，发现公示语翻译研究存在术语不统一、题材和体裁单一化以及缺乏创新性等特点（赵湘，2006）。这些研究对于促进语用翻译实践产生了积极的效果。

除此之外，也有一部分学者在翻译过程中尝试对语境进行补缺，以实现语用等效。这些学者强调翻译过程中，需要根据语境的参考来补充原文中的信息缺失，以获取交际所需的信息。同时，还需要根据读者的需求进行语用充实和顺应，选择恰当的译文形式，即寻找原文和译文之间的最佳关联，以尽可能实现语用的等效（如，冉永平，2006b）。同时，译者应当选择合适的语言形式或视角来进行语境补缺，并对译文进行语言语境和交际语境（物理世界、心理世界和社交世界）的语用充实，以实现译文与原文的语用功能等效。在语用充实的研究中，关注翻译过程中的语境补缺和语用等效是至关重要的。通过对语用充实问题的探讨和研究，翻译者可以更好地理解翻译过程中的语言和交际要素，以确保译文能够有效地传达原文的意图和功能。

第五节 语用翻译合作网络

语用翻译的合作网络是指相关学者之间的被引频率以及彼此之间的合作情况。通过分析合作网络，可以了解语用翻译领域中高被引作者的分布情况，并确定对该领域具有影响力的学者。此外，通过作者的共被引网络和聚类分析，还可以了解该领域中相似作者的研究主题以及学科领域的分布情况。在研究中，借助 CiteSpace 软件进行合作网络分析是一种常用的方法。该软件能够根据作者共被引的情况，生成合作网络图，并通过可视化呈现的方式展示出来。具体操作中，研究者在 CiteSpace 软件中选择合适的时间范围（1993—2023），以年份为单位进行切片分区。然后，选择“Cited Author”作为节点类型，并采用最小生成树算法运行数据。运行完毕后，通过“visualize”功能将结果进行可视化呈现。在可视化界面中，研究者可以对节点等数据进行操作，以获得语用翻译研究的可视化图。图中的节点代表学者，节点之间的连线表示彼此之间的合作或被引关系。通过观察图形的分布、节点之间的连接情况以及节点的属性信息，可以得到有关语用翻译领域的重要学者、合作情况以及研究热点等信息。

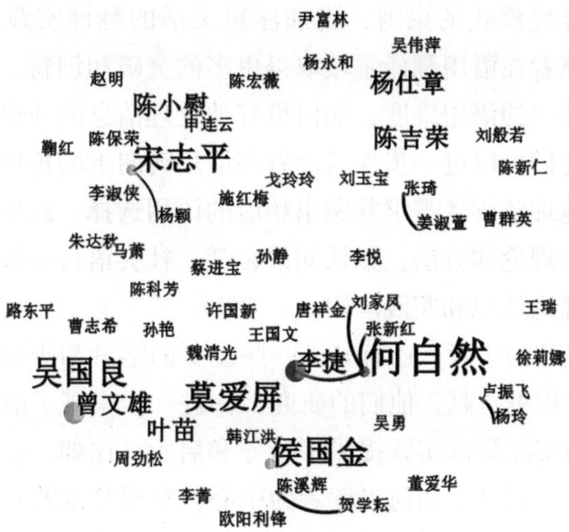

图 12-4　语用翻译合作网络

图 12-4 表明，语用翻译研究的合作网络呈现相对分散的状态，可以大致分为以下两类：第一类是以何自然、李捷、侯国金等学者为核心的语用翻译理论提倡者。他们在语用翻译领域提出了一系列的理论观点和方法，为该领域的研究和实践作出了重要贡献。这类学者强调以语用翻译理论为指导，对生活中难以翻译的语言现象进行翻译，使翻译更加准确、有效（何自然，2003）。在翻译理论的基础上，国内学者提出了语用标记等效翻译假说（侯国金，2005）。该假说将标记论引入语用层面，以关联为导向，分析直接/间接标记价值、礼貌/不礼貌标记价值、合作/不合作标

记价值的特征。这些理论观点丰富了语用翻译研究的内容，为翻译实践提供了重要的指导。他们的理论观点和方法对于解决实际翻译中的难题，提高翻译质量具有积极意义。第二类研究与第一类研究有相似之处，相关学者关注到了翻译的语用转向。国内的语用学者提出了翻译学的“语用学转向”概念，将翻译视为语言中介的合理人际交往活动（曾文雄，2006）。这类学者强调将意义作为翻译的归宿，并以关联作为准绳，以顺应作为手段，关注主体和客体之间的交往关系，研究动态交际中语言使用的本质。这种转向将翻译研究从传统的对等和置换观点中解放出来，使其朝向更加动态和理性的方向发展。

这两类研究者的工作共同推动了语用翻译研究的发展，丰富了该领域的理论和方法。他们的关注点都集中在翻译的语用性质上，致力于解决翻译过程中的难题，并提出了创新的思路和观点。这种研究取向使语用翻译研究逐渐摆脱传统模式的束缚，更加注重灵活的翻译实践。后续的研究中，这两类研究者在语用翻译领域取得更多的突破和创新。他们可以进一步探索翻译过程中的语用维度，如何更好地处理信息的补缺和充实，以实现语用等效；他们可以进一步探讨译者在语用转向下的角色定位和决策过程，如何更好地理解读者需求并做出相应的语用选择。此外，还可以借鉴其他学科领域的理论和方法，如认知语言学、社会语言学等，进一步深化对语用翻译的理论认识和实践应用。

除了上述提到的学者，还有其他一些重要的学者和研究者也在语用翻译研究中作出了积极贡献。他们的研究工作进一步丰富了语用翻译领域的理论框架，并为实际翻译实践提供了指导和启示。比如，有的学者从接受美学的角度出发，探讨了如何以读者为中心，实现对旅游外宣广告的恰当翻译（李占喜，2008）。具体而言，在翻译旅游外宣广告时，译者需要考虑到中西文化、语言和审美习惯的差异，并且要注重译文读者的期待视野，以满足读者的需求。相关的研究突出了语用翻译中的接受者因素，强调译者对读者的关怀。他们的研究为我们提供了借鉴，促使我们在语用翻译研究中探索中国特色的路径，并进一步拓展和丰富该领域的理论和实践。这些努力将有助于推动语用翻译研究的前沿，提高翻译的质量和效果。

第六节　语用翻译研究展望

结合国内语用翻译研究的可视化图像、数据图表等方面的研究发现，未来语用翻译研究趋势包括以下两个方面：

第一，随着语用学研究的深入和范围的扩大，一些学者开始从语用学的角度来阐释翻译过程中遇到的诸多问题。与传统的翻译研究不同的是，语用翻译研究不仅关注翻译策略的研究，还关注翻译过程中的语用等值。同时，国内外的学者除了用传统的语用理论（包括会话含义和合作原则等）对翻译过程中的语言现象进行解释，还利用关联理论、顺应理论和模因论等理论对翻译现象进行研究，其中关联理论和顺应理论在近期的研究中受到较高的重视，两个理论为语用翻译研究提供了新的指向标。

首先语用学中的关联理论为从语用视角研究翻译问题提供了诸多启示。在国外，古特（Gutt）以关联论为框架，构建出新的理论范式，将翻译视为认知推理的交际过程。他认为翻译研究的对象应该是译者大脑信息处理机制的运作过程，不过在他的研究中并未清晰地界定最大关联和最佳关联两个核心概念（转引自李捷等，2011）。国内的学者对翻译的关联论也产生了浓厚的兴趣，在进行理论深入研究的同时，努力寻求将关联理论与翻译实践相结合。研究表明，翻译过程中要根据语境寻找最佳关联，实现翻译的语用等效，这就需要根据作品类型的不同来实现语言语用等效和社会语用等效（张晓红，2008）。此外，语言的文化因素对翻译质量的高低起着重要作用，语用翻译要实现译文和文化因素的最佳关联，因而必须对不同文化的民族心理、思辨和推理模式有所了解。同时，国内的学者还尝试从翻译关联论的角度尝试对汉语文化进行翻译与传播。在进行中国文学外译的过程中应当采取恰当的翻译手段和策略将原文作者的意图传达给译文读者，实现中外两种不同文化背景的最佳关联，这也是进行汉语文化传播的一个有效手段（黄振华、林美玫，2006）。以上的研究表明，关联理论可以作为指导文学作品翻译的理论指导（段奡卉，2010），在关联理论的框架下对文学作品翻译这一交际过程进行研究，能够全面、科学地理解话语，使交际获得成功。

除此之外，Verschueren（1999）提出的语言顺应论观点也为语用翻译提供借鉴。顺应论中提及，语言的使用就是一个不断地选择语言的过程，语言的翻译过程亦是如此。根据语言顺应论，语言要在四个方面进行顺应：语境关系顺应、语言结构顺应、顺应的动态性和顺应过程的意识程度。我们可以从语言使用过程中涉及的四个方面来考察它在翻译中对语言选择所起的导向作用。首先，语境是一个动态的概念，以交际者为中心，以语言使用者为指向（傅运春，2010）。译者在翻译过程中应当选择恰当的语言表达手段，须顺应原文的各种语用因素，体现语用翻译的特点。其次，译者在进行翻译的过程中需要在语言结构和语境两个层面做出动态顺应，以达到语用语言等效之目的（李宏鹤，2009）。同时，近期的研究也发现，顺应过程的意识程度不同会影响语境、语言结构和交际双方关系的变化，导致语言结构选择的差异，因而就需要采取不同的翻译策略，使译文更好地顺应译入语文化和社会心理文化特征义（戈玲玲，2002）。

第二，语用翻译研究趋向实用化，实用文体方面的研究正在实现“破冰”，相关的研究成果逐步成型，语用翻译在文化缺省及翻译补偿、文学翻译批评、戏剧翻译、广告翻译和商标翻译等方面开始有所突破（李捷等，2011）。这与李占喜（2008）所认为的语用研究多以文学翻译为主，口译和实用文体翻译的语用研究相对滞后的结论有一定的不同之处。我们认为语用翻译不但趋向于实用化，相关研究和实践数量增多，而且正越做越精，丰富了语用翻译的理论框架和实际成果。我们注意到，国内关于文学作品语用翻译的研究已经基本成型，目前的研究主要是针对特定的翻译文本进行语用翻译策略的研究。不过也有学者尝试文学作品翻译的语用改革，切入点为身份建构和语境顺应。如李林波（2004）对赛珍珠翻译的《水浒传》进行研究后发现，赛珍珠对中国文化的价值认同和对中西文化差异的尊重，研究肯定了中国文化在文化交流中明确身份建构和保持独特性上的意义。值得注意的是，国内多数学者将翻译过程中的语境因素单纯地理解为文化背景，这种现象在文学翻译中尤为突出（周雪，2007）。因此，文学作品语用翻译的研究仍需要进行研究深度的探索。

除了文学翻译领域之外，语用翻译还涉及口译以及应用性文体的翻译等内容。其中，口译研究中受关注最多的是口译过程中的语用等效问题（秦红，2006）。研究者认为在口译过程中，译者需考虑译入语的文化语境和听者的认知环境之间的和谐性，从而实现最佳的语用等效。相关研究为口译实践提供了一定的理论指导。不过口译方面的语用研究数量偏低，且与口译实践的结合性相对不足，这或许与口译重实践而轻理论研究的特点相关。应用性文体的研究则多种多样，涉及称呼语的翻译（如，滕延江，2006）、公示语的翻译（如，李冰冰，2008）等不同的内容。研究者主要关注的是忠实翻译的程度问题：完全的忠实翻译可能导致译文美观不够，而过度偏离原文追求美观则容易导致可信度的降低（贺学耘、谭晓丽，2007）。出于这样的考虑，叶苗（2005）提出，应用性文体的翻译既要忠实于文化内涵，又要使译文读者具有良好的可接受度。我们综观目前实用性文体语用翻译的研究，发现多数是关注语用理论对于实用文体翻译的指导作用，很少有文章能够对语用翻译理论的完善起到推进作用，需进一步完善相关的研究。

第七节 本章小结

为了深入了解国内语用翻译研究的特征，本书借助 CiteSpace 软件，从发展轨迹、研究前沿、理论结构和合作网络四个方面进行了探索。通过分析语用翻译研究的发展轨迹，可以发现该领域正在经历着急速上升的阶段。近年来，语用翻译研究逐渐受到学界和翻译实践者的关注，其研究成果不断涌现。这一趋势表明，语用翻译研究具有广阔的发展前景，应该抓住机遇，加强该领域的研究力量，推动语用翻译研究的深入发展。通过分析语用翻译研究的前沿和热点问题，可以发现动态语境和语用需求等是当前的研究热点。随着社会、文化和科技的不断发展，翻译活动的语境变得更加复杂和多变，传统的翻译方法和理论已不能完全适应。因此，研究者们开始关注如何在动态语境中实现准确而有效的语用翻译。此外，随着全球化的推进，跨文化交流日益频繁，语用需求的多样性和复杂性成为一个重要的研究领域。探索如何在翻译过程中满足不同语境下的语用需求，是当前语用翻译研究的关键问题之一。

通过理论结构方面的分析可以发现，尽管国内学者在构建本土的语用翻译理论方面作出了一定的努力，但目前仍多采用国外的理论框架。这表明国内语用翻译研究在理论建设方面仍有待加强。为了推动本土语用翻译研究的发展，国内学者可以进一步借鉴和吸收国外的成熟理论，并结合中国语境和文化特点，构建适用于中国翻译实践的本土语用翻译理论。这样的努力将有助于丰富语用翻译研究。通过合作网络方面的分析可以发现，相关研究者之间的合作网络相对薄弱，语用翻译研究需要进一步加强国内外学者之间的合作与交流。尽管目前国内外语用翻译领域的学者都积极进行研究，但合作交流还有进一步提升的空间。

本书提出了翻译研究的语用转向和语用翻译的具体实践策略两个前沿性展望。语用转向强调将语用因素纳入翻译研究的核心范畴，注重翻译过程中的交际目的、语境适应和言语行为等语用因素的综合考量。这一转向将有助于提升翻译质量和效果，使翻译更加贴近原文的目的。此外，语用翻译的具体实践策略探讨了如何在实际的翻译实践中注重语用因素的应用和处理。通过运用合适的语用策略，译者可以更好地传达源语言的语用信息，实现更准确、更有效的翻译结果。

第十三章 结论

第一节 主要研究发现

随着语用学研究的不断深入，国内涉足语用学领域的学者逐渐增多，以汉语言现象和中国传统经典文献为基础的语用学研究数量也在逐渐增加。在这个背景下，本书提出了中国语用学的概念，并通过知识图谱的方式对中国语用学研究现状展开可视化分析。研究主要分为三个部分：第一部分是关于语用学理论的知识图谱分析，包括一些经典的语用学研究课题，如指称语用、信息语用、语用行为和语用意义等，同时也包含了近期引起较多关注的话题，如人际语用和元语用等。第二部分是语用学方法的知识图谱分析，包括多模态语用学、实验语用学和会话分析等方法。第三部分是语用学应用的知识图谱分析，包括语用教学和语用翻译等应用领域。在对这些话题研究的过程中，本书从四个方面展开了知识图谱分析，包括发展轨迹、研究前沿、理论结构和合作网络。主要发现如下。

第一，语用学及其分相研究的发展轨迹。目前来看，语用学研究经历了高速发展期后已经进入成熟发展期，年度发文量相对比较平稳，虽然年度发文量存在一定的波动，但整体变化不大。这表明语用学作为一个学科领域已经建立了相对稳定的研究基础，并形成了持续的学术产出。具体到语用学的分相理论而言，指称语用、信息语用、语用行为和语用意义研究的年度发文量处于基本平稳的状态，这些分相理论已经相对成熟，并得到应用。这些理论的稳定发展表明研究者对这些领域的关注度相对稳定，不再像初期那样出现剧烈的增长或下降。人际语用和元语用这样相对较新的话题目前受到较多的关注，年度发文量呈现上升的趋势。这说明人际语用和元语用作为语用学的新兴研究领域，正逐渐引起学者们的兴趣，并成为当前研究的热点。随着对这些话题的深入探索，预计其研究发文量将进一步增加。多模态语用研究也呈现相似的上升趋势。虽然该话题出现时间相对较晚，但由于多模态交际在现代社会中的重要性日益凸显，其受到的关注度非常高。多模态语用研究探讨了非语言元素（如手势、表情、肢体动作）与语言之间的相互作用和意义传递，因此具有重要的理论和实践意义。

第二，语用学及其分相研究的前沿热点。语用学研究具有明显的界面研究趋向，涉及语义—语用研究、句法—语用研究等前沿话题。这些研究方向旨在探讨语言层面与语用层面之间的关系，揭示语义和句法结构如何在实际交际中被诠释和应用。目前，这些界面研究领域受到关注，成为语用学研究的前沿热点之一。另外，采用会话分析和语料库的方法展开的研究也获得普遍的关注。会话分析通过详细研究人们在实际对话中的交际行为和语用策略，揭示社会互动中的语用规律和语用变异。语料库研究则通过大规模语言数据的收集和分析，揭示语言使用的真实模式和语用规律。这些方法的结合为语用学提供了更为丰富和全面的研究视角。在语用学的分相研究中，以认知、互动、身份和元话语为关键词的研究是最新的研究趋势。这些研究致力于深入理解语用现象背后的认知机制、交际互动的动态特征、个体身份在语用过程中的作用以及话语之间的元关系。在经典的语用学研究话题中，认知视角在指称语用研究和语用意义研究中扮演着重要角色，旨在探究信息的解读和关联机制。这些研究突出了认知因素在语用理解和语用推断中的重要性。新兴的语用学研究话题中，人际语用和元语用研究与身份和元话语存在密切的联系。人际语用关注语言使用者之间的交际行为、人情关系和社会认知，旨在揭示社会互动中的语用规范和人际关系的影响。元语用研究探讨了语言和话语本身的性质、功能和元关系，为语用学提供了更为宏观和综合的视角。此外，语用学研究与老年语言学和多模态语料库建设等热点话题存在密切的关联。近年来，研究者越来越关注年龄对语用行为的影响和老年人在交际中的语用策略使用情况，尝试将语用学研究和老年语言学研究进行结合。同时，多模态语料库的建设也为语用学研究提供了丰富的数据资源和研究方法，加强了研究者对多模态话语互动的深入理解。

第三，语用学及其分相研究的理论结构。经典语用学理论和认知语用学的相关理论在语用学研究中占据重要地位。这种趋势在语用学分相研究中尤为明显。比如，信息语用研究常采用经典的语用预设理论，而语用意义研究则常基于经典的会话含义理论。指称语用和语用行为的研究也倾向于涉及认知问题。指称语用研究关注主观性，而语用行为研究则涉及认知层面的问题。这些研究领域都依赖于认知理论，以深入探讨语用现象的认知维度。同时，新兴的人际语用和元语用研究在构建本土特征的新理论框架方面作出了努力，同时涵盖了经典话题如礼貌和前沿话题如关系管理和元话语研究。这些研究正在探索并建构适应中国语境的理论框架，旨在更好地解释语用现象。通过将经典理论与本土文化和语言特点相结合，这些新兴研究正在推动语用学理论的发展，并为理论结构的多样性提供新的维度。此外，多模态语用研究涉及多个交叉学科，如修辞学、视觉语言学等。这种跨学科的研究丰富了语用学的理论结构，为我们深入理解语言与非语言元素的综合运用和交际效果提供了新的视角。通过整合多个学科的理论和方法，研究者拓展了语用学的研究边界，可以帮助我们更全面地探索人类话语互动过程。

第四，语用学及其分相研究的合作网络。语用学研究中出现了以陈新仁、冉永平、胡范铸、吴亚欣、侯国金、魏在江为代表的一大批学者。这些学者所研究的内容各有不同。其中，南京大学陈新仁教授关注的是语用身份问题；广东外语外贸大学冉永平教授关注的是人际语用问题；胡范铸和侯国金关注的是语用修辞问题；吴亚欣和于国栋关注的是会话分析问题；魏在江关注的是语用学中的逻辑问题。需要注意的是，目前国内语用学研究中存在合作性不足的情况。学者之间缺乏有效的合作网络，这限制了研究的广度和深度。鉴于中国语用学需要构建自己的学科话语体系的现状（陈新仁，2018a），国内学者有必要加强彼此之间的合作，形成一个具有本土特征的理论网络和学者网络。国内学者可以通过联合举办学术会议、合作完成编著等方式加强合作，提高本土语用学研究在国际上的影响力。

第二节　相关研究启示

本书不仅可以帮助我们了解中国语用学及其分支理论的发展轨迹、前沿话题、理论结构和合作网络，还可以帮助我们了解中国语用学的本质特征。正如第一章所言，英美学派将语用学看成是与语音学、句法学、形态学、语义学等一样的语言学研究分支。它把语用学的研究内容局限在句子结构和语法相关的具体论题之内。欧洲大陆学派则主张凡是与语言理解和使用有关的都是语用学的研究对象，因此研究内容涉及话语分析、社会语言学等多个方面。中国语用学也因为其本质特征上的不同，而应该与英美学派和欧洲大陆学派所并存，独树一帜。具体而言，中国语用学具有以下几点特征：

第一，交际主体的互动性。交际主体的互动性一直是语用学研究中的重要关注点，无论是在经典的语用学话题还是新兴的语用学话题中都进行了大量的探讨。最近的研究表明，言语行为在表达和理解过程中受到交际序列的影响。从这一点来看，传统的语用意义研究已经超越了对违反合作原则的次准则所产生的会话含义的关注，而更加注重听话人在与说话人互动过程中如何解读意义。因此，语用学研究已经开始将交际主体的互动性纳入研究范畴。这意味着研究者不仅关注单个话语的意义，还关注交际主体之间的相互作用和对话过程中的信息交换。

另外，语用学中对元话语的重新分类主要是从人际互动的角度进行。元话语被认为是一种在交际互动中产生的具有特殊功能和意义的话语类型。通过重新分类元话语，研究者更加关注其在交际互动过程中的作用和影响。这种重新分类旨在深入理解元话语在构建和维持对话关系、调节话语流程以及表达说话人意图方面的作用。此外，在多模态语用研究中，人际互动意义被视为核心焦点之一。多模态语用研究探索了语言以外的非语言元素，如手势、面部表情、肢体动作等在交际互动中的作用。这些非语言元素不仅传递信息，还可以调节对话的节奏、强调语言的含义，并对交际双方的意图和关系产生影响。因此，多模态语用研究旨在全面理解交际主体之间的互动性，深入挖掘非语言和语言元素之间的关系。可以预见，未来的语用学研究会继续将交际主体的互动性置于核心地位。研究者有必要进一步探索交际序列、言语行为、语用意义和多模态交际等领域之间的关系，以更好地理解交际主体在语用过程中的相互作用。这种关注交际主体互动性的研究将助力于语用学理论的全面发展，同为跨学科研究和实践应用提供重要的参考。

具体而言，研究者可以探索不同语境下的交际策略和对话模式。例如，在正式场合与非正式场合之间，人们的交际方式和表达风格可能存在差异。研究者可以分析交际主体在不同场景下的互动行为，并研究其对语用理解和信息交流的影响。此外，研究还应当关注交际主体的互动如何受到社会文化语境的影响。人们在交际中受到社会和文化因素的影响，例如，不同文化背景下的礼貌观念、语言习惯和语言使用规则可能存在差异。通过研究交际主体的互动性，我们可以深入了解这些社会文化因素如何塑造和影响语用行为。此外，随着技术的发展和社交媒体的普及，人们的交际方式也在不断变化。研究者可以进一步分析社交新媒体上的言语行为和非语言元素如何影响交际主体之间的互动。这有助于我们更好地理解虚拟社交空间中的语用现象。

第二，交际过程的认知性。目前关于交际过程认知性的研究开始逐渐增多。中国的语用学者开始探索语用学与认知科学的交叉点，将认知机制纳入话语互动过程的研究中。这种语用与认知的界面研究涵盖了指称现象、信息语用、语用意义、言语行为等多个领域。其中，在指称现象的研究中，学者们关注不同文化语境下的指称认知解读。他们尝试分析说话人和听话人在指称过程中对语境的认知处理方式，以及这些认知因素如何影响对指称的理解和解读。通过对指称的认知分析，研究者试图揭示语用行为和认知机制之间的相互关系，以及文化因素在指称理解中的作用。在信息语用研究中，研究者探索认知语境假设如何帮助说话人传达话语信息并使其与听话人的理解结果趋同。此外，学者还关注到认知语境对于话语信息加工和解读过程中的作用，并研究认知因素对信息理解的影响。通过深入研究认知语境，研究者试图揭示在交际过程中说话人和听话人之间的认知互动以及信息传递的认知基础。除此之外，认知语境的研究也成为语用意义研究的前沿话题。研究者探索认知因素在话语意义构建和解读中的作用，关注个体的认知过程如何影响话语意义的生成和理解。他们研究认知语境在语用意义推导和推理过程中的功能，以揭示认知因素与语用意义之间的关联。研究者还关注交际双方的言语行为中存在的各种认知图式，这也成为研究的重点之一。他们关注交际过程中个体认知图式的形成、运用和调节，以及这些认知图式如何影响交际行为的产生和解读。元语用意识在交际过程中的认知机制也是学者关注的对象，他们重点探讨个体如何理解和处理元语用信息以实现交际目的。

可以说，语用认知研究已经超越了关联论的范围，涉及指称、信息、意义、言语行为等多个方面。研究者不再局限于研究语用现象的表面特征，而是更加关注其背后的认知机制和过程。他们试图深入了解交际过程中个体的认知加工、信息加工和意义生成的方式，以及这些认知过程如何影响交际双方的互动和理解。通过研究交际过程的认知性，我们可以更好地理解言语行为的认知基础。认知因素在交际中起着关键作用，它们影响着话语的生成、解读和理解。通过探索认知语境、认知图式和元语用意识等方面，我们可以揭示个体如何根据自身的认知机制对话语进行加工和理解。这种研究不仅有助于深入了解交际主体之间的认知互动，还有助于揭示语用行为与认知过程之间的紧密联系。此外，研究交际过程的认知性还为实际翻译和跨文化交际提供了重要的参考。通过了解个体的认知加工方式和认知因素对信息理解的影响，我们可以更好地解决翻译中的歧义、隐喻和文化差异等问题。在跨文化交际中，了解不同文化背景下的认知特点和认知图式有助于更好地理解和解读他人的言语行为。

第三，话语模态的多样性。迄今为止，语用学的研究方法主要集中在语言本体的研究，而忽视了其他类型的符号形式对于交际语境中意义传达的贡献。然而，国内的语用学者已经意识到了这一现象，并且开始探索将多模态分析方法应用于语用学的分析和研究中，以拓展研究的范畴。在多模态分析的过程中，研究者将涵盖文字、语音、视频等多种模态的话语作为分析的语料。他们不再局限于传统的书面和口头语言，而且开始关注其他形式的符号表达。这种跨模态的分析方法使研究者能够更全面地了解交际中不同符号形式的相互作用和影响，以及它们如何共同构建和传达意义。比如，研究者在政务话语中应用多模态分析方法，关注发话人在不同模态下的语言行为和非语言行为如何相互作用，以及如何影响意义的传达和解读。通过分析发话人的话语、手势、面部表情等多种符号形式，研究者可以揭示政务语境下的意义构建机制、修辞手法以及情感表达等方面的特点。

此外，研究者还关注老年人的语言使用，并通过多模态分析老年人的语言、肢体语言和面部表情等，以揭示老年人在交际中的特点和策略。通过观察老年人在交际过程中不同模态的表达方式，研究者可以了解老年人在语言和非语言层面上的交际偏好、表达风格以及情感状态等，从而更好地理解他们的交际需求和交际困难。当前，国内已有越来越多基于多模态话语的分析方法涌现出来，并成为推动语用学研究的重要新增长点。这些方法包括视觉语用分析、语音语用分析、手势语用分析等，致力于深入理解多模态话语中意义的构建和传达。通过综合多种模态的信息，研究者能够更全面地把握交际过程中的意义生成机制和互动特点。

第四，理论构建的本土性。语用学理论的本土化是国内语用学者当前的研究重点。他们依托丰富的本土语言资源、文献资源等，致力于将语用学理论与本土实践相结合，以适应国内语境的特点和需求。这种本土化的努力涉及多个方面，并展现出国内语用学者的专业水准和创新能力。首先，国内的语用学者正在构建依托本土语言资源的系统语用理论。他们以中国的语言现象和语用实践为基础，积极探索本土化的语用分析框架。例如，他们正在开展中国本土的元语用分析研究，深入探讨语言使用中的隐含意义、言外之意等本土特色的语用现象。通过借鉴国际经典理论的同时，结合本土语言资源的特点，他们正在构建适应中国语境的独特语用理论。这些本土化的语用理论为理解和解释中国特色语用现象提供了坚实的理论基础。其次，国内的语用学者借助中国丰富的文献资源，将本土文化元素融入语用学理论中。比如，国内学者在国际人际语用学的基础上，加入了中国特有的人情关怀、社会关系等文化元素。通过研究中国古代文献中的语用现象和交际方式，他们丰富了语用学的理论框架，并将其应用于当代语境中的交际分析。这种文化融合使得语用学能够更好地解释和分析中国社会的语言交际现象，提供了与国际语用学理论有所不同的视角和解释。

此外，国内的语用学者也在积极探索将国外语用理论与本土语用理论进行融合。他们将国际上的言语行为理论等相关理论与中国本土的理论相结合，以丰富语用学的研究内容。通过整合不同理论视角的优势，他们试图构建更具有解释力和本土化的语用理论。这种融合不仅能够更好地解释中国语境下的语用现象，还能为国际语用学研究提供新的视野和思路。值得一提的是，国内的语用学理论、现象与背后的文化正在积极走向国际舞台。近年来，中国语用学在国际期刊上发表的文章数量快速增长，这反映了国内语用学的国际影响力逐渐提升。国内的语用学者正积极与国际同行进行学术交流与合作，促进本土语用学理论的发展。

第三节　研究不足与展望

总体而言，本书从发展轨迹、研究前沿、理论结构、合作网络四个方面对中国语用学研究的趋势和特征展开了知识图谱分析。通过基于海量文献的分析，本书能够揭示中国语用学发展的内在逻辑，探究推动学科发展的动力机制。同时，通过科学、精确的手段梳理中国语用学的理论体系，有助于发现学科发展过程中的缺失环节和薄弱环节，进一步完善中国语用学的知识体系。在知识图谱的可视化展示中，本书突出了中国语用学研究中的重要文献及其之间的关系。通过分析知识图谱中反映的相关文献之间的纽带关系，可以科学、精确、客观地描绘语用学内部的发展轨迹和发展走向。这为研究者提供了可靠的量化信息，帮助更好地把握好研究方向，找准研究切入点。通过知识图谱的分析方法，本书不仅能够对中国语用学的历史发展和现状进行全面了解，还可以揭示学科内部的研究热点和趋势。这些分析结果有助于为学者提供参考，促进学科的健康发展。

不可否认，本书存在一定的不足之处，需要进一步完善和拓展。上文已经提及，中国学者正致力于推动中国语用学研究在国际上的影响力，这也反映在国际期刊上中国语用学相关发文呈现快速增长的趋势。然而，由于本书的主要目的是基于国内语用学发文，分析中国语用学的发展轨迹和特征，因此在数据选取过程中未考虑国际期刊上中国学者的相关发文。为了更全面地了解中国语用学的发展轨迹和走向，未来的研究有必要针对国际期刊中中国学者的相关发文展开研究，并将其与国内期刊的发文进行比较分析。这样的研究方法将更为清晰地揭示中国语用学在国际学术舞台上的地位和影响力，以及国内学者在国际交流与合作方面的表现。通过与国际期刊的发文进行对比，可以更好地把握中国语用学在全球范围内的研究热点和前沿，进一步拓宽研究视野，为学科发展提供更多参考和启示。此外，本书还可以进一步加强对其他国家和地区语用学研究的比较分析，以探讨中国语用学与国际语用学的联系和差异。通过与其他文化背景下的语用学研究相互比较，可以更好地理解中国语用学的特色和独特之处，促进不同学派和理论的交流与融合，推动语用学研究的全球发展。

参考文献

中文文献

何自然编著，1988，《语用学概论》，湖南教育出版社。

何自然编著，1997，《语用学与英语学习》，上海外语教育出版社。

李杰、陈超美，2016，《CiteSpace：科技文本挖掘及可视化》，首都经济贸易大学出版社。

李捷、何自然、霍永寿主编，2011，《语用学十二讲》，华东师范大学出版社。

陈梅松、陈新仁，2020，《虚假关系管理的语用分析——以网络谣言为例》，《中国外语》第6期。

陈新仁，2002，《话语联系语与英语议论文写作：调查分析》，《外语教学与研究》第5期。

陈新仁、钱永红，2011，《多模态分析法在语用学研究中的应用》，《中国外语》第5期。

陈新仁，2014a，《基于社会建构论的语用能力观》，《外语研究》第6期。

陈新仁，2014b，《语用学视角下的身份研究——关键问题与主要路径》，《现代外语》第5期。

陈新仁，2020，《基于元语用的元话语分类新拟》，《外语与外语教学》第4期。

崔希亮，1990，《试论关联形式“连…也/都…”的多重语言信息》，《世界汉语教学》第3期。

戴炜栋、张红玲，2000，《外语交际中的文化迁移及其对外语教改的启示》，《外语界》第2期。

丁安琪，2001，《欧美留学生实施“建议”言语行为模式分析》，《语言教学与研究》第 1 期。

封宗信，2011，《系统功能语言学中的情态系统：逻辑、语义、语用》，《外语教学》第 6 期。

冯光武，2009，《汉语语用标记语与规约含义（英文）》，《逻辑学研究》第 4 期。

戈玲玲，2002，《顺应论对翻译研究的启示——兼论语用翻译标准》，《外语学刊》第 3 期。

顾日国，1992，《礼貌、语用与文化》，《外语教学与研究》第 4 期。

顾日国，2007，《多媒体、多模态学习剖析》，《外语电化教学》第 2 期。

顾日国，2019，《老年语言学发端》，《语言战略研究》第 5 期。

郝钦海，2000，《广告语言中的跨文化语用失误——简析中译英广告语言》，《外语教学》第 3 期。

何德华，2015，《英语通用语视角下语用教学的新思维》，《外语与外语教学》第 2 期。

何刚，2011，《话语、社交、文化——文化驱动的社会语用视角》，《外语教学理论与实践》第 3 期。

何自然，1995，《Grice 语用学说与关联理论》，《外语教学与研究》第 4 期。

何自然、李捷，2012，《翻译还是重命名——语用翻译中的主体性》，《中国翻译》第 1 期。

何自然、冉永平，1998，《关联理论—认知语用学基础》，《现代外语》第 3 期。

何自然、吴亚欣，2001，《语用学概略》，《外语研究》第 4 期。

贺学耘、谭晓丽，2007，《广告翻译：形式美与语用功能的再现》，《上海翻译》第 4 期。

洪岗，2000，《Pragmatics——一本新颖的语用学入门书》，《外语界》第 2 期。

洪明，2006，《论接受美学与旅游外宣广告翻译中的读者关照》，《外语与外语教学》第 8 期。

侯国金，2013，《TS 等效翻译的语用变通》，《外国语言文学》第 1 期。

侯国金，2005，《语用标记价值假说与语用标记等效翻译假说》，《外语学刊》第2期。

胡范铸，2003，《从“修辞技巧”到“言语行为”——试论中国修辞学研究的语用学转向》，《修辞学习》第1期。

胡建华、潘海华，2002，《NP显著性的计算与汉语反身代词“自己”的指称》，《当代语言学》第1期。

胡美馨，2004，《在专业英语口语教学中培养学生语用能力——基于一项教学实验的分析和建议》，《外语电化教学》第1期。

胡壮麟，1980，《语用学》，《国外语言学》第3期。

黄立鹤，2018，《多模态修辞学的构建与研究——兼论修辞学与语用学的连接》，《当代语言学》第1期。

黄立鹤，2019，《多模态语用学视域下的言语行为与情感因素：兼论在老年语言学中的应用》，《当代修辞学》第6期。

黄立鹤、张德禄，2019，《多核并行架构：多模态研究的范式、路径及领域问题之辨》，《外语教学》第1期。

姜晖，2011，《元语用视角下的功能性言语探究》，《当代外语研究》第4期。

姜望琪，2014，《语用推理之我见》，《现代外语》第3期。

蒋磊，2002a，《文化差异与商标翻译的语用失误》，《中国科技翻译》第3期。

蒋磊，2002b，《英汉文化差异与广告的语用翻译》，《中国翻译》第3期。

赖小玉，2014，《家庭冲突中强势反对的不礼貌研究》，《现代外语》第1期。

兰良平、黄伟嘉，2022，《课堂互动的结构模式研究：会话分析和语言社会化的融合视角》，《外语界》第1期。

李成团，2010，《指示语选择的视点定位与身份构建》，《外语教学》第5期。

李洪儒，2005，《试论语词层级上的说话人形象——语言哲学系列探索之一》，《外语学刊》第5期。

李洪儒，2006，《系词——人在语句中的存在家园——语言哲学系列探索之二》，《外语学刊》第2期。

李捷，2021，《实验语用学的研究路径、现状及应用前景》，《外语教学》第4期。

李劲荣，2013，《汉语里的另一种类指成分——兼论汉语类指成分的语用功能》，《中国语文》第3期。

李民、陈新仁、肖雁，2009，《英语专业学生性格类型与语法、语用能力及其意识程度研究》，《外语教学与研究》第2期。

李民、余中秋，2020，《中外英语教材中的语用知识对比研究》，《现代外语》第6期。

李清华，2019，《二语语用能力研究：从交际能力范式到互动能力范式》，《外语教学理论与实践》第2期。

李先进、黄信，2011，《称呼语转换及语用翻译策略探究》，《外国语文》第6期。

李燕、姜占好，2014，《新时期英语专业学生语用能力调查报告及启示》，《外语教学》第5期。

李勇忠、李春华，2004，《话语标记与语用推理》，《国外外语教学》第4期。

李占喜，2008，《国内外语用翻译研究：回顾、述评与前瞻》，《上海翻译》第1期。

李宗宏、李发睿，2014，《词汇语用学与语言的语用意义之研究》，《外语教学》第3期。

廖开洪，1999，《谈"合作原则"在口译中的作用》，《中国翻译》第1期。

廖美珍，2012，《目的原则和言语行为互动研究》，《外语学刊》第5期。

林大津，2012，《言语交际当代语境观：主客体与静动态的新思考》，《当代修辞学》第1期。

刘晨阳，2021，《从"看我（不）VP"句看间接警告言语行为的规约化》，《汉语学习》第1期。

刘春卉，2016，《劝止义"（咱）不VP"格式的交互主观性及其成因》，《汉语学习》第4期。

刘风光、邓耀臣、肇迎如，2016，《中美政治道歉言语行为对比研究》，《外语与外语教学》第6期。

刘根辉，2005，《从语用学发展历程看中国语用学研究的发展方向》，《外语学刊》第1期。

刘建达，2019，《中国英语能力等级量表与英语教学》，《外语界》第3期。

刘剑、胡开宝，2015，《多模态口译语料库的建设与应用研究》，《中国外语》第5期。

刘龙根、朱晓真，2015，《可取消性检验对显义的适用性——一项基于语义直觉判断的实证研究》，《中国外语》第3期。

刘平，2012，《机构性会话冲突中元语用话语的积极语用调节功能》，《外语教学》第1期。

刘探宙、张伯江，2014，《现代汉语同位同指组合的性质》，《中国语文》第3期。

卢加伟，2015，《体验认知语用观下的二语语用能力研究》，《外语学刊》第5期。

卢加伟、陈新仁，2019，《中国英语学习者二语会话语用非流利及其习得研究》，《外语与外语教学》第2期。

卢卫中、王福祥，2013，《翻译研究的新范式——认知翻译学研究综述》，《外语教学与研究》第4期。

马博森，1999，《话语分析及其方法（概述）》，《外语与外语教学》第3期。

马文，2009，《会话中的指称合作原则及其运作》，《外语教学》第3期。

马霞，2006，《口译：选择、协商与顺应——顺应论的语境关系在口译中的应用》，《中国翻译》第3期。

苗兴伟、殷银芳，2008，《含意传达的元语用策略》，《外语与外语教学》第11期。

莫爱屏，2011，《翻译研究的语用学路径》，《中国外语》第3期。

倪秀英，2008，《听力训练中培养推理能力的实验研究》，《外语教学》第4期。

裴晓宇、杨连瑞、闫海娟，2020，《多模态视角下二语语用道歉行为研究》，《外语教学》第4期。

戚亚军、庄智象，2017，《课堂话语研究的范式演进与实践转型——

从“会话”走向“对话”》，《外语教学》第 6 期。

钱冠连，2003，《语用学的大格局》，《外国语言文学》第 1 期。

钱厚生，1993，《礼貌语言研究：理论与方法》，《外语研究》第 4 期。

秦红，2006，《商务谈判口译的语用等效》，《中国科技翻译》第 3 期。

冉永平，2008，《论词汇信息的松散性及其语用充实》，《外语研究》第 1 期。

冉永平，2009，《词汇语用信息的语境依赖与词汇释义之缺陷》，《中国外语》第 2 期。

冉永平，2010，《冲突性话语趋异取向的语用分析》，《现代外语》第 2 期。

冉永平，2012，《人际交往中的和谐管理模式及其违反》，《外语教学》第 4 期。

冉永平，2013，《多元语境下英语研究的语用关注》，《外语教学与研究》第 5 期。

冉永平、方晓国，2008，《语言顺应论视角下反问句的人际语用功能研究》，《现代外语》第 4 期。

冉永平、宫丽丽、杨青，2018，《从“现实世界中的语用学”看研究的前沿态势》，《外语教学与研究》第 1 期。

冉永平、赖会娣，2014，《虚假拒绝言语行为的人际语用理据分析》，《外语学刊》第 2 期。

冉永平、杨青，2015，《英语国际通用语背景下的语用能力思想新探》，《外语界》第 5 期。

冉志晗、冉永平，2015，《语篇分析视域下的元话语研究：问题与突破》，《外语与外语教学》第 2 期。

任伟，2019，《出国语境下国际学生汉语语用能力研究》，《外语与外语教学》第 2 期。

任育新，2016，《学术会话中人称代词身份建构功能研究》，《外语研究》第 2 期。

荣月婷，2012，《对外汉语学习词典中交际呼语语用信息收录调查及启示》，《山东外语教学》第 3 期。

邵长超，2020，《元话语的语篇调节机制与功能研究》，《当代修辞学》第 1 期。

邵敬敏、赵春利，2006，《关于语义范畴的理论思考》，《世界汉语教学》第 1 期。

邵敬敏、周有斌，2003，《“宁可”格式研究及其方法论意义》，《语言教学与研究》第 5 期。

沈蔚，2005，《会话修正研究在国外》，《外语学刊》第 4 期。

盛云岚，2015，《学术英语的语境化教学——欧洲 CLIL 模式与美国社区大学发展性课程的启示》，《外语界》第 5 期。

孙建友，1999，《修辞语用学是语文教学强有力的支点》，《修辞学习》第 1 期。

孙莉，2014，《语用学研究中的定性分析法探究》，《外语教学理论与实践》第 2 期。

孙淑芳，2002，《言语行为理论中若干术语的阐释》，《外语学刊》第 3 期。

孙小春，2020，《汉语公示语英文译写的语用阐释》，《上海翻译》第 3 期。

王爱华，2001，《英汉拒绝言语行为表达模式调查》，《外语教学与研究》第 3 期。

王建华，2019，《政务新媒体照片话语的视觉语法—语用分析》，《当代修辞学》第 2 期。

王立非、陈香兰、葛海玲，2013，《论商务英语语言学的理论体系》，《当代外语研究》第 5 期。

王琳琳、蒋平，2013，《再论英汉并列结构的语序及翻译策略》，《解放军外国语学院学报》第 3 期。

王帅，2016，《汉语语用教学探索——以“请求”为例》，《语言文字应用》第 1 期。

王亚峰、于国栋，2021，《医患交流中患者扩展回答的会话分析研究》，《外语教学理论与实践》第 3 期。

王寅，2012，《指称论新观：命名转喻论——从摹状论、因果论到转喻论》，《外语教学》第 6 期。

王毓、王林海、刘秀云，2012，《心理空间和概念整合理论在解决多模态场景中指称歧义方面的应用》,《外语电化教学》第 4 期。

魏在江，2005,《语篇连贯的元语用探析》,《外语教学》第 6 期。

文兵，2014,《言语行为认定模式研究》,《外语教学》第 6 期。

文旭，2007,《运动动词“来/去”的语用意义及其指示条件》,《外语教学与研究》第 2 期。

吴诗玉、马拯、冯新华，2014，《二语隐喻理解加工的认知机制研究：跨模式启动实验的证据》,《外语教学与研究》第 6 期。

吴伟平，2006,《汉语教学中的语用点：由点到面的教学实践》,《世界汉语教学》第 1 期。

吴亚欣，2011，《语用推理过程中心理倾向的干扰：误解的认知根源》,《外语教学》第 1 期。

吴亚欣、刘蜀，2020,《请求行为之微妙性的序列组织研究》,《现代外语》第 1 期。

吴亚欣、于国栋，2003,《话语标记语的元语用分析》,《外语教学》第 4 期。

伍思静、张荆欣，2018,《再论语义学/语用学界面之争》,《外语学刊》第 3 期。

夏登山、蓝纯，2015,《多方交际中的面子借用》,《中国外语》第 5 期。

夏登山、王嘉，2019,《恭维回应与汉语人际语用学语料收集方法》,《外语教学》第 2 期。

向明友，2000，《论经济分析的可行性——经济分析语用学探究之一》,《外语教学》第 3 期。

项成东，2006,《言语行为理论在会话分析中的运用及存在的问题》,《外语与外语教学》第 3 期。

肖曼琼，2009,《论合作原则在文学翻译中的运用》,《外语与外语教学》第 1 期。

徐敏、陈新仁，2015,《课堂语境下大学英语教师的身份建构及顺应性》,《外语教学》第 3 期。

徐盛桓，1993,《会话含意理论的新发展》,《现代外语》第 2 期。

许余龙、贺小聃，2007,《英汉语下指的篇章功能和语用分析——兼谈汉语第三人称代词照应的单向性问题》,《外语教学与研究》第 6 期。

杨昆，2022，《模糊限制语可信度建构功能的调查与分析——以美国总统候选人电视辩论语料为例》，《外语教学理论与实践》第1期。

杨昆，2017，《网络流行语的社会语用学研究》，《学术探索》第10期。

杨昆、毛延生，2014，《基础阶段英语测试中的语用能力考查及其启示——基于高考英语情景会话测试的实证性研究》，《课程·教材·教法》第4期。

杨永和，2009，《我国公示语的社会语用分析》，《外语学刊》第6期。

叶苗，1998，《关于"语用翻译学"的思考》，《中国翻译》第5期。

于翠红、张拥政，2012，《关联语境视角下的二语词汇习得——一项基于词汇语义认知的实证研究》，《现代外语》第3期。

于国栋，2010，《机构性谈话的会话分析研究》，《科学技术哲学研究》第2期。

于国栋、李枫，2009，《会话分析：尊重语言事实的社会学研究方法》，《科学技术与辩证法》第2期。

于国栋、吴亚欣，2022，《阻抗诊疗建议的会话常规研究》，《现代外语》第1期。

袁周敏，2012，《自称语的语用身份建构：作为语用行为的顺应》，《外语教学》第5期。

曾文雄，2005，《中国语用翻译研究》，《解放军外国语学院学报》第2期。

张德禄，2009，《多模态话语分析综合理论框架探索》，《中国外语》第1期。

张继东、陈文，2016，《国际语料库语言学研究的可视化分析》，《外语电化教学》第6期。

张克定，2000，《语用句法学论纲》，《外语与外语教学》第10期。

张克定，1999，《预设·调核·焦点》，《外语学刊》第4期。

张南峰，2015，《文化输出与文化自省——从中国文学外推工作说起》，《中国翻译》第4期。

张宁，2009，《人称代词视角的选择与礼貌取向》，《外语学刊》第4期。

张润晗，2020，《网络课堂语境下高校英语教师的语用身份建构研究》，《外语学刊》第 2 期。

张绍杰，2010，《后格赖斯语用学的理论走向——语义学和语用学界面研究的兴起》，《外国问题研究》第 1 期。

张绍杰，2008，《一般会话含义的“两面性”与含义推导模式问题》，《外语教学与研究》第 3 期。

张新红，2001，《文本类型与法律文本》，《现代外语》第 2 期。

张新红、何自然，2001，《语用翻译：语用学理论在翻译中的应用》，《现代外语》第 3 期。

张延飞，2012，《国外级差含义研究述评》，《现代外语》第 1 期。

张延飞、张绍杰，2009，《后格赖斯语用学：含义默认解释模式综观》，《外语与外语教学》第 8 期。

张艳君，2009，《顺应论中的合作原则》，《外语学刊》第 5 期。

赵会军，2012，《双关语语用翻译量化模型》，《外语研究》第 5 期。

赵湘，2006，《公示语翻译研究综述》《外语与外语教学》第 12 期。

赵英玲，2003《论英汉直接抱怨语》，《外语学刊》第 2 期。

周红，2008，《英汉变动型模糊限制语及其语用功能》，《外语研究》第 2 期。

周红、钱纪芳，2008，《模糊限制语——表达礼貌的语言策略》，《外语教学理论与实践》第 2 期。

周明强，2013，《坦言性话语标记语用功能探析》，《当代修辞学》第 5 期。

朱纯深、鄢秀，2015，《从言语行为理论看“释意”与“达意”：口译的言语行为本质及其对译员训练的意义》，《中国翻译》第 2 期。

朱燕，2007，《关联理论对幽默言语翻译的诠释力》，《外语与外语教学》第 2 期。

邹申，2014，《民族志研究方法在语言测试研究中的应用》，《外语电化教学》第 5 期。

英文文献

Bachman, L. F., 1990, *Fundamental Considerations in Language Testing*, Oxford: Oxford University Press.

Barthes, R., 1977, *Image-music-text*, London: Macmillan.

Bezold, M. and Minker W., 2011, *Adaptive Multimodal Interactive Systems*, London: Springer Science.

Carnielli, W. and Pizzi C., 2008, *Modalities and Multimodalities*, Berlin: Springer Science.

Culpeper, J., 2011, *Impoliteness: Using Language to Cause Offence*, Cambridge: Cambridge University Press.

Culpeper, J. and Haugh M., 2014, *Pragmatics and the English Language*, Basingstoke: Palgrave Mc Millan.

Davis, S., 1991, *Pragmatics: A Reader*, Oxford: Oxford University Press.

Dicerto, S., 2018, *Multimodal Pragmatics and Translation: A New Model for Source Text Analysis*, New York: Palgrave Macmillan.

Goffman, E., 1967, *Interactional Ritual: Essays on Face-to-face Behavior*, New York: Doubleday and company.

Grice, H. P., 1975, "Logic and Conversation", in P. Cole and J. Morgan, eds., *Syntax and Semantics* 3: *Speech Acts*, New York: Academic Press.

Grundy, P., 2019, *Doing Pragmatics*, London/New York: Routledge.

Jaszczolt, K., 2010, *Default Semantics: Oxford Handbook of Linguistic Analysis*, Oxford: Oxford University Press.

Kasper, G. and Rose K. R., 2002, *Pragmatic Development in a Second Language*, Oxford: Blackwell.

Kipp, M., Martin J., Paggio P. and Heylen D., 2009, *Multimodal Corpora: From Models of Natural Interaction to Systems and Applications*, Berlin: Springer.

Lambrecht, K., 1994, *Information Structure and Sentence Form: Topic, Focus, and the Mental Representations of Discourse Referents*, Cambridge: Cambridge University Press.

Leech, G., 1983, *Principles of Pragmatics*, London/New York: Longman.

Leech, G., 2014, *The Pragmatics of Politeness*, Oxford: Oxford University Press.

Levinson, S. C., 1983, *Pragmatics*, Cambridge: Cambridge University Press.

Marmaridou, S. S. A., 2000, P*ragmatic Meaning and Cognition*, Amsterdam/Philandelphia: John Benjamins.

Mey, J. L., 1993, P*ragmaics*: *An Introduction*, Oxford: Blackwell.

Morris, C., 1938, *Foundations of the Theory of Signs*, Chicago/London: The University of Chicago Press.

Searle, J., 1979, *Expression and Meaning*: *Studies in the Theory of Speech Acts*, Cambridge: Cambridge University Press.

Sperber, D. and Wilson D., 1986/1995, *Relevance*: *Communication and Cognition*, Oxford: Blackwell.

Thomas, J., 2010, *Meaning in Interaction*: *An Introduction to Pragmatics*, Beijing: Foreign Language Teaching and Research Press.

Verschueren, J., 1999, *Understanding Pragmatics*, London/New York: Edward Arnold.

Caffi, C. and Janney R. W., 1994, "Toward a Pragmatics of Emotive Communication", *Journal of Pragmatics*, Vol. 22, No. 3-4.

Diessel, H., 2006, " Demonstratives, Joint Attention, and the Emergence of Grammar", *Cognitive Linguistics*, Vol. 17, No. 4.

Drew, P., 2008, " Contingency and Action: A Comparison of Two Forms of Request ", *Research on Language and Social Interaction*, Vol. 41, No. 2.

Harris, S., Crainger K. and Mullany L., 2006, "The Pragmatics of Political Apologies", *Discourse & Society*, Vol. 17, No. 6.

Haugh, M., 2013, " Im/politeness, Social Practice and the Participation Order", *Journal of Pragmatics*, Vol. 58.

Hiippala, T., 2017, " An Overview of Research within the Genre and Multimodality Framework", *Discourse*, *Context & Media*, Vol. 20.

Ho, V., 2017, "Giving Offense and Making Amends: How Hotel Management Attempts to Manage Rapport with Dissatisfied Customers", *Journal of Pragmatics*, Vol. 109.

Hyland, K., 2017, "Metadiscourse: What is it and Where is it Going?", *Journal of Pragmatics*, Vol. 113.

Hyland, K. and Tse P., 2004, "Metadiscourse in Academic Writing: A Reappraisal", *Applied Linguistics*, Vol. 25, No. 2.

Izadi, A., 2016, "Over - politeness in Persian Professional Interactions", *Journal of Pragmatics*, Vol. 102.

Kasper, G., 1990, "Linguistic Politeness: Current Research Issues", *Journal of Pragmatics*, Vol. 14, No. 2.

Kendrick, K. H., 2017, "Using Conversation Analysis in the Lab", *Research on Language and Social Interaction*, Vol. 50, No. 1.

Labben, A., 2017, "Revisiting Face and Identity: Insights from Tunisian Culture", *Journal of Pragmatics*, Vol. 108.

Lary-Lemon, J., 2010, "'We' re not Ethnic, We' re Irish!': Oral Histories and the Discursive Construction of Immigrant Identity", *Discourse & Society*, Vol. 21, No. 1.

Lakoff, R., 1989, "The Way We Were, or, the Real Truth about Generative Semantics: A Memoir", *Journal of Pragmatics*, Vol. 13, No. 6.

Limberg, H., 2009, "Impoliteness and Threat Responses", *Journal of Pragmatics*, Vol. 41, No. 7.

Locher, M., 2015, "Interpersonal Pragmatics and its Link to (Im) politeness Research", *Journal of Pragmatics*, Vol. 86.

Loevenbruck, H., Baciu M. and Segebarth C., 2005, "The Left Inferior Frontal Gyrus under Focus: An FMRI Study of the Production of Deixis via Syntactic Extraction and Prosodic Focus", *Journal of Neurolinguistics*, Vol. 18, No. 3.

Lyons, A., 2018, "Multimodal Expression in Written Digital Discourse: The Case of Kineticons", *Journal of Pragmatics*, Vol. 131.

Mazzarella, D., 2015, "Politeness, Relevance and Scalar Inferences", *Journal of Pragmatics*, Vol. 79.

Mondada, L., 2016, "Challenges of Multimodality: Language and the Body in Social Interaction", *Journal of Sociolinguistics*, Vol. 20, No. 3.

Moore, K. E., 2006, "Space - to - time Mappings and Temporal

Concepts", *Cognitive Linguistics*, Vol. 17, No. 2.

Moore, K. E., 2011, "Ego-perspective and Field-based Frames of Reference: Temporal Meanings of FRONT in Japanese, Wolof, and Aymara", *Journal of Pragmatics*, Vol. 43, No. 3.

Noveck, I. A., 2001, "When Children are More Logical than Adults: Investigations of Scalar Implicature", *Cognition*, Vol. 78, No. 2.

Nureddeen, F., 2008, "Cross Cultural Pragmatics: Apology Strategies in Sudanese Arabic", *Journal of Pragmatics*, Vol. 40, No. 2.

Petersoo, P., 2007, "What does 'We' Mean? National Deixis in the Media", *Journal of Language and Politics*, Vol. 6, No. 3.

Spencer-Oatey, H., 2013, "Relating at Work: Facets, Dialectics and Face", *Journal of Pragmatics*, Vol. 58.

Stewart, M., 2008, "Protecting Speaker's Face in Impolite Exchanges: The Negotiation of Face-wants in Workplace Interaction", *Journal of Politeness Research-Language Behaviour Culture*, Vol. 4, No. 1.

Stukenbrock, A., 2014, "Pointing to An 'Empty' Space: Deixis am Phantasma in Face-to-face Interaction", *Journal of Pragmatics*, Vol. 74.

Taguchi, N., 2008, "Cognition, Language Contact, and the Development of Pragmatic Comprehension in a Study-Abroad Context", *Language Learning*, Vol. 58, No. 1.

Yang, K., 2021, "Disclaimer as a Metapragmatic Device in Chinese: A Corpus-based Study", *Journal of Pragmatics*, Vol. 173.

Yang, K., 2023, "How Sajiao (Playing Cute) Wins Forgiveness: The Effectiveness of Emojis in Rebuilding Trust through Apology", *Discourse & Communication*, Vol. 17, No. 1.

Yang, K. and Chen J., 2023, "The Son (érzi) is not Really a Son: Generalization of Address Terms in Chinese Online Discourse", *Pragmatics*, Vol. 33, No. 1.

Yang, K. and Mao Y., 2020, "How to do Things with Emojis: The Pragmatic Functions of Emojis in Teacher-student Interaction through Wechat", *Sinología hispánica*, Vol. 10.